日本史の現在5

近現代①

山川出版社

『日本史の現在』(全6巻)刊行にあたって

二〇二〇年から始まった新型コロナウイルス感染症の拡大、二〇二二年に起きたロシアによるウクライナ侵攻、二〇二三年のパレスチナ・イスラエルの紛争の激化など、予想もできなかった事態がつぎつぎと起こり、私たちは、世界が、日本がどこに向かっていくのかわからない、きわめて不安な時代に暮らしています。その中で改めて歴史を考えることが重要なのではないでしょうか。現在に生きる私たちは、過去の「歴史」に問いかけることで、未来への手がかりを探すことができるのです。

「歴史」は日々、様々な研究がなされ、その積み重ねのもとに形成されていきます。ただ、歴史叙述は決して不変のものではなく、新史料の発見や史料の解釈、発掘調査などの研究の進展により、書き改められていくのです。

身近なところで、歴史の教科書を例にとってみると、数十年前と今現在とでは、記述内容が変わっている箇所が少なくありません。もちろんそれは書き手による叙述の違いが理由の一つではありますが、その背後にはいくつもの研究と、その積み重ねがあります。また、一つの歴史事象をめぐっても、多角的な見方・考え方があり、その事象をどのようにとらえるか、どのように評価するか、研究者のあいだでも議論があります。

ただ、そうした研究の進展や議論のすべてが教科書に記述されるわけではありません。そこで、本企画『日本史の現在』では、そうした日本史における研究・議論を、第一線で活躍している研究者に分かりやすく解説してもらい、日本の歴史学の「現在」を読者にみなさんに紹介することにしました。

本書が、日本史の研究を志す方々や、歴史教育に携わる方々、さらに日本史に少しでも興味があるすべての人に、届くことを願っています。そして、日本史を学ぶための、そしてこれからの未来を切り開くための手がかりとなれば、幸いです。

なお、本シリーズは分野・時代区分ごとに以下の6巻構成としました。

『日本史の現在1　考古』／『日本史の現在2　古代』／『日本史の現在3　中世』／『日本史の現在4　近世』／『日本史の現在5　近現代①』／『日本史の現在6　近現代②』

二〇二四年四月

『日本史の現在』編集委員
設楽博己　鈴木　淳
大津　透　山口輝臣
高橋典幸　沼尻晃伸
牧原成征

はじめに

本書は高等学校の歴史教科書を前提として、それを読んでいくうえで生じがちな疑問に答え、また歴史学の研究の進展と教科書叙述との関係を説明しようとするものである。

近現代の史料は豊かである。そのため、様々な視点からの歴史分析が行われ、また研究の蓄積によって、細部がつぎつぎに明らかにされている。一方で、教科書の紙幅には限りがある。多くのことを書き込もうとすれば、説明不足になりがちである。

これはほかの時代にも通じる問題である。しかし、近現代史には特有の課題がある、二〇一八年告示の高等学校学習指導要領のうち、「日本史探究」の3「内容の取扱い」に「近現代史の指導に当たっては」と限定された項目が二つあることはそれを反映している。「オ」の「客観的かつ公正な資料に基づいて、事実の正確な理解に導くとともに、多面的・多角的に考察し公正に判断する能力を育成すること」と、「カ」の「「歴史総合」の学習の成果を踏まえ、より発展的に学習できるよう留意すること」である。

「オ」の「客観的かつ公正な資料」というのは、歴史研究者にとっては違和感が大きい表現である。すべての史料はなんらかの目的をもってつくられており、「客観的かつ公正」ということはありえない。

そのような史料を、適切な史料批判を加えながら活用し、ほかの史料との対照を図るなどして、「客観的かつ公正」な歴史叙述を目指すのが実証的な歴史研究である。そのような研究成果、あるいは史料批判を加えて読み解かれた史料を「資料」と言っているのかと思われるが、それとて「客観的かつ公正」であるのは目標であって、現実ではない。後段の「多面的・多角的に考察し、公正に判断する」のは重要だが、それは資料が「客観的かつ公正」ではない、という前提に立つからこそであろう。

それでもこのような書き方がなされるのは、とくに近現代史に関しては実証性の低い歴史叙述が多く行われているからである。教科書の叙述のわかりにくいところをおぎなう解説、あるいは、バラバラな情報をわかりやすく関連づける説明を求めて本やインターネット上の記事に行き着いた時、それが客観的かつ公正な叙述を目指したものなのかどうか、迷うことは多い。本書は、実証的な研究を行っている研究者が、教科書の叙述を意識しながら研究史を紹介し、「客観的かつ公正」な叙述を目指してきた人々の営みと、現時点での到達点を示し、それを反映した筋道立った解説を提供しようとしている。

「カ」は、「近現代の歴史の変化に関わる諸事象について、世界とその中の日本を広く相互的な視野から捉え」また「事象の意味や意義、特色などを、時期や年代、推移、比較、相互の関連や現在とのつながり」などに着目して考察するという「歴史総合」の目標に対応できる叙述の必要性である。これは「歴史総合」という科目の課題というより、現代の歴史叙述に求められている課題であるが、日本史研究では必ずしも十分になされてこなかった外国史との対比や、広い視野に立った把握が必要とされる。このような課題に対応すべく、本書では、問題を主題ごとにとらえて、その推移を把握できるように、研究論文や事項別の解説より長い期間を対象として叙述している。

本シリーズのほかの巻では編者による「あとがき」で編纂の意図や全体の構成が説明される。しかし、近現代は二巻に分かれているため、この巻には「あとがき」を設けず、「はじめに」をおいている。二巻のうち、この第5巻はおもに幕末から昭和戦前期までを扱うが、11「大衆消費社会と生活改善」や12「女性の社会進出」は戦後まで、17「行政国家と「革新官僚」」は現在までを見通す。逆に第6巻では、第一次世界大戦期以降を扱うテーマがおかれる一方で、20「近代の公娼制度」、23「国家神道と諸宗教」、26「地主・小作関係と農地改革」そして、31以降の各テーマは、近現代を通じた長い視野のものとなっている。

二巻に分けながら、「近代」と「現代」を分けないのは、「近現代」を一つの時代として理解すべきであるからではない。高等学校学習指導要領の日本史探求の部分に戻れば、2「内容」のDに、(1)「近代への転換と歴史的環境」、(2)「歴史資料と近代の展望」とあるように、近世のつぎに来る時代は近代である。そのうえで(3)「近現代の地域・日本と世界の画期と構造」の「イ」では、主題を設定して歴史の「画期」を見出すことが求められている。

近代は現代とは異なる特色をもった社会であり、それと現代とがどうつながるのか、様々な主題に即して考えることは重要である。そして、どのような要素が「現代」的であるととらえるかによって、それに直接つながる「現代」と、断絶がある「近代」との境目が変わってくる。歴史が先に進めば、当然変わってくる。それだけでなく、政治、経済、文化、生活といった分野、さらには政治でも憲法をみるか政党政治をみるかといった視点によって見え方が変わってくる。それを考え、議論することは歴史と現在の社会への理解を深めるうえで大変有意義であるが、正解は一つではない。本書でも基本的に答えが示されていないのはそれゆえであり、ぜひみなさんに考えていただきたい。

鈴木　淳

目次

凡例

・原則として、年代は西暦を主とし、日本の年号は（ ）の中に入れた。明治五年までは日本暦と西暦とは一カ月前後の違いがあるが、年月は日本暦をもとにし、西暦に換算しなかった。改元のあった年は、原則としてその年の初めから新しい年号とした。

・教科書については、平成元・十一・二十一年告示の高等学校学習指導要領の科目「日本史A」「日本史B」は「日A」「日B」、平成三十年告示の高等学校学習指導要領の科目「日本史探究」は「日探」のように、適宜、科目名を略記した。

・本書各テーマの執筆にあたっては膨大な先行研究や文献を参照しているが、紙幅や体裁の制約から、参考文献の掲載は一部にとどまり、十分な注記はできなかった。この点、ご理解いただければ幸いである。

日本史の現在5

近現代①

1

尊王攘夷・公武合体と倒幕運動
——幕末の国家的枠組みから理解する

久住 真也

はじめに

本稿に与えられたテーマは、幕末政治の流れを知るうえで避けて通れない、いわば幹の部分に当たるといえよう。教科書では「近代」の冒頭、「開国と幕末の動乱」などの章節に登場する。幕末の範囲は、アヘン戦争の影響を受けた江戸幕府の対外政策の変化に始まり、ペリー来航を経て幕府の消滅に至る四半世紀ほどになる。

一般に幕末は戦国時代と並んで人気のある分野だが、短期間に様々な事件が継起するなど複雑であるとして、苦手意識をもつ人も少なくないようである。加えて、現状では、学界で見解が統一されていない事象も多く、全体を系統的に理解するのは専門の研究者でも実は簡単ではない。そう考えると、教科書で幕末をわかりやすく記述するには、重要事項の省略や簡略化、図式化はある程度は避けられないだろう。

私見では、現行の幕末に関わる教科書記述は、おもに一九六〇～七〇年代の研究成果を土台としているように思われ、それが長く固定化されている印象をもつ。対して、専門研究は、一九九〇年代後半から二〇〇〇年代にかけて飛躍的に進展し、その結果、従来の見解が否定され、歴史用語の見直しが進むなど、教科書記述との乖離も大きくなっている。

以下では、とくに尊王攘夷と公武合体、そして倒幕運動(「討幕」とも表記するが、原則として教科書の記述に従う)を取り上げ、教科書記述を意識しつつ、専門研究の観点から説明を加えるとともに、必要に応じてより深く理解するための視座にも言及したい。

1 尊王攘夷と公武合体

二つは対立するのか

最初に、主要な教科書での幕末に関する記述の流れを確認するとつぎのようである。①ペリー来航を契機とする開国(開港)、②日米修好通商条約の調印と貿易開始にともなう経済・社会の変化、③幕末の政争の展開、④倒幕運動と幕府の消滅、である。尊王攘夷と公武合体は右の③に登場するが、山川出版社の『詳説日本史』(日探 二〇二三)を例にとると、小見出しの「ペリー来航と対外方針の模索」、「開港とその影響」に続き、「公武合体と尊攘運動」のように対で取り上げられる。

まず、一般に尊王攘夷と公武合体の二つは対立すると考えている人が多く、学界ではこの三〇年ほどのあいだ、研究者がそのような見方を繰り返し否定してきた。そのため、専門研究の分野に限れば、両者を対立的にとらえる研究はあまり見かけなくなったが、繰り返し研究者がメッセージを発信しなければならないところに、一般での強固な認識の存在がうかがわれる。このことは、以下に見るように教科書の記述も無関係ではない。

まず、両者は対立しないとする理由を簡単に説明しておきたい。一般に尊王攘夷思想・運動については、倒幕とイコールで考えられたり、単純な外国人排斥をイメージしやすいが、天保年間(一八三〇〜四四年)に水戸学によって創始されたその思想は、「尊王」と「攘夷」を結合することで国家の統一性を強め、内外の政治的危機を克服しようとするものであった[尾藤 二〇一四]。その思想が、運動として高揚するのは、教科書にもあるように文久年間(一八六一〜六四年)であり、具体的には外国人殺傷(テロ)、通商条約の破棄の要求・運動、外国への攻撃などとなって現れる。しかし、「攘夷」の目指すところは、単純な打ち払いによる「鎖国」維持から、長州藩に見られるように、外国との戦争によって国内を奮起させることで国内改革を断行し、将来的に開国を展望するものまで幅があった[三谷 二〇二〇]。

一方、公武合体とは、朝廷＝「公」と、将軍・幕府、あるいは大名・藩も含む「武」の一致結合による国内体制強化を目指す政策であり、幕府や雄藩、朝廷それぞれの立場から、多様な構想が存在したことがわかっている。これは国内次元の問題でありつつ、対外的な政策ともリンクした。すなわち、国内が分裂していては、外国相手の攘夷など不可能であるから、攘夷のために公武合体は必要不可欠であった。そして、「尊王」について見れば、幕末の公武合体は、「尊王」を前提とし、幕府・雄藩、いずれの公武合体構想も、天皇を政治的上位におくことで展開した。つまり、尊王攘夷と公武合体は、対立でも競合関係でもなく、おぎない合う関係といった方が妥当なのである。

なぜ対立すると認識されたか

以上のことを、具体的な史実や史料から確認することは困難ではない。例えば、著名な新選組を例にとれば、近藤勇などの中心人物は「公武合体」の立場に立ちつつ「尊王攘夷」をとなえていたし、近藤らと対極の立場にあった長州藩の久坂玄瑞なども、幕府による攘夷が実行できなければ、とても公武合体は難しいと述べている。将軍が公武合体・攘夷の先頭に立つことを望むという点で、両者に違いはない。したがって、尊王攘夷＝倒幕というのは誤った見方である。

また、公武合体・尊王攘夷に邁進した勢力は、全国の大名以下家臣に至るまで多数存在しており、幕府の政策決定に与る役人の中にも多く存在した。幕府が一時期、無謀とも思える攘夷方針を採用したのは、国内の一致を優先したからであり、「尊王攘夷」と「公武合体」はコインの表裏の関係だったのである。

それでは、なぜ尊王攘夷と公武合体は対立すると考えられてきたのだろうか。これまでの教科書の記述を確認したところ、両者が対立すると明記したものはなかった。しかし、よく読むと、両者を対抗的なものと印象づける構成になっていることがわかる。例としてかつて「日本史B」で広く用いられていた『詳説日本史　改訂版』(日B 山川出版社 二〇一二)における、桜田門外の変から、文久三(一八六三)年八月十八日政変までの政局の説明を見ると、幕府・薩摩藩・会津藩＝「公武合体」、長州藩＝

「尊攘派」という図式になっており、両者が競合・対立するように記述されていることがわかる。注意したいのは、実際に対立したのは、長州と薩摩・会津という具体的な政治勢力であって、公武合体と尊王攘夷ではないということである。しかし、長州藩＝尊王攘夷派、薩摩藩＝公武合体派のように固定的に考えてしまうことで誤解が生じやすい。

一九五〇〜六〇年代の研究

右のような教科書記述の背景には、戦後の一九五〇〜六〇年代に盛んとなり、七〇年代に一つのピークを迎えたマルクス主義歴史学の存在がある。当時は、明治維新の性格規定をめぐる議論が盛んであり、世界史共通の発展法則が日本史にも適用され、明治維新を封建制の最終段階に当たる「絶対主義の成立」ととらえる研究が主流であった。その変革を推進した政治的主体として、長州藩の藩政改革派→尊攘派→討(倒)幕派→維新官僚という政治勢力・系譜に注目が集まった。

この時期の研究を牽引した一人である田中彰氏は、一般向けの概説書の中で、藩論が攘夷に決定する以前の長州藩および薩摩藩の公武合体運動を取り上げ、それらの担い手は、藩主や藩上層部を中心としたものと説明し、対する尊攘運動は、下級の公家や下級武士、地方の豪農商・知識人を基盤にしたと説明している。そして、「この尊攘運動は、この公武合体運動に対抗し、京都を中心に展開したが、一八六三年(文久三)八月一八日の政変によって、それまでの運動を一挙にくつがえされ、拠点長州へ三条実美らの七卿は都落ちせしめられた」としている［田中 一九九二］。

右のような、文久年間の公武合体運動と尊攘運動の対立・競合とその結末のとらえ方は、少なくとも一九六〇年代頃までには学界で通説となっており、現在の教科書の文脈はこれを継承していると見られる。

しかし、史実を見れば公武合体を主張したのは、既述のように藩主や藩の上層部に限らなかったし、逆に尊攘主義を有した藩主レベルの人々も存在したのである。戦後マルクス主義の唯物史観による研究は、明治維新を階級闘争の視角からとらえようとし、革命を主導するとされたブルジョワジーが未発達であった幕末日本では、下級武士と豪農商層との同盟が重要視され、民衆の反封建的エネルギーを吸収して尊攘派から転成した倒幕派が、維新の政治的主体となるという見方が強く打ち出されたのである。このようなとらえ方が教科書記述に影響を与えているといえよう。

2 幕末期の国家と天皇

天皇の役割

ところで、幕末の天皇の姿が具体的に見えてこない点に、教科書記述と近年の研究の乖離がうかがえる。専門研究において天皇(孝明天皇)と朝廷の役割が重視されて久しいが、教科書では孝明天皇が条約調印に反対した程度しか触れられていない。しかし実際の天皇は、大政委任(幕府に政治を委任しているという考え)を前提にしつつも、積極的に政治に関与していた。

天皇の政治的重要性を象徴するのが、たび重なる幕末の将軍上洛であった。現行の教科書の中には、この将軍上洛に触れていないものもあるが、一八六三(文久三)年の十四代将軍徳川家茂の上洛は、将軍としては約二三〇年ぶりのことであり、天皇のもとで国家的な課題や方針を決定する重要な意味を帯び、将軍・大名の天皇への臣従化を儀礼的にも推し進める契機となった［ブリーン 二〇一一、久住 二〇一八］。

長州藩が同年に下関で外国船を砲撃したのも、将軍上洛のもとで決定された攘夷実行の「国是」にもとづいた行動であった。将軍家茂は翌年（一八六四）、翌々年（一八六五）にも繰り返し上洛し、そのたびに、新たな国是にもとづくステージが形作られた。近代国家とは区別される幕末期の国家的な枠組みの中で、天皇が主体的に重要な役割を果たした事実が明らかにされてきたのである。

二〇〇〇年代の研究の基礎をつくった原口清氏によれば、公武合体や尊王攘夷は、ともに幕末期の「国是」の主要部分を形成するものであり、幕末期の国家的な枠組みを前提に展開されたのである。長州藩も一藩だけで攘夷が可能などと思っていたわけではなく、天皇と政治を委任された将軍を中心とした、国家的枠組みを前提に運動していた［原口 二〇〇七］。その枠組みを破壊し、逸脱しようとした時、それを阻む力が働いたのである。

八月十八日の政変と天皇の関与

その具体的事例が、すべての教科書が載せる、前述の文久三年の八月十八日の政変である。前掲『詳説日本史』（日探）は、この事件について「長州藩を中心とする尊攘派の動きに対して、薩摩・会津の両藩は1863（文久3）年8月18日、朝廷内の公武合体派の公家とともに朝廷の実権を奪って、長州藩勢力と急進派の公家三条実美らを京都から追放した」と記述し、他の教科書もほぼ同じような書き方である。ここで問題なのは、天皇の関与に触れていないことである。

たしかに、政変の主要な実行部隊は薩摩・会津であったが、彼らに天皇の臣下である三条ら公家を処罰する権限などはない。この政変についてもっとも定評がある先の原口氏による研究では、孝明天皇は政変において中心的役割を果たしたと評価されている。実際に、天皇が長州藩や三条らの排除を強く望んでいたことは関連史料からもわかり、それは政変後に松平容保に与えた著名な宸翰と御製(和歌)で、容保の忠誠を賞賛し、喜びを露わにしていることからも明らかである。孝明天皇が一八六六(慶応二)年に死去した際、政局に多大な影響を与えたことも、天皇の政治的役割の大きさを浮き彫りにしている。

明治時代になり、天皇が突如として政治的に登場するわけではないことは、専門研究ではもはや常識になっている。幕末期の天皇の国政上の役割から、近代の天皇中心の国家体制成立の理解につなげるのが好ましい。

3 倒幕運動の見直し

薩長同盟(盟約)の評価

倒幕運動についても、近年様々な議論がなされている。例えば、倒幕運動の発生時期を問うものから、「倒幕」の意味を問い直すもの、「倒幕派」という呼称の是非を問うものなど多様であり、すべてを紹介することはできない。ただ、いえるのは幕末史において倒幕を自明のものとして理解することは、もはやできないということである。

具体的な例として、一八六六(慶応二)年正月に締結された薩長同盟(盟約)を取り上げよう。これについては、坂本龍馬らの仲介により、薩摩と長州の代表者により薩長同盟が締結され、時代は倒幕へと進むというストーリーが小説やメディアで再生産され、強固な通念と化している。しかし、学界では一九八〇年代後半に、それまで定説だった倒幕の軍事同盟説が実証的に否定され[青山 一九八六]、その後受け入れられていった。二〇〇〇年代に入り再び倒幕の軍事同盟説が一部で提唱されたが、実証的な点で問題が指摘され、同盟=倒幕の軍事同盟説は容易に承認される状況ではない[町田編 二〇二三]。

では、教科書では「薩長同盟」についてどのように記述しているのだろうか。前掲『詳説日本史』(日探)では、「1866(慶応2)年には、土佐藩出身の坂本龍馬・中岡慎太郎らの仲介で薩摩藩は長州藩と軍事同盟の密約を結び(薩長連合、または薩長同盟)、反幕府の態度を固めた」とあり(傍線筆者。以下同)、「軍事同盟」という言葉はあるものの、「倒幕」という言葉を用いない慎重な書きぶりである(学界では「軍事同盟」という評価にも疑問が呈されている)。しかし、その記述のすぐ前に、一八六四(元治元)年末、長州藩の高杉晋作らが「藩の主導権を保守派から奪い返し、藩論を恭順から倒幕へと転換させ……」との記述があり、あとに続く薩長同盟の記述とどう関わるか不明瞭になっている。読みようによっては、この一連の叙述から同盟を倒幕の流れで理解してもおかしくない。同様の傾向は他の教科書にも見られる。

右に登場する長州藩のいわゆる「元治の内戦」について、かつての研究では、高杉らが内戦に勝利した結果、長州藩に倒幕派が誕生したとされてきたが、現在は史料的に実証できないとして否定されている。つまり、教科書記述では、薩長同盟の目的が倒幕か否かという議論には配慮している一方、元治の内戦に関する評価はそのまま残ってしまっている点に問題がある。

現在の主たる研究成果によれば、倒幕運動が本格的に出現するのは、将軍徳川慶喜が、薩摩や越前(福井)など有力藩を押し切り、長州藩処分と兵庫開港について勅許(天皇の許可)を勝ち取ったことを契機とする、一八六七(慶応三)年の六月頃と考えられている。一部の教科書もそのように記しているが、重要なのは、倒幕運動の発生の背景を十分に理解できる内容になっているかどうかである。

倒幕については、「尊王攘夷から倒幕へ」という項目を設けた教科書があるように、攘夷→倒幕という単線的な理解がいまだ根強い。ここにも、一九六〇～七〇年代に見られた、政治運動を単線発展的にとらえてきた研究の影響がうかがえる。

公議運動への注目

薩摩藩などによる倒幕への転換、道筋を説明するうえで重要なのが、「公議」・「公論」(「公議輿論」)尊重の風潮と、それを掲げた運動である。これらの言葉は、幕末から明治期の史料に頻繁に見えるものであり、政権を担う人々以外の意見や主張を正当化する際に用いられ、具体的には政権外の多数の意見である「衆議」を意味する場合と、道徳的な観点から「正義」「正しさ」などの意味をあわせもった[池田 二〇一八、奈良 二〇二三]。尊王攘夷が一時猛威をふるったのは、それが「公議」として主張されたからである[尾藤 一九九二]。最近の研究では、「公武合体」や「倒幕」について、歴史用語としての使用に慎重な研究者も出る中で、この「公議」の重要性は、現在では多くの研究者の共通認識になっている。しかし、教科書で具体的に触れたものはほとんどない。

ペリー来航から日米修好通商条約調印に至るまで、幕府は諸大名に繰り返し意見を求めたが、それを契機に有力藩の藩主(隠居・世子も含む)や家臣、志士(浪士)などが、幕府の政治を批判する動きが活発になった。譜代大名・旗本中心による幕政に自己の見解を直接反映できない人々は、自らの主張を「天下の公論」と位置づけ、その実現に向け運動することになる。将軍継嗣問題での一橋派の運動や、一八六四(元治元)年の将軍徳川家茂による二度目の上洛を契機とした参予会議(将軍後見職の一橋慶喜ら幕府関係者と、島津久光など藩主クラスの人々が朝議に参画)なども、公議運動の流れで評価されるようになっている[三谷 二〇一七]。その参予会議は結果的に分裂し、一橋慶喜らによって、有力大名が朝廷や幕府の政策決定に参加する試みは挫折するが、薩摩藩は以後も幕府による政策決定に割り込むべく運動を展開し、幕府と対立を深めている。

幕府倒壊への道筋

幕府とひと口にいっても、薩摩藩が主として対立したのは、参予会議後に誕生した、一橋慶喜(禁裏守衛総督・摂海防禦指揮)と松平容保(会津・京都守護職)、松平定敬(桑名・所司代)による、一《いち》・会《かい》・桑《そう》と呼ばれる京都の幕府勢力であった。彼らは、孝明天皇や関白・一部の皇族など朝廷首脳と結びつき、江戸の幕閣から相対的に自立しつつ、雄藩の政治参加要求を阻止し続けた畿内の幕府勢力である(ただし、あくまで幕府の最高意思である将軍に従属するもので、単独の政権ではない)。薩摩藩は有力大名による会議構想によって内政・外交の決定権を握るべく、一・会・桑、さらに長州征討以後は江戸の幕府本体と対立し、挫折を繰り返す中でしだいに幕府に抵抗する長州藩に接近し、最終的に武力で徳川将軍を政権の座から引きずり降ろす道を選択する。しかし、そこに至るまで様々な可能性、選択肢があったことを政治史研究の成果は教えている〔家近 一九九五、高橋 二〇〇七〕。

また、薩摩の倒幕への動きと同時に、土佐藩による大政奉還を目指す運動が展開されるが、将軍辞職と議事院(議院)の創設を目指す土佐藩の構想は、「公議政体論」と呼ばれ、薩摩藩も一時同調した。土佐の動きも、広い意味で「倒幕運動」としてとらえられることもある。幕末の倒幕運動とは、公議政体実現を目指して言論と武力行使の路線が未分化のまま展開したという特徴を有した。

薩摩や土佐などの武力発動の可能性を秘めた運動は、幕府を廃して天皇のもとに政権を一本化し、身分にとらわれない幅広い人材を求める「公議」を中核とした新政体に結果した。その過程には権力それ自体を目的とした闘争という側面があったことは否定できないとしても、背後に「公議」尊重を求める政治社会の存在があったことは重視されなければならない。そのことは、例えば、旧幕臣の福地源一郎が『幕府衰亡論』(一八九二〈明治二十五〉年)において、ペリー来航時の幕府による前例を破る全大名への対外意見の諮問政策を、幕府衰亡の一因として強調したことや、幕末期に土佐藩の討幕論者であった板垣退助が監修した『自由党史』(一九一〇年)が、維新の原動力を「公議輿論」に求めたように、同時代の実感だったのである。

徳川慶喜が、朝廷に大政奉還の上表を行った際にも「公議」重視をうたい、新政府も「広く会議を興し、万機公論に決すべし」という文言を国是に組み込み(五箇条誓文)、議会開設を目的とする自由民権運動にも根拠を与えたのである。これによって、教科書で別々に教わる幕末と明治を連続してとらえることができるだろう。

おわりに――国際環境・社会との関わりについて

与えられたテーマから本稿では国内政治に偏したが、教科書では外交・経済・社会の動向も扱っており、その点からも様々な見直しが求められる。例えば、外交では日米和親条約などのとらえ直しなどにより、いつの時点で日本の「開国」とするか、研究者により判断が分かれるようになった。また、教科書では一八六六(慶応二)年の改税約書を重要事項としてゴチックで記載する一方、その前提となる、前年に起きた四カ国(英・仏・蘭・米)の圧力により、天皇が条約を勅許した事件の扱いは大きくない。しかし、この事件は、攘夷国是を崩壊させ、国内政治のあり方に大きな影響を与えたのである。

同じく、教科書ではイギリス公使パークスらは雄藩連合政権の成立に期待して薩摩藩を支持し、フランス公使ロッシュは、あくまで幕府を支持して援助したとして、両陣営を対立的に記述することが多いが、このような見方も否定されつつある。パークスやイギリス本国などは、条約による自由貿易擁護・推進の立場から、日本の政局安定を重視し、幕府を軽視することはなかったし、幕府も必ずしもフランス一辺倒というわけではなかった[鵜飼 二〇一四]。

一方、社会の動向では、幕末の世直し一揆や、一八六六年の大坂や江戸の打ちこわし、翌年の「ええじゃないか」の集団乱舞などが、教科書では倒幕運動とともに必ず取り上げられる。「ええじゃないか」などの研究が活発に行われた一九六〇年代までの研究では、「維新前夜の人民闘争」という視角から「ええじゃないか」を倒幕運動と関わらせて論じるのが主流だったが、現在は低調である。近世史研究の成果を参照すれば、百姓一揆のような民衆の動向を、現行の体制打倒を目指す運動としてとらえることはもはやできない［若尾 二〇一八］。幕末期についても、戦乱のもとにおかれた人々の生活の変容や、コレラ・麻疹・地震などの影響、また、近年研究が進んだ、豪農商層といった知識人などの政治情報の蒐集、江戸の民衆の心理や政治的な見方を示す錦絵や摺物など絵画史料などの多彩で豊富な史料を視野に入れた、教科書における新たな記述が待たれているのではないだろうか。

〈参考文献〉

青山忠正 一九八六年「薩長盟約の成立とその背景」(『歴史学研究』五五七号)

家近良樹 一九九五年『幕末政治と倒幕運動』(吉川弘文館)

池田勇太 二〇一八年「幕末雄藩と公議政体論――「公議」の運動からみる幕末政治」(小林和幸編『明治史講義【テーマ篇】』ちくま新書)

鵜飼政志 二〇一四年『明治維新の国際舞台』(有志舎)

久住真也 二〇一八年『王政復古――天皇と将軍の明治維新』(講談社現代新書)

ジョン・ブリーン 二〇一一年『儀礼と権力――天皇の明治維新』(平凡社選書、のち法蔵館文庫二〇二一年)

高橋秀直 二〇〇七年『幕末維新の政治と天皇』(吉川弘文館)

田中彰 一九六三年『明治維新政治史研究 維新変革の政治的主体の形成過程』(青木書店)

田中彰　一九九二年『開国と倒幕　日本の歴史15』(集英社)
奈良勝司　二〇二三年「公議」(山口輝臣・福家崇洋編『思想史講義【明治篇Ⅰ】』ちくま新書)
原口清　二〇〇七年『幕末中央政局の動向　原口清著作集1』(岩田書院)
尾藤正英　二〇一四年『日本の国家主義――「国体」思想の形成』(岩波書店)
尾藤正英　一九九二年『江戸時代とは何か――日本史上の近世と近代』(岩波書店、のち岩波現代文庫二〇〇六年)
町田明広編　二〇二三年『幕末維新史への招待』(山川出版社)
三谷博　二〇一七年『維新史再考――公議・王政から集権・脱身分化へ』(NHKブックス)
三谷博　二〇二〇年『日本史からの問い――比較革命史への道』(白水社)
三宅紹宣　二〇二一年『幕末維新の政治過程』(吉川弘文館)
若尾政希　二〇一八年『百姓一揆』(岩波新書)

2 太政官制と公議の制度化

西川 誠

はじめに

一八六七(慶応三)年十二月九日、王政復古の大号令が出された。①徳川慶喜の大政返上を受け入れて、王政復古を行う。②摂関・将軍を廃止する。③総裁・議定《ぎじょう》・参与をおく。④至当の公議を尽くす。⑤仮に太政官をおく。これらを内容とする。新政府の統治機構は太政官制と規定された。この太政官制は一八六八(明治元)年閏四月の政体書で内容が明確化した。国家権力を太政官と呼ぶ中央政府に集め、アメリカ合衆国憲法の三権分立制を模倣する。立法機関とされた議政官には上局と下局があり、下局は翌年公議所となる。

ところで、太政官は律令制の名称であるが、律令制になぜ立法機関の公議所が付随するのであろうか。明治政府が公議を重んじていたことは戦前からの研究蓄積があり[尾佐竹 一九二九]、憲法制定の視点から明治前期の制度の変遷をまとめた稲田正次氏の研究がある［稲田 一九六〇・六二］。そうした研究をもとに鳥海靖氏は幕末から憲法制定までの立憲政治理解の変化を論じ、公議の制度化を描いた［鳥海 一九八八］。尾藤正英氏も公議が幕末の政治史で重要な理念であることを指摘した［尾藤 一九九二］。公議はどのように登場し、太政官制とどう関係するのだろうか。こうした点を鳥海靖氏［鳥海 一九八八］や三谷博氏［三谷 二〇〇四］の研究を参考にして説明したい。

その前に二つほど確認しておきたい。公議・輿論《よろん》・公論とは、辞書的には人々が正当であるとする議論、世間一般に行われている意見である。強いていえば輿論には後者の意味が強い。しかし幕末以後、三者は厳密には区別されていない。そして正当な議論を表明していいと了解されている空間が公論空間である。

また、一八六九(明治二)年の法令では、律令に倣って「だいじょうかん」との仮名が振られるが、少し後になるが電報では「だじょうかん」と書かれている。実際はそう呼ばれていたようで、現在も明治期の太政官は「だじょうかん」と呼ぶのが慣例である。

1　王政復古の大号令と公議

王政復古の大号令

一八六七(慶応三)年十月十四日、慶喜は大政奉還の上表を提出した。大政を返上された朝廷は、当分慶喜に統治の継続と諸大名に上洛とを命じた。諸大名が上洛しないこともあり、慶喜が主導権を握り続けた。倒幕派の運動が拡がる中で機先を制そうとした慶喜の意図は達成された。こうした慶喜主導の政治を中断するために起こされたのが王政復古クーデタで、王政復古の大号令が出された。したがって冒頭にまとめた①と②が重要となる。復古だから律令制の太政官がおかれる(⑤)。太政官という政府機構はこうして誕生した。そして④に公議という用語が出てくる。どうして天皇の下の政府に公議が出てくるのだろうか。

幕末の公議

日米和親条約(一八五四年)を締結するときに、老中首座阿部正弘は朝廷に奏上する一方、外様を含む大名に諮問し、幕臣などに意見書の提出を認めた。開国(新しい国際関係)のために挙国一致を模索した。結局はやむをえず条約を結ぶという判断になるのだが、阿部の行動は幕末政治史に大きな影響を与えることになった[三谷 一九九七]。

元来幕政は、譜代大名と旗本で運営されていた。血統ゆえに将軍のライバルとなる可能性のある親藩や、新参の家来である外様大名は原則的に幕政には参加させない。ところが阿部老中から意見を求められた御三家水戸の徳川斉昭は阿部に宛てて書通する。「ケ様《かよう》なる変難の御時節、外様同様登城等のみいたし居《おり》候てハ、三家も御家門も其《その》甲斐《かい》有之《これある》間敷《まじく》候」(一八五四〈安政元〉年四月十五日付阿部宛書簡、『水戸藩史料』上編乾、三三三頁)。このような危機の時に外様同様政治的意見を言わせないのであれば御三家と親藩はその存在理由がないと述べている。外様大名薩摩藩の島津斉彬はその斉昭につぎのように書通していた。「日本ニ生れ候ものは、一人として皇国をあしかれと存候者は無之《これなき》事ゆへ……国持諸大名へも委敷《くわしく》被仰聞《おおせきかせられ》」(一八五三〈嘉永六〉年七月十日付斉昭宛書簡『島津斉彬文書』下巻一、六〇四頁、吉川弘文館、一九六九年)。国家的危機には大藩の外様大名には意見を述べさせよという内容である。こうして様々な意見をとなえてよいという状況が生まれる。福井藩の松平慶永の参謀で安政の大獄で死罪となった橋本左内は、有志大名を政権トップにして全国の武士を登用する政治体制を構想した。

さて国交より大きな問題である通商を認めるかどうかがつぎの問題となる。幕府は通商開始を専決する。そして朝廷に許しを求めたが、朝廷は再考を求める。ここに幕府の開国―通商開始方針は国論を統一して成立していないことは明瞭となる。実際朝廷は反対しているではないか。こうして幕府の決定は幕府の「私」の決定と評価される。他の選択もあるだろう。日本全国に様々な議論があってそこから正しい議論を導くべきであるという「公議輿論」がとなえられるようになる。幕府の決定に反対するのは端的にいえば過激な攘夷論者である。朝廷は攘夷論を表明しており、期待は朝廷に集まる。朝廷は公議輿論が形成される場として認識されるようになる。

一八六三(文久三)年の八月十八日の政変の後で、朝廷の議論に参加するという参与会議が設けられる。参与には有志大名たちが任命される。公議輿論の場として期待された朝廷で、公議実現の制度として大名会議が創出された。ところがこの会議は幕府と一橋慶喜の横浜鎖港論(条約で開港した横浜港を閉ざすという議論)によって潰される。幕府の意見・決定はますます「私議」となる。

江戸時代を通じて天皇の権威は高まっていたが、天皇の権威だけでは実行力がともなわない。幕府の意見を否定する存在であると、全国の議論が実現される公議の場であると期待されて、活動する人々が上洛し、天皇・朝廷の政治力が増す。こうした政治過程を経て、一八六七(慶応三)年末には天皇と公議は分かちがたくなっていた［高橋 二〇〇七］。そこで王政復古の大号令では、「至当之公議」がとなえられる。翌年の五箇条の御誓文では「万機公論ニ決スヘシ」が第一条となる。第一条は多数派工作のためだけではなかった。

では公議の制度はどのようなものが構想されただろうか。先に橋本左内の構想を紹介したが、欧米の議会制度への知識が深まっていく。大名会議がまずは構想される。慶喜も大政奉還と前後して、開成所の知識人たちに議会制度を調べさせている。慶喜も公議を獲得しようと模索していた。

公議の担い手

公議の担い手は大名だけであろうか。幕府批判派が公議輿論をとなえていたが、具体的には勤王の志士である。では政治的意見を表明していいという考えは、どのように広まっていたのであろうか。

江戸時代、十七世紀後半には全国的市場が形成される。米は大坂に集まる。十八世紀後半には地回り経済圏が形成される。商業活動には情報の流通が付随するし、不可欠である。幕藩体制はヨーロッパの自給自足経済の封建社会とは異なる社会状況であった。

そして知識人が移動する。まずは武士が参勤交代で移動し、やがて参勤交代以外にも学問や武術鍛錬のために江戸に向かう。こうして知識獲得を求めてネットワークが拡がる。十八世紀末になると、豊かになった上層の商人や農民も知識のネットワークに参加してくる。十八世紀後半に伊勢の町人出身の本居宣長が国学を学べたのも、そして理解を深めるために上洛したのも、国学のネットワークが存在していたからであった。

元来実務のために文字を学び教養を高めようとした上層農商は、教養それ自体を学ぶようになる。平田篤胤の国学が、復古神道が広まった背景である。国学を学べば、そこに「日本」が浮かび上がってくる。しかも情報のネットワークの密度の高まりは文化的統合を高めることになり、この点でも「日本」の意識は高まる。先の島津斉彬の「日本ニ生れ候ものは……」という考え方は、大名だけにはとどまらない。やがては政治情報の獲得要求も高まり、武士階級以外には許されていなかった政治批判も発生してくる。

天保期の例を挙げよう。大塩平八郎の乱という大坂の、幕臣の、陽明学者の動乱に、越後の国学者生田万が反応する。情報は伝わり、天保の飢饉に対する批判が共有されている。

幕末には、政治情報を集め、場合によっては政治活動に参加する人々が、武士だけでなく上層農商まで広まってくる。公議の実現方法としてさしあたって考えられていたのは大名会議ではあったが、公議をとなえる公論空間は少しずつ拡がっていた［宮地 二〇〇〇a、三谷 二〇一七］。

2 太政官制の整備

政体書

明治太政官制は、新政府の権力が増し担当する実務が増えるにつれ整備されていく。担当分野が分かれていく。冒頭に述べた政体書では、「天下ノ権力総テコレヲ太政官ニ帰ス……太政官ノ権力ヲ分ッテ立法行法司法ノ三権トス」（『法令全書』。年毎《としごと》に編纂された政府の法令集）と述べられていて、権力の統合をはかりつつ機構が整備された。アメリカの立法・行政・司法の三権分立にならって、太政官の下に議政官・行政官・刑法官などがおかれる。官吏公選も規定された。

議政官には議定と参与からなる上局と各藩から差し出された貢士からなる下局が設置される。行政官のトップには輔相が二人おかれ、現在の省に当たる各官が配置され、各官のトップは知官事と呼ばれる。議定・輔相・知官事には皇族・公家・元大名が任命された。

しかし誕生したばかりの政権を会議で動かすのは困難で、議政官は形骸化する。そもそも二人の輔相は議定が兼務し、分離していなかった。しかし公議は尊重される。天皇が東京に行幸すれば藩代表(貢士から公議人と呼ばれるようになる)は行動をともにする。版籍奉還の上奏は、公議人の集まる下局の名を改めた公議所で議題となる。公議の尊重は放棄されていなかった。とはいえ、公議所では政府首脳の考えるようには議論が進まない。そもそも藩権力を削減しようとする政府首脳と藩代表会議の公議所が対立しないわけがない。

職員令

一八六九(明治二)年六月に版籍奉還が行われ、七月に職員令で太政官制は改められた。復古色が強まって、祭政一致・天皇親政の方針から大宝令にならって神祇官と太政官の二官となり、太政官の下に省がおかれ、長は卿となった。名称も律令にならい、復古の色彩を帯びた。太政官は大臣・納言・参議で構成される。公議はどうか。やはり公議は必要で、各藩代表者会議は尊重されなければならなかった。祭政一致や大宝令への依拠などは、尊王攘夷論者を無視できないという公議尊重の結果でもあった。しかし政府首脳と意見の対立があったことから公議所の権限は削減されて、名称も集議院に改められた［宮地 二〇〇〇b］。

廃藩置県後の太政官制

一八七一（明治四）年の廃藩置県後、太政官制は改正され、正院・左院・右院と各省からなる構成となった。正院とは大臣・参議からなる会議で、最高決定機関である。右院は各省トップの卿の会議で、卿が任命されていない場合は大輔・少輔などの次官が出席する。行政の調整会議という位置づけで、重要な事項はさらに正院で審議決定される。

左院は「議政」機関で、法案作成・審議機関である。議官は政府が任命する。集議院が付置された。この集議院付置に見るように左院は公議を引き継ぐ機関とも認識され、建白書（政治意見書）を受けつける機能もあった。様々な議論を調達するために議官にはよくいえば多様な人材、あからさまにいえば政府首脳から外れつつある人々が任命された。例えば箱館で降伏した幕臣永井尚志は、釈放されて左院議官となっている。したがって左院の意見は重視される場合もある。たんなる法案作成部局や意見を聞くだけの現在の審議会と異なる。そこで当時の用語を使って「議政」機関と表現した［西川 一九九二］。

とはいえ藩がなくなった以上、集議院が付置されているとはいえ左院の公議性のうち代表性は低下する。多様な人材を集めても、藩の意見を代表するという性質を補えない。何らかの集団を代表するものでなければ正しい議論・公議とはいえないのではないかという認識は広まったらしく、左院も自覚していたと思われる。自ら発案して国会や国会と不可分の憲法の調査に着手している。

太政官の人事の点では、この時点で政府首脳部から太政大臣三条実美・右大臣(当初外務卿)岩倉具視・宮内卿徳大寺実則以外は公家と元大名はいなくなる。そして参議には、西郷隆盛・木戸孝允・板垣退助・大隈重信が就任する。卿・大輔を含め薩摩長州土佐肥前の有力倒幕藩出身者が就任する。政府が倒幕藩出身の実力者によって運営されるようになった。

しかし機構上の点で二つの問題点が露呈してくる。一つは参議の職掌である。大臣を「補佐」する(『法令全書』)とされていたが正院の中での位置づけが規定上明確ではなかった。余談ながら「院」という言葉には会議体という含意がこの頃から発生している。したがって正院も会議体と考えられていたと思われるが、その構成員に参議を含むか法令上はっきりしない。今一つは、決定機関(正院)と執行機関(各省)の分離である。行政の調整機関である右院の討議の結果は必要であれば正院で討議決定されるはずであるが、手続きが明瞭ではない。齟齬が発生する。そこで一八七三年四月、それまで卿であった者が参議となるという人事面での変更がなされ、そして五月に参議が議官と明記される内閣が正院に設けられた。

この二点で解決がはかられたのであるが、(A)参議と卿は職掌を異にする、(B)上奏権は大臣にあり参議は大臣を補佐する、という規定は残ったままで、この後も課題としてくすぶることとなる。(A)については、徐々に参議が卿を兼ねることで解決がはかられていく。なお太政官の決定のあり方は、重大事は各省が伺《うかがい》を太政官に上申して許可を受けるという構造であった[中野目 二〇〇〇]。

3　太政官制と国会論

漸次立憲政体樹立の詔

一八七四(明治七)年五月、明治六年政変で政府を去っていた板垣退助を中心に「民撰議院設立建白書」が提出された。国家の衰退を免れるには「唯《ただ》天下ノ公議ヲ張ルニアル而已《のみ》。天下ノ公議ヲ張ルハ民撰議院ヲ立ルニ在ル而已」と述べる公議を拡張するための国会設立論である。納税者には参政権があると主張しているように、ヨーロッパの人権思想の流入もある。国会開設論にはいくつかの要因があるが、これまで述べてきたように幕末の公論の流れは重要であろう。この建白書の提出先は公議性を残している左院であった。そして左院は「至当」であるとの意見をつけて閣議に建白書を上申している。

板垣の議論に木戸孝允が協力して、漸次立憲政体樹立の詔が一八七五年四月に出された。太政官制は改正されて、五箇条の御誓文を拡充して立法を担うとして官選議官からなる元老院と地方長官を集めた地方官会議が設置された。また司法権拡充のために大審院が設けられた。立法権・司法権を拡充し、行政権と並列するものとなった。では拡充された立法権・司法権をどう統御するのか。木戸は、三権の上に天皇・大臣・参議をおく構想を抱き、大久保利通・板垣も同意する。三権の関係はやってみないとわからないから統御が必要である、統御するのは天皇だけでもいいが、明治天皇は実質的に統治を行っていないし、大臣は公家という慣行が続いていて三条と岩倉に任せきれない、と考えたと思われる。各省の個別利害を超えて公議を尽くすという考えもあった。その結果参議と卿は分離される。

三権の上に立って国策を決定する参議という理屈は合っているが、(A)の問題が再燃する。

こののち板垣は、元老院の立法権を確立しようとして大久保・木戸と対立し、政府を去る。富国のための行政機構の整備を優先する大久保が政府の中心となって、参議と卿の兼官が復活していく。一八七七年には財政支出削減のため官制改革が行われて若干の省が廃止されるとともに、律令制になった寮や司の名称が廃止され局に整理された。

一方公議は、代表性が重視されるようになってくる。地方官会議は政府が任命した地方官を集めており代表性には疑問がつくが、地域の実情を知悉しているからと下院に相当するとして構想された。そして七月に開催された地方官会議では、地域で設けられはじめていた町村会の公認が検討される。結論は地方の状況に委ねることとなり、公認には至らなかった。

また元老院では国会のある憲法草案が審議されていく。板垣が下野しても、公議拡充の準備をはかるのが元老院の存在理由であった[久保田 二〇一四]。

明治十四年の政変

西南戦争で武力による政府への追及が不可能となったことで、言論による政府批判が中心となる。板垣が創設した立志社は、開戦中に言論の自由・地租軽減・条約改正を主眼として国会開設を求める意見書を政府に提出しようとする。西南戦争終結後、全国に遊説を開始する。一方政府は、一八七八(明治十一)年に、地域社会を旧来の町村を尊重した編制とする郡区町村編制法、府県税を規定する地方税規則、府県に議会を設置する府県会規則を設け、府県会に地方税の徴収方法を審議する権利を与えた。

地域社会に議会を認める流れの中で、府県に議会が設置されることになった。こうして、地域社会には制限はあるものの参政権が認められた。

一方地域社会では、すでに述べたように幕末以来リーダー層に公議への関心があった。加えて地租改正で新政府に協力したという実績もあった。そして部分的とはいえ参政権の付与である。つまり育ちつつあった地域社会の公論空間という培養土に、参政権という種子がまかれた。立志社系統の遊説もあれば、新聞の普及によって福沢諭吉の議論も流入して肥料も与えられる。こうして、参政権拡大運動が拡大する。国会開設運動である。一八八〇年三月には国会期成同盟が形成される。

新政権は公議輿論の正当性の上に成立していた。幕末の社会には、公論空間が形成されつつあった。こうした公議のあり方が、国会開設運動の拡大を導く土台となった。

政府の側も国会の必要性は考えていた。盛り上がる国民のエネルギーを吸収するためにも、条約改正を目指して文明国家であることを示すためにも、国会付きの憲法は必要であった。政府内の国会導入論の対立の結果、一八八一年十月、早期国会開設論者の大隈重信が政府を追放される。明治十四年の政変である。それと同時に、一〇年後の国会開設を公約とする国会開設の勅諭を出す。政府は国会のある憲法を準備しなければならなくなった。伊藤博文は憲法調査にヨーロッパに旅立つ。

帰国した伊藤は政府機構の整備に乗り出す。一八八五年十二月、太政官制は廃止されて内閣制度が導入された。財政上の動機や国防上の動機もあったけれども、太政官制の視点からは、(A)(B)の解決がなされた。まずは(A)の点から。各省の長官は閣議参加者を兼ねる大臣となった。すなわち国政全体について発言するとともに各省を統括するという現在の大臣と同じようなかたちとなった。行政の統括を考えるのであれば、このような解決が一つの理想型であろう。(B)に関しては、天皇に上奏するのが大臣というのは、三条と岩倉という具体像をもった公家の尊重でもあった。三条が引退すれば太政大臣を別格とする必要はなくなる。各大臣が上奏権をもつようにすればいい。それは同時に太政官に上申される文書量を減少させることになり、行政の簡素化という目的も達成される。こうして内閣総理大臣を長とする、各省の長である大臣によって構成される内閣制度が導入された。伊藤博文が総理大臣となる。内閣には公家と大名はいなくなる。内閣については総理大臣の強さの問題があるが、本稿の範囲を超えていよう[西川 二〇一八]。

おわりに

王政復古によって誕生した政府であるから、政府機構は律令制の名称が採用され太政官となった。省は寮や司で構成される。しかし杜絶していた官制を復活させても内実はともなわない。業務にあわせて官庁は設置されるし、上下関係・権限関係を明確にしなければならない。整理しても、最後まで天皇への上奏権を大臣しかもたないこと、閣議参加者である参議と各省長官の卿とが分離していることという大きな問題が残った。加えて大臣には公卿や諸侯しかなれないという近世の身分制の名残である暗黙の合意があり、各省の利害と離れた合議が正しさを導くという公議に由来する理解がある。内閣制度が導入されて、二つの大きな問題は解消された。

太政官の決定のあり方を複雑にした原因の一つには、天皇の権威と公議は分かちがたいという理念にあった。幕末の政治過程の中で熟成されたこの理念のために、明治政府は公議の制度化を曲折はありながらも進めていく。しかし公議を決定の中にどう組み込むかの試行錯誤が、太政官制のたび重なる変更をもたらした。公議は代表性のある議会が担当するという了解がなって、言いかえれば、行政の会議と公議は別のものと了得されて、太政官制の改正は決定機構の整備に落ち着き内閣制度導入となる。

行政と立法が分離されていったからといって公議の理念が放棄されたわけではない。公議の尊重とその背景にある公論空間の存在という前提があって、国会がある憲法は早期に導入され、国民にボイコットされることはなく選挙が行われ、立憲政治は開始される。

〈**参考文献**〉

稲田正次　一九六〇・六二年『明治憲法成立史』上・下(有斐閣)
尾佐竹猛　一九二九年『維新前後に於ける立憲思想』(邦光堂)
久保田哲　二〇一四年『元老院の研究』(慶應義塾大学出版会)
高橋秀直　二〇〇七年『幕末維新の政治と天皇』(吉川弘文館)
鳥海靖　一九八八年『日本近代史講義――明治立憲制の形成とその理念』(東京大学出版会)
中野目徹　二〇〇〇年『近代史料学の射程』(弘文堂)
西川誠　一九九二年「左院における公文書処理――左院の機能に関する一考察」(『日本歴史』五二八号)
西川誠　二〇一八年「内閣制度はなぜ導入されたのか」(山口輝臣編『はじめての明治史』筑摩プリマー新

書）
尾藤正英　一九九二年「明治維新と武士」（『江戸時代とはなにか――日本史上の近世と近代』岩波書店、のち岩波現代文庫二〇〇六年）
三谷博　一九九七年「公議制度化の試み」（『明治維新とナショナリズム――幕末の外交と政治変動』山川出版社）
三谷博　二〇〇四年「日本における「公論」慣習の形成」（三谷博編『東アジアの公論形成』東京大学出版会）
三谷博　二〇一七年「近世日本の社会――構造・動態と社会結合の変化」（『維新史再考――公議・王政から集権・脱身分化へ』ＮＨＫブックス）
宮地正人　二〇〇〇年ａ「風説留から見た幕末社会の特質」（『幕末維新期の社会的政治史研究』岩波書店）
宮地正人　二〇〇〇年ｂ「廃藩置県の政治過程」（前掲『幕末維新期の社会的政治史研究』）

3 文明開化と習俗の変化

湯川 文彦

1 文明開化の輪郭

「文明開化」とは、西洋文明を取り入れながら展開された、明治初期日本の近代化現象の総称である。その影響は、政治、行政、思想、学問、教育、メディア、宗教、産業、医療など、あらゆる領域におよんでいる。ただし、多領域に様々な影響がおよんだために、一口に「文明開化」といってもその実態は多様であり、全貌をとらえることは容易ではない。教科書にも言葉は出てくるものの、詳しくは扱われていない。それでは、当時の人々にとって、文明開化とはいったい何だったのか？ この問題を解くためには、人々がそれぞれの経験・立場をふまえて「文明開化」をどのように理解し、議論し、実践したのかが重要になる。人々は一様な認識に立っていたわけではなく、また白紙の上に文明開化像を描いていたわけでもない。人々の視点から浮かび上がってくるのは、「文明開化」をめぐる多様な認識と、従来の習俗との密接な関係である。

文明開化のもっともわかりやすい特徴は、物質的な変化である。西洋から輸入された物品が重宝され、洋服や家具、料理などが日本に導入された。アメリカ人旅行家のチャールズ・A・ロングフェローは一八七二(明治五)年、日本人が舶来品にとびつき、その代わりにあちこちで日本在来の物品を売り捨てていると記した(山田久美子訳『ロングフェロー日本滞在記』平凡社、二〇〇四年)。西洋建築もまた、官庁や銀座などで採用され、工部大学校ではジョサイア・コンドルら外国人教師たちによって西洋建築の方法が伝えられた。

一方で、文明開化には、精神的な変化もみられた。福沢諭吉は文明開化の特徴として、人々の「交際」が広がり、その中で「礼儀の道」が行われ、公益を追求する意識や制度が形成される点を挙げている(『西洋事情』外編)。文明開化が実現すれば、弱肉強食や差別がはびこる社会ではなく、人々が共存共栄するために「自由」を行使する社会が到来すると、福沢は見通す。人々の精神的な変化が「文明開化」の重要な特徴とみなされていたことがうかがえる。

そもそも「文明開化」の思想は、産業革命を迎えたイギリスにおいて、新たな社会の形成を支えるために生み出されたスコットランド啓蒙思想に淵源する。スコットランド啓蒙思想では「文明」と「野蛮」という明確な対比構造をもちながら、「文明」への進歩を求める。福沢は様々なスコットランド啓蒙思想の著作を読み解き、日本の状況にあわせて再構築した(クレイグ 二〇〇九)。福沢は一連の著作活動を通じて人々に文明開化を説きながら、人々の精神的な変化に期待していた。例えば『学問のすゝめ』(一八七二年)では、人々が「学問」をして物事の道理を知り「文明の風」におもむけば、政府は圧制によって統治する必要がなくなり、より「自由」な社会を実現することができると論ずる。新たな学びには、個人個人の立身出世にとどまらず、新たな社会の基盤づくりの意味が見出されていた。

もっとも、舶来品の流行にみながみな乗ったわけではないし、福沢の説くような「文明開化」を人々がただちに理解し、受け入れたというわけでもない。

例えば、礫川《こいしかわ》喜望《きぼう》は「西洋かぶれ」で人にいばったり、こびへつらったりする人間を諷刺した「東方亜細亜猿の骨格」を描いた(『團團珍聞』第二〇七号、一八八一年)。この「骨格」のパーツはすべて洋靴、洋傘、スプーン、フォークなどの舶来品という徹底ぶりである。また、僧侶の佐田介石も舶来品信仰を批判し、西洋かぶれの者たちを列挙した「馬鹿の番付」を著した。こうした反感は、「なぜ西洋化しなければならないのか?」という疑問を素通りしていくかのような社会風潮に違和感をもつ人々がいたことを物語る。学校についても、一八七二(明治五)年の学制頒布後、全国の小学校整備が本格化すると、各地で小学校が焼き討ちに遭った。高額な費用負担や労力の提供に対して、「なぜ学校が必要なのか?」が十分な社会的合意を得ていなかったことがわかる。政府が推し進めようとした東京の煉瓦街化計画においても、大半の人々がついてこず、結局銀座エリアを煉瓦街化した時点で頓挫した。

また、一八七〇(明治三)年の民法編纂会において箕作《みつくり》麟祥《りんしょう》がフランス語のdroit civilを「民権」と翻訳した際、ほかの官員から「民に権があると云ふのは、何の事だ」と聞かれ、説明してもなかなか理解されなかったという(一八八七年箕作麟祥演説、大槻文彦編『箕作麟祥君伝』所収)。一部の知識人が「文明開化」の思想を語ったとしても、それがただちに周囲に理解されたわけではなかった。あるいは、東京府商人の野口栄吉は、つぎのように語る。「文明開化」という言葉の意味がわからず「通例の流行言葉」くらいに思っていた。最近読んだ『明六雑誌』掲載の論考(西村茂樹「西語十二解」)によれば、文明開化とはイギリスの「シウィリション」(civilization)に由来し、これを中国では「礼儀に進む」と解する。つまり「我国の語に訳すれば、人柄のよくなると申事」である、と。野口はこの「文明開化」理解にもとづき、「人柄のよくなる」事業として子どもたちの就学支援・救済の制度を提案している。自身の問題関心と知識人たちの提供する学知が結びついたところに、野口の「文明開化」は具体化されたのである[湯川 二〇一九a]。

このように、文明開化には多様な側面があるというだけでなく、人々がそれぞれの理解にもとづいて文明開化を解釈し、自己の社会認識や実践につなげていた。個人の経験や立場などによって文明開化に寄せる関心の所在や、実践行動との結びつき方も区々であり、その多彩な理解と行動の集積体が文明開化の実態だったといえる。

かつての研究では、政府の推し進める「文明開化」政策と、それに抵抗する民衆という二項対立的な図式で説明されることが多かった[安丸 一九七九]。しかし、近年では官民双方に多様な文明開化の認識と活動が存在していたことが注目されつつある。松田宏一郎氏は幕末までに蓄積された学知と問題意識(例えば「人材」論など)が、明治初期に流入した西洋情報と社会状況によって継続・変化していく過程を描き出した[松田 二〇〇八]。池田勇太氏は儒学的政治理念をもとに西洋情報を摂取した元田永孚らの思想を明らかにしている[池田 二〇一三]。牧原憲夫氏は、建白書や新聞の分析を通じて文明開化にかかわる諸問題を人々が多様な視点から議論するさまを描き出した[牧原 一九九〇・一九九八]。アリステア・スウェール氏らは、新聞・錦絵などの大衆メディアの検討を通じて、江戸時代から明治時代への文化的連続性を視野に入れた移行期研究をまとめあげた［スウェール編、瀧井編 二〇二三］。

文明開化の目的と活動が、それぞれの人の経験や立場にからんで多様であったことは、新たな問題を浮かびあがらせる。人々の活動は個人で完結するものばかりではなく、相互に協力したり、議論したりしながら展開される。そうなると、文明開化は単一目的にそくした直線的進行ではなく、多様な目的意識の中で議論や試行錯誤をともないながら模索されるものとなる。スコットランド啓蒙思想家や福沢諭吉が思い描いたような、新たな社会の基盤をつくるほどの「文明開化」であれば、膨大な資金・労力と働きかけ・議論が不可欠になる。

2　文明開化の伝え方

文明開化の内容や意義を伝えるうえで、新聞メディアが果たした役割は小さくない。三大紙の一つ、『東京日日新聞』においておもに社説欄を担当した福地源一郎は、時々刻々と変化する政治状況を把握しながらより安定的な政治・社会を求めて、急進的な改革よりも無理のない漸進的な改革を主唱し、地方官会議や地方議会など民意を何らかのかたちで表象する装置の重要性を訴え続けた［五百旗頭 二〇一三］。さらに、同紙では社説や日々の報道、投書・広告の掲載などを通じて、文明開化に関わる膨大なニュースと意見を読者に伝えた。そこには以下のような、「文明開化」を伝えるための工夫が張りめぐらされていた［湯川 二〇二二］。

『東京日日新聞』では、舶来文化に熱をあげる風潮を批判し、国内の伝統文化を出発点とする漸進的な社会変革こそ望ましい「文明開化」であるとした。それゆえ、同紙は単純に西洋式の理想や利点を説くのではなく、社会の現状をよく説明する中で「文明開化」の取り入れ方を模索・提案した。同紙記者たちが描く現実の社会は、従来の生活様式を保ちながら、そこに新しさを取り入れつつあるものだった。同紙本社のある銀座では、元日から洋式の「高帽」をかぶりながら和式の「下駄」を履く者や、「袴羽織」と「二刀」をまとった従来型の「町人の年礼」を行う者の姿が目に留まる。川崎大師への初詣、恵方詣に向かう人々は、鉄道を便利に使い、警視庁のもとで発足した「消防隊」は、新式の「ポンプ」を担ぎ出しながら、従来のように竹梯子の上で曲芸を披露した。警視庁が配った元旦祝いの品も従来型の「酒四十四樽と尤魚《するめ》四千四百枚」であった。記者たちはこの新旧並存する現実社会を前提としながら、全国各地に建ちはじめた「学校」、女子に読み書き、裁縫などを教える「女紅場」、機械の産業への活用や発明など、新たな試みの利益を説き、新しさを意欲的に取り入れようとする人々を称賛した。

新たな職業に従事する人々についても日々の報道を通じて詳細に報じている。新たな交通機関として流行した人力車や人々の暮らしを守る警察については、その効能を伝えながら、車夫・巡査たちの優れた行いや心の清らかさを描き出した。興味深いのは、こうした報道の一方で、記者たちが車夫たちの危険な運転による事故や運賃トラブル、巡査による高圧的な態度に対する住民の不信感などを報じていたことである。現実社会では新たな職業人をめぐる事件が起きており、手放しで称賛することはできない。だからこそ、記者たちはあえて車夫や巡査たちの人となりに優れた点を認めれば、それを積極的に報じようとしたのである。

こうした工夫は、言いかえれば、新式の利益を従来の道徳観とセットにして読者に訴えかけるものであった。これに加えて、記者たちは新たな知識を得ることの重要性もしばしば訴えている。例えば、落馬・悶絶していた兵士を懇切に介抱した青年は、実は医学を学んでおり、その知識を困っていた人のために役立てた。社会をよりよくしようとするには、個人の篤実さとともに、新たな知識が必要であることを、記者たちは印象づけようとしていた。

新たな知識を提供する「学校」も、現実社会では逆風にさらされていた。一八七三(明治六)年以降の地方騒擾の中でしばしば小学校が焼き討ちの対象とされた。従来の寺子屋と違って、小学校は日用の学びだけでなく、物事の道理、社会の仕組みを理解するための教養や、より発展的な学問を修得するための基礎を授けており、学んだ内容のすべてがすぐに役に立つわけではない。いまだ学校・教育に対する社会的認知が十分ではない中で、記者たちはどのような試みに出たのだろうか。

まず、小学校での学びが現実社会とうまく接続していない問題については、文字の読み書きをはじめ日用の学びの効能を強調することで対応した[湯川 二〇二二]。読み書きができることの価値や社会的なステータスについては、すでに従来社会において認知されてきていたため、その認知を利用して小学校を受容してもらおうとした。また、意欲的に学ぼうとしている人々や自主的に学校を開設した人々、学資金を寄付した人々を称賛する一方、就学や学校開設に意欲的でない人々を批判し、叱咤激励した[湯川 二〇二二]。いわば〝誉れ〟と〝恥〟を具体例にそくして読者に印象づけることによって、学校・教育の〝誉れ〟へと人々を誘導しようとしたのである。

なお、この〝誉れ〟の具体例には、貧困の者(車夫、離婚を経験した「独住《ひとりずみ》」女性)、寒村僻地とされた地域の区戸長や若者など、従来の社会で差別の視線にさらされてきた人々が含まれている。記者たちは従来社会に広がっていた差別さえも活用し、学校・教育に対する人々の関心を高めようとしていた。

こうした中で、読者の投書においても、学校・教育を現実社会の問題とつなげて理解・議論する人々が現れた[湯川 二〇二二]。例えば、従来社会では子どもが労働し生活・商業を支える「丁稚《でっち》」の慣行があり、就学の妨げとなっていた。投書者たちは丁稚の存廃をめぐって議論をおこし、丁稚の全面廃止を訴える意見が出る一方、丁稚廃止による個々人の生活・商業への影響を考慮し、夜学の開設から始めるべきだとの意見も出た。また、女子生徒の服装をめぐっては「袴」の着用が議論を呼んだ。「袴」は男性の服装だとして女性の着袴を厳しく批判する声が挙がったと思えば、従来の着物では学校生活では動きづらく支障があるとして、着袴の効果を説く声も挙がった。女子生徒からも投書があり、日本では古来より女官が袴を着用した伝統があり、西洋でも袴に類する服装が採用されているとして、着袴批判を理路整然と退けた。

このように、読者たちは学校への通学や生活について従来社会の慣行や価値観との関係で現実的な問題を認識し、議論を展開した。学校が現実社会にそくして議論されることは、一方では学校の社会的認知を広げ、その定着に貢献したが、他方では従来社会の慣行や価値観が強く意識され、抜本的な改革の難しさを露呈することともなった。

一見すると雑多に日々のできごとを報じているようにみえる新聞記事だが、それらには通底する記者たちの意図——従来社会の価値観や慣行を前提に「文明開化」を伝えるための工夫があった。こうした工夫の特徴がよく出ているのが、〝詳しすぎる妖怪奇談〟の存在である[湯川 二〇二二]。同紙では妖怪奇談を「野蛮」に位置づけ、文明社会では迷信にすぎないとする立場をとりながらも、報道記事は長文記事を頻繁に掲載し、各地で報告される妖怪奇談を詳細に報じ続けた。これには一部読者からなぜ妖怪奇談を掲載するのかと疑問を呈されたが、記者たちの姿勢は変わらなかった。妖怪奇談は人々が教訓に使い、娯楽に用いてきたもっとも身近な知恵であり、それを無視して報じれば、現実社会と「文明開化」の接続は絶たれてしまう。一見矛盾しているように思われる〝詳しすぎる妖怪奇談〟には、人々の社会生活を出発点に、そのおかしさや問題の指摘につなげていくという、記者たちの意図がうかがえる。

記者たちがどれほど「文明開化」が重要だ、すばらしいものだと思っていたとしても、それがほかの人たちにただちに共有されるわけではない。かといって頭ごなしに文明開化を啓蒙しようとすれば、それは人々に反感や不信感を呼び起こすだけである。記者たちは西洋に由来する「文明開化」の思想を、国内現実とつなぎあわせることで、少しずつ理解者を増やし、文明開化の実現をはかろうとしていたのである。

3　文明開化と習俗のあいだ

文明開化を伝える場所は、新聞だけではない。地方施政・財政の方針を議論する場であった地方議会もまた、その重要な場所の一つである。以下では、その実情について具体例を交えつつ説明する［湯川 二〇一九b］。

木更津県・千葉県(一八七三〈明治六〉年に木更津県・印旛県の統合により成立)では、地方官が主催し、県民代表者たちが参席する議会が継続的に開かれていた。木更津県議会は、同県権令の柴原和《やわら》が官民の「情意」を通ずるための議会が必要との認識を示し開設した。議長を務めた柴原から議員たちに示された議題は、戸長配置、道路橋梁の保全、小学校整備の方法、灌漑設備としてのポンプの導入、邏卒(警察官)の配置など、県庁が推進しようとしていた「文明開化」政策の骨子を伝えるものだった。

しかし、これを聞いた議員たちは一様に慎重な態度を示した。いずれの政策も実施するには莫大なコストがかかるために、実施可能かを推しはかると慎重にならざるをえなかったのである。また、ポンプ導入について、まず一台購入してその効能を確認してからにしようとの提言がなされており、議員たちがいまだ見たことのない方法の利益について、確証を得られていなかったことも「文明開化」に慎重になった原因と考えられる。県庁側は政策が新しいものであるがゆえに議員たちの現実的な視点にもとづく改善策を欲したが、議員たちは新しい政策のリスクを考慮し、即断を差し控えたのである。

以後も県庁側は「文明開化」政策を推進するための方法を模索・提案し続けた。とくに大きな問題だったのは費用負担である。当時は多くの費用を民費(人民の自主負担)に頼っていたうえ、欧米諸国のように産業化によって生み出された富を社会改革に投じるというような余力もなかった。人々に莫大な改革費用を負担してもらうために、県庁が考え出したのは人々が信仰や祭り、娯楽に費やしていた資金の節減である。柴原はこうした費用を「冗費」と断じて節減するようにとしばしば通達を出していた。

こうした習俗への介入については、議会がその議論の場となった。議員たちは一八七四年の千葉県議会において、念仏講・富士講・羽黒講といった従来の講組織、村々の祭り、年末の贈答、婚葬儀、五節句に至るまで、様々な習俗の見直しが必要であると認めた。ただし、まず村々を束ねる「小区」において議会をおこし、そこで習俗見直しの趣旨を共有しつつ議論することとした。県庁と議員たちが県議会で話し合うように、小区にも議会を開こうというのである。議員たちはすでに活用しはじめていた大区会に加え、さらに小区会を連ねようとしていた。「議会」もまた文明開化の象徴だが、県庁官員や議員たちにとって、それは文明開化の結果ではなく、文明開化を推進するために相互の働きかけと合意形成をはかるためのものだった。

習俗の見直しについて議員たちが行った提案は、ほかにもある。県庁から到来する法令類の読み聞かせ、墓石の縮小(経費削減)、村々の祭りの廃止などである。法令類の読み聞かせは、「文明開化」政策の趣旨を一般人民にわかりやすく説明するもので、文字の読み書きができない者たちへの重要な伝達手段でもあった。一方で、墓石の縮小や村々の祭りの廃止は提案されたものの、前者は否決され、後者は柴原の判断で先送りとされた。前者は亡くなった者への「孝」の情に反するとして退けられた。従来の価値観に適合しない改革案は容易に賛同が得られなかったことがうかがえる。また、後者は県庁官員から無闇に介入すれば人心の動揺を招くため、人民が自主的に祭りを見直すようになるまで待つべきだとの意見があり、結局先送りとなった。県庁もまた習俗が人々の精神と深く結びついていることを自覚し、改革断行のデメリットを認めていた。

それでは、議員たちは習俗の見直しという問題にどのように向き合ったのか。第四大区では、費用節減の徹底が議論される一方で、「散髪」の実施が議題にのぼった。その議案によれば、欧米諸国では頭髪による身体保護、健康維持の観点から「散髪」が行われているとして、当区内でも実施したいという。議案提出者は欧米の風俗を「文明」、日本の風俗を「野蛮」とみなし、政府官員たち「上」が散髪していることから、我々(「下」)も実施すべきだと強調した。しかし、興味深いことに、議案提出者はすでに年を重ねた「父老」に散髪をせまるのは困難であるとして、まず小学校生徒に対して散髪を実施するとしている。すでに従来の習俗にひたって長い者たちほど「文明開化」の名のもとに習俗の変更をせまることは困難と認識されていたことがうかがえる。また、小学校は「文明開化」の象徴であり、そこに通う子どもたちの方が容易に散髪に適応できるとみなされていた。

このように、県会、区会などの地方議会を活用して、議員たちは「文明開化」と習俗の折り合いをつけようとしていた。以後、町村会開設により、さらに村々の内情に踏み込んだ習俗の見直しが進められていくこととなる。人々が議事に慣れていく中で、習俗の見直しに対する議論や合意形成も進められていったのである。もっとも、町村会はたんに費用節減を進めたわけではない。例えば、一八八三年の長崎県西彼杵郡川内村・横瀬村の村会では、従来のすべての年中行事の廃止ではなく、正月、七月盆会、九月供日、春祝を残し、それ以外の行事を整理する判断を下した。「文明開化」に必要な資金捻出のため費用節減をはかりながらも、村民にとって重要と思われる行事を確認し、存続する意向を示したのである。町村会が「文明開化」の推進と習俗の継承を両立させようとしていたことがうかがえる。

4　文明開化と習俗の変化

文明開化は欧米諸国と日本の社会のギャップを前提に展開されたため、西洋化の波が日本社会に押し寄せたという点が強調されがちである。しかし、実態はより複雑だった。当事者である官吏や知識人、一般の人々は、それまで日本の現実社会を生きてきた経験と現在の立場をもっているために、文明開化に対して――賛否両論を含む――様々な認識を有し、それにもとづいて自分たちの「文明開化」の形を模索していた。

欧米と日本のギャップの中で、彼ら彼女らが自分たちの問題として「文明開化」をとらえたとき、それは習俗をめぐる問題となった。習俗の何をどのように、どのような理由で変えるのか――たんに欧米諸国の例にならうのではなく、自分たちにとってそれがどのような意味のある変化なのかを問い続ける姿勢がみられた。しかも、多くの人々に文明開化の意義を共有してもらおうとしたときには、それぞれの経験・立場にそくした見解と相互の議論が不可欠であった。新聞メディアや地方議会はそうした見解の表明と議論の場として活用された。

文明開化が机上の空論、社会の異物に終わらず、現実社会と密接な関係をもって展開された背景には、こうした人々の議論と実践があった。それゆえに文明開化は習俗にもとづく制約をうけながらも、習俗の変化をうながし、人々の経験として歴史に刻まれたのである。

〈**参考文献**〉

アリステア・スウェール編、瀧井一博編　二〇二三年『明治維新と大衆文化』(思文閣出版)
アルバート・M・クレイグ著、足立康・梅津順一訳　二〇〇九年『文明と啓蒙――初期福沢諭吉の思想』(慶應義塾大学出版会)
五百旗頭薫　二〇一三年「福地源一郎研究序説」(坂本一登・五百旗頭薫編著『日本政治史の新地平』吉田書店)
池田勇太　二〇一三年『維新変革と儒教的理想主義』(山川出版社)
牧原憲夫　一九九〇年『明治七年の大論争――建白書から見た近代国家と民衆』(日本経済評論社)
牧原憲夫　一九九八年『客分と国民のあいだ――近代民衆の政治意識』(吉川弘文館)
松田宏一郎　二〇〇八年『江戸の知識から明治の政治へ』(ぺりかん社)
安丸良夫　一九七九年『神々の明治維新――神仏分離と廃仏毀釈』(岩波新書)
湯川文彦　二〇一九年a「官僚からみた「都市」問題――明治前期の行政文化と都市」(『比較日本学教育研究部門研究年報』第一五号)
湯川文彦　二〇一九年b「文明開化と習俗のあいだ――地方議会の議論と役割に注目して」(『お茶の水史学』第六三号)
湯川文彦　二〇二一年「「文明開化」の伝え方――明治初期『東京日日新聞』の取り組みを中心に」(『比較日本学教育研究部門研究年報』第一七号)
湯川文彦　二〇二二年「明治前期における教育普及の課題と方策」(お茶の水女子大学『人文科学研究』第一八巻)

4 明治憲法体制の確立と貴族院

小林 和幸

はじめに

大日本帝国憲法(明治憲法)は、明治十四年の政変(一八八一年)以後、藩閥政府の主導権を獲得した伊藤博文を中心に起草された。伊藤は、近代的憲法理論や憲法政治の運営(行政の実態)を実際に学ぶため、ヨーロッパで憲法調査を行い、帰国後は立憲政治運営のための準備を進めた。

権利の保障と権力分立を原則とする憲法は、まずヨーロッパ各国に普及し、しだいに世界に広がっていった。アジアではオスマン帝国が一八七六年に制定したが一八七八年に憲法停止することになり、日本が憲法制定とその運用に成功すれば、実質的にアジア諸国でははじめてとなる。また、当時、維新以来の課題であった不平等条約の改正を実現するため「文明国」の地位を獲得するには憲法施行は必須と考えられていた。

伊藤は、帰国後の一八八四(明治十七)年、華族令を定めたが、これは旧来の華族(公卿並びに諸侯ら)に加え、国家に大きな功績があった者を華族に加える制度を含むものであり、伝統的支配階層と政治的実力者を議会政治開始後に上院(貴族院)の構成者とする意図があった。また翌年には内閣制度を創設して、行政の仕組みを整え、自ら内閣総理大臣に就任した。

こうした準備ののち、明治憲法が起草され、枢密院での審議を経て一八八九年二月十一日に発布された。明治憲法の特徴としては、天皇から与えられた欽定憲法であったこと、天皇と行政府の権限がきわめて強かったこと、また、天皇が統治権の総攬者として行政各部の官制を定め、文武官の任免、陸海軍の統帥(作戦・用兵など)、宣戦・講和や条約の締結を行うといった天皇大権が明示されていたことなどがあった。こうした天皇大権に比して議会の権限には制限の規定が設けられていたことから、かつては、「見せかけの立憲政治」などと評価されることが多かった。

しかし、最近の高校日本史教科書では、明治憲法のもつ解釈の余地をふまえ、憲法運用の実態研究から明治憲法体制に関する評価が一新されている。伊藤博文をはじめとする藩閥政府指導者の研究の深化に加え、憲法の成立が日本の憲法運営形態をただちに決定するものではなく、憲法政治とは、立法・行政・司法の各機関が憲法上の権限を行使する中で、対立や妥協、さらに新しい提携関係の創出などを経て確立するという、歴史的推移を重視する必要が共通理解となってきたからである。

実際の議会運営により確立されていった明治憲法体制に関する近年の研究は、「見せかけの立憲政治」とは異なる、新しい解釈を提示している。

以下では、明治憲法の「立憲主義」的側面を確認するとともに、議会運営の中で確立していく政治体制並びに教科書での記述が少ない貴族院の動向をあわせて紹介、検討していく。なお、本稿では、藩閥政府の政権独占体制と政党の政権担当能力が大きく変化し、憲法政治の慣行がひとまず安定する立憲政友会の設立前後までを取り扱う。

1　明治憲法と立憲政治

明治憲法の立憲主義的側面

明治憲法には、第四条「天皇ハ国ノ元首ニシテ統治権ヲ総攬シ此ノ憲法ノ条規ニ依リ之ヲ行フ」との条文があり、天皇の統治権の行使は憲法により制限されると解釈でき、これは美濃部達吉の「天皇機関説」に代表される自由主義的解釈を許す根拠ともなった。また、第五五条「国務各大臣ハ天皇ヲ輔弼シ其ノ責ニ任ス」との条文は、天皇の行為は国務大臣が個別に輔弼し、その責任を各国務大臣が負うとするもので、天皇を専制君主ではなく「立憲君主」として規定されたと解釈される。

また、憲法第三七条「凡テ法律ハ帝国議会ノ協賛ヲ経ルヲ要ス」を解釈して、帝国議会がもつ立法権は、天皇に対する「協賛」権にすぎなかったとされることも多いが、伊藤博文の『憲法義解』の公式な英訳である「The Constitution of the Empire of Japan」では、「協賛」は「consent」と訳されており、これは「同意」「承諾」を意味するものであり、協賛は実質的には承認と同義であった〔村瀬 二〇一五〕。さらに憲法第六条に「天皇ハ法律ヲ裁可シ其ノ公布及執行ヲ命ス」とあり、法律について天皇の裁可が必要なことから、議会の議決を無効とする天皇権限の存在を強調する解釈もあるのだが、実際の明治憲法施行期間中に、帝国議会を通過した法律を天皇が裁可しない事例は存在せず、運用上、帝国議会の立法権は保持されていたといえる。

また、明治憲法によって国民の権利が明示された意味は大きい。憲法の枢密院における審議で「臣民権利義務」を「臣民ノ分際」と修正すべしという森有礼文相が発言したことに対し、議長を務めた伊藤博文が、憲法制定の精神とは「第一君権ヲ制限シ第二臣民ノ権利ヲ保護スルニアリ」と述べた〔稲田一九六二〕。これは、当時の政治指導者が、権力制限と国民権利保障という「立憲主義」の意義を理解していたことを示すものである。前述のとおり、天皇の権限は憲法の制約を受け、国民の権利として、明治憲法によって法律の範囲内での所有権の不可侵、言論・出版・集会・結社、居住・移転の自由や安寧秩序を妨げず臣民の義務に背かない限りの信教の自由が認められ、帝国議会での予算案・法律案の審議を通じて国政に参与する道も開かれた。さらに司法権を行政権から独立させ、三権分立の体制がつくられた。

明治憲法成立以前に公布された諸法令が、明治憲法が明示するこうした憲法の精神にそくしているかどうかを議論しその廃止や改正を行う法案を提出する権利は、貴族院と衆議院が有しており、両院で可決されれば実現する。

帝国議会の構成

明治憲法は、帝国議会の一八九〇(明治二十三)年十一月二十九日開会により施行された。帝国議会は貴族院と衆議院から構成された。貴族院で開院式が行われ、呼称として「貴族院衆議院」と貴族院が先とされるなど、名目上貴族院が上位におかれている。しかし、両議院は予算の先議権を衆議院がもっていたこと以外は対等な権限をもつとされた。

予算先議権は、租税を負担する国民の代表を構成者とする衆議院が優先されたものと考えられる。これは、通常の法律提出にも少なからず影響があった。政府提出法案は、法令上、いずれの議院を先に提出してもよかったが、現実には多くの場合、衆議院の先議とされた。これは法案に何らかの予算措置が必要とされたからであろう。こうしたことに加え、イギリス上院と下院について、下院を第一院、上院を第二院と称することから、専門研究上は、衆議院を第一院、貴族院を第二院と呼ぶことが多い。なお、明治憲法はドイツ流と評されているが、帝国議会の制度は、イギリス議会的側面も強かった。

衆議院の組織

衆議院は国民から選挙された議員を構成者とする。憲法と同時に公布された衆議院議員選挙法は、選挙人は満二五歳以上の男子で直接国税(地租と所得税、のちに営業税も)一五円以上の納入者に限られており、そのほとんどは大地主などであった。教科書では、有権者は全国の人口の一%強あるいは一・一%と記述されている。なお、議会政治の手本と目されたイギリスの場合も財産による制限選挙が行われており、下院の有権者は、一八三二年の選挙法改正によって、一八三三年には全人口比で三・三%(成人人口比七%)、その後一八六七年改正で一八六八年に全人口比八%(一八六七年の成人人口比一六%)、一八八四年改正で一八八五年に全人口比一五・五%(一八八四年の成人人口比二八・五%)と増加していった[Cook 2005]。

日本も一九〇〇(明治三十三)年改正で二・二%(全人口比＝以下同じ)に倍増し、一九一九(大正八)年の改正で五・五%、一九二五年の男子普通選挙の実施により二〇・八%と有権者は拡大している。当初、都市部では有権者は少なく、当選者の得票も東京三区は風間信吉が五六票(次点は稲田政吉の四五票)、東京九区の芳野世経が五八票(次点は鳩山和夫の五四票)、京都一区では浜岡光哲が二七票(次点は坂本則美の二〇票)、といった例もある(『衆議院議員選挙の実績』公明選挙連盟、一九六七年)。

第一議会召集時には総議席三〇〇のうち、立憲自由党系一三〇・立憲改進系四一で、両党で過半数を占めたことに見られるように自由民権運動の系譜を引く議員が多数を占めた。この両党は「民党」と呼ばれ、政府寄りの大成会などは、「吏党」と呼ばれた。

貴族院の組織

一方の貴族院の構成は、教科書などでは華族や勅選議員などから構成されると記されている。この記述は、「特権階級」の議会として衆議院とは相容れない性格であるとの側面が強調されるが、貴族院の構成者は、以下のとおりとなる。

まず、明治憲法で「貴族院ハ貴族院令ノ定ムル所ニ依リ皇族華族及勅任セラレタル議員ヲ以テ組織ス」(第三四条)と規定されるとおり、皇族議員、華族議員、勅任議員が貴族院構成者である。このうち皇族議員は、成年皇族男子全員を議員とするものであるが、皇室の政治的中立性の観点から(皇族男子がほとんど陸海軍軍人であったことも考慮されたと思われる)議場に出席しない慣例であった。

華族議員は有爵議員とも呼ばれ、華族令で設けられた公侯伯子男の爵位を有する議員である。華族議員には二種類あり、公・侯爵全員(当初は満二五歳以上、のちに満三〇歳以上、世襲・終身、歳費はない)および伯・子・男爵の中から同爵者間の選挙で選ばれた者(任期七年、当初は各爵おおむね五分の一の人数を選挙)からなる。すなわち公・侯爵(両者あわせて、三一名＝第一議会の議員数＝以下同じ)を除き、多くの華族は同爵間の選挙(伯爵一四名、子爵七〇名、男爵二〇名の計一〇四名)を経て貴族院議員となる。

なお、同爵間の選挙による華族議員を「互選」議員と呼ぶ記述がしばしば見られるが、伯子男爵選挙での選挙権は成年以上に与えられるのに対して被選挙権は二五歳以上に与えられたので、正確には「互選」とはいえない。また、伯子男爵それぞれの選挙は、完全連記制という今日から見れば特殊な選挙制度であった。これは、例えば子爵選挙ならば、選挙すべき七〇名を全員連記して投票するもので、委託投票も許していた。この選挙制度は、当時の選挙が衆議院選挙なども含め連記制(二人区の場合。最初の選挙は大部分が小選挙区であったが一部に二人区もあった)であったことなどや有権者が限られた範囲であったことなどによると思われるが、結果的に、選挙母体(この場合は議員候補の推薦母体)が成立した場合、多数派にきわめて有利な選挙制度であった。

勅任議員には、「国家ニ勲労アリ又ハ学識アル者」(貴族院令第一条)から選ばれる勅選議員(終身)と多額納税者互選議員(任期七年)がある。勅任議員の総数は、華族議員を超えないものとされていた。このうち、勅選議員は、内閣の推薦により勅任される議員(六一名)であり、多くは官僚経験者で、現役を終えた軍人や学者、法律家などもいた。最初の勅選ではそれまでの立法諮問機関であった元老院議官が多数を占めた。

多額納税者議員は、各府県の多額直接国税納税者上位一五名から一名を互選した(四五名、当初は北海道、沖縄県は除かれていた)。互選により選出された者を天皇が勅任するという手続きを経て貴族院議員となった。この場合の「直接国税」とは地租と商工業の自営による所得税であって、資本利子税などは除外されていた。これは、いかに納税額が多くても俸給や利子配当による資本家にはその資格がないことを意味する。例えば、東京府で最上位層の所得額、税負担の岩崎久弥《いわさきひさや》や渋沢栄一は互選資格が与えられなかった[百瀬 一九八六]。農業・工業・商業者に名誉を与えることで、我国の工業商業の発展をはかる意図があった(金子堅太郎講演「貴族院令起草の沿革」一九二五年)。

貴族院の多額納税者議員は、各府県の代表者としての意義が大きい。彼らは同じ県から選出された衆議院議員と連携して政治活動を行い、請願の紹介などを通じて府県の利益を議会に媒介する役割を担った[小林 二〇〇二]。請願とは、明治憲法第三〇条により保障され、第五〇条で両議院の権能として認められたものであって、人民から紹介議員を通じて各議院の議長宛に提出されるものである。各議院では、請願委員会で審査した後、本会議にかけられ、可決されたものは政府の閣議にかけられた。国民の要望をすくい取ろうとするもので、立憲的政治運営には重要な意味をもった。

ただし、多額納税者議員は、各府県の「貴族」とも目される名誉ある地位と認識されたために、一五名のきわめて限られた互選人の契約によって交代で当選者を決めるといったこともしばしば見られた。また有爵議員への遠慮などから議会内での発言をひかえる傾向もあった。なお、大正期、帝国学士院互選議員が加えられた。

貴族院の役割

伊藤博文は、枢密院における貴族院令の審議で、「上院ノ組織ニ於テハ、原案起草者ハ英国ノ制度ニ流涎《りゅうぜん》シテヤマザル者ナリ」（『枢密院会議議事録』、一八八八〈明治二十一〉年十二月十四日）などと、繰り返し貴族院について英国上院を理想としたと述べている。英国上院が王室の安定に寄与していると見て、わが国貴族院のモデルと位置づけたのである。

貴族院は、政党の急進化を抑制し、保守的で慎重な政治運営を担うことを期待されたものであるとともに、中立・公正な立場からなる立法機関として行政府の監視を担うこともその役割であると認識する議員も多かった。

貴族院は、「皇室の藩屏《はんぺい》」とされる。藩屏とは、守護、防御する者といった意味である。貴族院の設置の目的として、天皇、皇室を保守する役割が期待されたものである。貴族院議員の中でもとりわけ華族議員には、この意識が強かったが、これは、ただちに藩閥政府支持を意味するわけではなく、皇室を守るためには、政党の急進をおさえるだけでなく、政府の施政を正す役割が重要であるとして、政府を監視することに意欲的な議員も多かった。すなわち、政府からの独立した立場で誤った政治を正す必要があるとの考えである。また、第一議会を前に、山県有朋内閣によって勅選議員が任命されたが、元老院議官経験者や維新以来の功労者や学者など、政府からの独立傾向が強い議員が比較的多く、中立・公正を貴族院議員の役割とする考えは、理念的に共通認識であったといえよう［小林 二〇〇二］。

また、各府県から選出される多額納税者議員には政党と関係を有す議員も多かった。こうしたことから、貴族院が一枚岩的に藩閥政府を支持したというわけではない。ただし、第一議会で民党が多数を占める衆議院が政府を攻撃する中で、政府は貴族院議員に働きかけを強め、支持基盤の拡大に努めたことにより、政府支持の傾向が強くなっていった。

なお、「華族の当主」すなわち爵位を有する者は、衆議院の選挙権ならび被選挙権はなかった(「衆議院議員選挙法」第一六条)。自由党の板垣退助や改進党の大隈重信は伯爵であったがゆえに衆議院に議席をもてなかったし、原敬は政党政治家として活動するため、授爵を辞退している。一方、多額納税者議員は衆議院議員の選挙権・被選挙権を有しており、両院の議員を兼ねることはもちろんできないが、多額納税者議員の経験者が衆議院議員となったり、その逆の場合も少なくなかった。

2　明治憲法の運用

藩閥政府と民党

第一議会では、衆議院で過半数を占めた民党(自由党と改進党)が、「民力休養」を求めて地租軽減・地価修正を主張し、その財源を得るために、政府の予算案を大幅に削減(「政費《せいひ》節減《せつげん》」)しようとしたことは、よく知られている。

憲法の発布直後には当時の首相黒田清隆が、政府の政治運営は政党によって左右されないとの「超然主義」を標榜していたが、第一議会に首相を務めた山県有朋は、「富国強兵」政策をとろうとしており、憲法で認められていた前年度予算の執行では不十分で、予算の成立には衆議院の同意が必要であった。しかし、民党は「民力休養」を要求し、地租軽減・地価修正の財源とするため、衆議院予算委員会では、原案の一〇％以上を削減しようとした。政府は、自由党「土佐派」を切り崩し、衆議院と妥協して、予算案から六三一万円を削減するかたちで成立をはかった。しかし、民党が求めた民力休養は、そのための法案が貴族院で審議未了となり不成立であった。

第二議会では、松方正義内閣が、軍拡と公共事業を行う「積極政策」を標榜して議会に臨んだ。第二議会開会直前の一八九一（明治二十四）年十一月九日、板垣退助と大隈重信が会談した。大隈は、施政関与が禁じられている枢密顧問官の辞表提出を余儀なくされたが、民党連合が強化され予算案について政府との対決姿勢が鮮明となった。民党は、引き続き民力休養を求めた。そこで松方内閣は衆議院解散を行い、さらに選挙干渉を断行したが、選挙結果は民党の優位に終わった。なお、伊藤博文は解散後、天皇の選挙対策についての下問に答えて、枢密院議長を辞任して政党を組織し政府を助けたいなどと述べている。この時点ですでに伊藤は政党に依拠しなければ立憲政治は行えないと考えていたことがわかる。しかし伊藤の希望は、天皇や元老の賛同を得られず実現しなかった。

この頃、貴族院では、政治会派が結成されはじめている。貴族院は、政党や政府からの独立と公平・中立を重視していたため、政党の結成などは認められていなかったが、政策の調査、研究や議員の親睦などを標榜する会派（当初非公式）がつくられた。なかでも、衆議院の民党が政府と対抗する中で、政府の「積極主義」を支持するという会派「研究会」が成立、会員の決議拘束を行い、しだいに有力となった。一方で、政府監視の役割を重視する谷干城《たにたてき（かんじょう）》らが率いる「懇話会」や、同様な傾向をもつ近衛篤麿《このえあつまろ》らの「三曜会」が研究会に対抗するという構図が生まれた。第二議会、谷干城は建議案「施政ノ方針ニ関スル建議案」（いわゆる「勤倹尚武ノ建議案」、谷自身は「勤倹富強ノ建議案」と呼ぶ）を提出し、行政整理を行って予算を節減し、民力の養成と国防の完備にあてるよう求めている。この建議案は、民党の政費節減の要求に近いと見られ、政府は研究会を結束させて、僅差で否決させている。

第三議会も民党と政府との対立は激しかった。議会では、衆議院が削減した予算案を貴族院が復活した。貴族院としては予算議定権が対等であることを示そうとしたものである。しかし衆議院は、予算の先議権をもつ衆議院が削減して、貴族院に送付した予算案を、政府案にもとづき復活したことを、「不合法の議決」と非難したのである。これは、憲法問題として枢密院に諮詢されることになった。

枢密院の結論は、貴族院は衆議院と対等な予算審議権をもつことを確認したものであった。枢密院の判断をもって、貴族院による衆議院の予算査定案修正で政府が救われたという表現を目にすることがあるが、正確な評価とはいえない。両院が対立した場合は、両院協議会となり、そこで両院に妥協が成立しない場合は、予算不成立となる。この時も貴族院が復活した予算(軍艦建造費・震災予防審査会設備費)のうち、軍艦建造費は、両院協議会を経ても衆議院の合意が得られず削除された。両院で合意された明治二十五年度追加予算の削減額は、九一万六三〇五円(三二・五%の削減)であり、むしろ衆議院民党側の意向が通ったとみるべきであろう[佐々木 一九九二]。

また、第二回総選挙の松方内閣による選挙干渉には、衆議院のみならず、貴族院からも非難の声が上がった。第三議会において、貴族院内会派の懇話会・三曜会が中心になり選挙干渉を非難する建議案が提出され、反対派の研究会の虚を突いて、松方内閣に対する弾劾の意味を含んだこの建議案を八八対六八で可決させた。選挙という立憲政治の根幹に関わる問題で、貴族院が政府監視の役割を果たそうとしたのであった。

藩閥政府と政党の接近

第四議会でも海軍の軍備拡張をめぐって民党と第二次伊藤博文内閣の対立となった。民党は海軍拡張自体に反対したわけではなかったが、海軍改革が必要であるとして、軍艦製造費の全額削除などを行った。伊藤内閣は、やむなく詔勅によって海軍予算の通過をはかった。

坂野潤治氏は、この第四議会頃から、内閣と自由党の接近が水面下で進んでいたと指摘している［坂野 一九七一］。坂野氏は、この接近の背景に、自由党に「民力休養」から「積極主義」へという志向の変化があったとする。憲法には、立法府から藩閥政府を守ろうとする規定があったが、「富国強兵」政策をとろうとする政府にとって予算の成立は衆議院の同意が必要という憲法の制約により役に立たず、一方政党が主張する「民力休養」も、憲法上、貴族院の賛成が必要で達成されない。そうした制約の中で、政府は、軍拡と公共事業を行う「積極政策」を打ち出し、それに政党も、地方利益の誘導などを求める声を背景に呼応していくと説明するものであり、この説は通説となった。

なお、自由党と藩閥政府との妥協の要因について、地方的利益（道路や河川改修、鉄道・官立学校設置など）の欲求の生成・膨張により、代議士にとって地方利益誘導の重要性が高まった結果、政党は政府の積極主義に同調して接近したとする説と［坂野 一九七一、有泉 一九八〇］、自由党と伊藤内閣の提携に至る政党の変化を両者の国家構想や政治理念の側面から説明する説がある［伊藤 一九九九］。伊藤之雄氏の説は、藩閥政府指導者の伊藤博文や井上馨と、自由党の板垣退助あるいは星亨《ほしとおる》らに共通していた漸進的な立憲政治運営と協調外交路線の政治理念に提携の要因を求めるものであった。

第四議会には、伊藤内閣も政党に配慮する姿勢をみせはじめ、地価修正法案を提出して、政党との妥協をはかっている。これでは政党の協力を引き出せなかったため、政府は貴族院の政府支持派の研究会を動かすなどして、否決させた。こうした、ある時は政党に譲歩し、また都合次第でそれを取りやめて、貴族院を左右する態度は、衆議院の政党のみならず貴族院の各派から不信を買うものであった。また、第四議会で改正された「集会及政社法」によって、政党の支部設置などが解禁されたが、これにより地方名望家の党派所属を明確化し、結果として自由党と改進党の絶縁を加速することにつながった［村瀬 二〇一一］。

なお、第四議会における予算成立をもたらした明治天皇の詔勅は、衆議院と政府に妥協と譲歩を呼びかける（「和衷協同《わちゅうきょうどう》」）ものであった。この時の天皇の役割は、政府を一方的に支持するものではなく、政府と議会の利害を調整する調停者として、憲法秩序の維持を保障するものであった。明治憲法体制内で、天皇はそのような存在として位置づけられていった。

自由党の指導者であった星亨は、一八九三（明治二十六）年一月に行った演説で、民党という字も「改進党も嫌いである」と述べて、民党連合の解消を主張した。あわせて、伊藤内閣と外交政策での連携を模索し、両者は接近していった。第五議会と第六議会は、外交問題を軸に衆議院の政党と政府の関係が変化した。自由党は、政府の条約改正方針を支持したのに対し、改進党や従来の吏党であった国民協会が「現行条約励行《れいこう》」を標榜して対外硬運動を展開し、政府と対抗する立場をとった。第五、六議会は、条約改正交渉を進めていた政府が、こうした対外硬運動に対抗して解散したのであった［小宮 二〇〇一］。対外硬運動には、貴族院の懇話会や三曜会所属の議員も積極的に関わっている。

日清戦後経営

このように日清戦争以前に自由党と政府の接近が始まったが、日清戦争後の「戦後経営」で、さらなる軍備拡張などが課題となると、増税が必要となり、その議会での承認のためには、もはや政党との提携は不可欠となった。政府は、自由党あるいは進歩党(立憲改進党を中心に小党派が合流した)との提携を求めた。第二次伊藤博文内閣には板垣が内務大臣として入閣し、第二次松方正義内閣には大隈重信が外務大臣として入閣した。しかし、政党には、増税への反対が強く、第三次伊藤博文内閣に対抗して、両党が合同して大政党の憲政党が出現する。強大な政党を前に、藩閥政府は、大隈と板垣に内閣を明け渡すこととなり、憲政党を基盤とする隈板内閣の成立となった。

一方で、政党が政権に参入する新しい状況が、これに反発する政治的諸グループの結束を強めた。このうち、政策の専門性と党派的利害から自由であることを政党との違いと認識する官僚は、強固なまとまりを形成する(官僚派、もしくはその総帥が山県有朋であったと見て「山県閥」といわれることもある)。貴族院は、政党との提携をも視野に入れるグループ(懇話会、三曜会のち朝日倶楽部など)もあったが、勅選議員を中心として官僚派が結束する。また、華族議員では尚友会という選挙母体を有した「研究会」が一八九七(明治三十)年の伯子男爵議員改選によって子爵を中心とする最大会派となった。

伊藤博文の政党への接近は、それまで伊東巳代治や金子堅太郎といった伊藤系官僚に忠実であった研究会を伊藤から離反させる要因となった。この研究会と官僚派(幸倶楽部《さいわいくらぶ》二派＝茶話会と無所属派、無所属派は純粋な無所属とは別の政治会派)が連携して、政党との対抗勢力となる。したがって、政府の議会対策としては、政党の支持を得るとともに貴族院との全面的対抗を避ける方策をとる必要があった。

立憲政友会の成立

隈板内閣は、自由党系と進歩党系の対立により、わずか四カ月で瓦解した。その後の官僚派が期待した第二次山県有朋内閣は、自由党系の憲政党の妥協を引き出し懸案であった地租増徴《ぞうちょう》案を成立させた。一方で、憲政党の政権への登用はたくみに避け、文官任用令の制定などで、官僚派からの支持を得た。山県内閣と断絶した憲政党は、既成政党の党利党略に走る宿弊を打破し国家本位の「模範政党」の結成に意欲をもっていた伊藤博文のもとに合流して、立憲政友会が成立した。

ついで、第四次伊藤博文内閣が、新しく成立した立憲政友会を基盤に成立すると、貴族院各派は、内閣が提出し衆議院を通過した増税法案に反対した。貴族院の全会一致的反抗の思惑は、各会派一様ではなく、反政党内閣の立場や伊藤内閣の外交政策への反発、増税そのものに対する反対などがあった。

伊藤内閣では貴族院の改造を断行しようとする考えもあったが、元老の同意は得られず、結局、天皇の詔勅により、増税案の通過をはかる[小林 二〇〇二]。閣内の混乱もあって、内閣が約七カ月で倒れると、つぎには、維新後の第二世代といわれる桂太郎が、政権を担当することとなった。

桂は官僚派の支持を得て、貴族院の研究会と幸倶楽部二派を統制する(桂は「貴族院は我が物」と原敬に述べている)ことで政治基盤の一つとした。衆議院では、多数派を形成した立憲政友会が西園寺公望を党首として、着実に政権担当能力をはぐくんだ。その結果、桂と交互に政権を担当する桂園時代となった。ただし、貴族院には懇話会や三曜会の系譜を引き継ぐ「土曜会」、衆議院には「憲政本党」という有力会派が存在し、政局に影響を与え続けた。明治憲法による政治運営は、藩閥の政権独占はもはや許されず議会が存在感を増し、政党の影響力がしだいに増大しつつも官僚派も勢力維持をはかるかたちで、展開したのであった。

〈参考文献〉

有泉貞夫　一九八〇年『明治政治史の基礎過程――地方政治状況史論』(吉川弘文館)
伊藤之雄　一九九九年『立憲国家の確立と伊藤博文――内政と外交一八八九〜一八九八』(吉川弘文館)
稲田正次　一九六二年『明治憲法成立史』下(有斐閣)
小林和幸　二〇〇二年『明治立憲政治と貴族院』(吉川弘文館)
小宮一夫　二〇〇一年『条約改正と国内政治』(吉川弘文館)
佐々木隆　一九九二年『藩閥政府と立憲政治』(吉川弘文館)
坂野潤治　一九七一年『明治憲法体制の確立』(東京大学出版会)
村瀬信一　二〇一五年『帝国議会――「戦前民主主義」の五七年』(講談社選書メチエ)
村瀬信一　二〇一一年『明治立憲制と内閣』(吉川弘文館)
百瀬孝　一九八六年「第一回貴族院多額議員選挙について――明治二十三年東京府の場合」(『日本歴史』四六〇号)
Chris Cook[2005] *The Routledge Companion to Britain in the Nineteenth Century, 1815-1914,"* Abingdon,Routledge,

5 日清戦争と日露戦争

佐々木 雄一

はじめに

明治維新後の日本にとって長らく外政上の課題となったのは、対西洋諸国の条約改正と、清および朝鮮といかなる関係を築くかということである。このうち条約改正は、一八九四(明治二十七)年の日英通商航海条約を皮切りに各国と新条約が結ばれ、一八九九年に実施された。関税自主権の問題はなお残ったものの法権回復(領事裁判撤廃)が果たされ、明治初年から続く条約改正の取り組みは一区切りを迎えた。

一方、日本・清・朝鮮の関係性をめぐっては、最終的に一八九四年、日清開戦に至った。日清戦争以前、東アジアの大国といえば清であったが、この戦争に敗れた清はその地位から転落し、西洋列強や日本の進出を受ける存在となる。中国王朝を中心・頂点とする前近代東アジアの秩序も崩壊した。それに対し日本は戦勝によって清から得た多額の賠償金を用いて軍拡を行い、のちには日英同盟を結び、一九〇四年に軍事大国・ロシアとのあいだで日露戦争が始まる。日清戦争と日露戦争を通じて日本は台湾・澎湖諸島や南樺太、南満州権益を有するようになり、やがて韓国も併合する。そして東アジアにおいて欧米諸列強と並ぶ主要国の一角としての地位を築いた。

本稿では、そのように近代日本ならびに東アジア世界の変貌を考えるうえで大変重要なできごとである日清戦争と日露戦争について、高校教科書の記述と照らし合わせながら、近年の研究状況を紹介する。その際、現在の研究の知見と教科書の記述とのズレというのは様々な形態があることを、先に注記しておく。

例えば、基本的な論点に関して「教科書では〇〇と書かれているが現在の研究の知見では違って▲▲である」といったことであればわかりやすく指摘もしやすいが、そうとは限らない。新たな視角やかなり細かい部分に研究上の焦点が当たった場合に、紙幅の制約が厳しく説明の単純化も求められる教科書には研究成果を取り入れづらい面もある。これは生じて仕方がないズレであり、研究の方が常により正しく、進んでいて、教科書の記述はなるべくそれに合わせていくのが望ましいということではない。

また、各教科書の記述は少なからず異なっている。日清戦争・日露戦争のあたりについて、長らくあまり記述を変更していない出版社もあれば、より積極的に新しい研究の知見を反映させている出版社もある。加えて現在では日本史(探究)と歴史総合があって日清戦争や日露戦争はどちらでも扱われ、同じ出版社の教科書でも、日本史(探究)と歴史総合で、あるいは複数の歴史総合の教科書間で書きぶりが異なる部分がある。現行の教科書を一括りにして研究上の知見と対比するのは不適当なことが多い。したがって以下では、教科書間の記述の違いにも触れながら論じていく。

1 日清戦争前後

日清戦争は、根本的には、日本と清の世界観が相容れなかったために起こった戦争だった。清は朝鮮を属国と位置づけ、日本は、朝鮮は独立国であるとして清の支配的な影響力を排除しようとしていた。ただ、日朝修好条規(一八七六〈明治九〉年)から壬午軍乱(一八八二年)、甲申政変(一八八四年)と展開する朝鮮情勢をめぐって、一部の教科書は日清が対等な立場で朝鮮への影響力を競い合っていたかのように描いているが、そうではない。清と朝鮮のあいだに宗主国と属国の関係が伝統的に存在してきたことが前提としてある中で、日本は朝鮮を独立国と位置づけそれに対抗しており、かつ朝鮮でも清の強い影響力を好まない者たちもいたのである。教科書にはなかなかここまでは記述されないが、宗属関係の内実をめぐる清・朝鮮間の軋轢や駆け引きは、甲申政変以降も続いた。

右記のとおり、根本的には東アジアの秩序や朝鮮をめぐって日清の世界観が相容れないという問題はあったものの、日清は対立を続けた末に戦争に至ったわけではなかった。日清開戦過程についてかつては、早くから朝鮮進出を目指していた明治日本は計画的・必然的に戦争を起こしたという見方が主流だった。しかし一九八〇年代から九〇年代にかけて、日清戦争は日本政府内で長期にわたって計画・決意されたものではなかったと論じられ、通説的地位を占めるに至った。日清戦争以前の日本外交の基調が対清協調だったというのと、一八九四年に日本と清が朝鮮に派兵してから開戦に至るまでの展開が錯綜していたという、両面の新たな知見が示された［高橋 一九九五、大澤 二〇〇一、檜山 二〇二二］。日清戦争以前の日本外交は基本的には対清協調路線で、ただし同時期に進められていた軍事体制の整備が対清開戦の前提条件となったことは、現在までにほぼ定着した理解だと考えられる［斎藤 二〇〇三、佐々木 二〇二一a］。

しかし教科書では、対清協調ということを書いているものは一部にとどまる。そして、一八八〇年代前半の壬午軍乱と甲申政変・天津条約の説明に続いて日本の軍備増強や対清強硬論の高まりに言及し、一八九四年の話に入るというのが、今なお定型的な記述の流れとなっている(代表的には、［佐藤ほか 二〇二三］)。対清協調の要素を加えると説明が複雑になってしまうのかもしれないが、一八八〇年代から続く日清対立が昂じて日清開戦に至ったような描き方は、現在の研究の知見とは合致していない。

日清の朝鮮への派兵、したがって日清戦争の原因となった朝鮮の民衆反乱は、教科書では「甲午農民戦争」の語が用いられることが多い。あるいは、「東学の乱」(かつては「東学党の乱」)ともいう。研究上は、「東学農民運動」、「東学農民戦争」、「東学農民反乱」なども ある。筆者自身は、東学を媒介とする民衆(農民)反乱であることが端的に伝わるのは「東学党の乱」か「東学農民反乱」だろうと考えているが、筆者の認識では現在、呼称について研究者のあいだで広範な共通見解は成立していない。

一八九四年六月の日清の朝鮮への派兵から、朝鮮における反乱の鎮静化、日本による日清共同朝鮮内政改革提案と留兵、そして日清開戦へと向かう過程については、いくつかの教科書がかなり詳しく記述している。複雑で錯綜した開戦過程という研究上の知見を反映させる意図がうかがわれ、研究状況を念頭においたうえで各教科書を読むと、限られた字数の中でそれぞれ工夫した書き方が見られて味わい深い。

ただ、詳しく書き入れることの難しさも感じる。例えば、七月二十三日の日本による朝鮮王宮占領が言及されている。日清開戦過程で日本が軍を用いて朝鮮王宮を包囲・占領したのはたしかに注目すべき点で、教科書に書く意義はあるかもしれない。しかしその経緯は複雑であり、まず、日本・清・朝鮮間の折衝が続く中で日本本国から出先の大鳥圭介駐朝鮮公使には様々な指示が出ていたものの、最終的に朝鮮王宮包囲という強硬策を申し出、実行したのは大鳥である。日本政府からは、明確な実行命令は出ていない。そして朝鮮王宮を包囲・占領して朝鮮の政権構成を変化させた日本は、朝鮮政府からの依頼というかたちをとって清軍への攻撃を開始し、成歓の戦い(七月二十九日)となる。これにより日清戦争が始まったということであればまだわかりやすいが、実際には少し前、朝鮮現地での動向とは別に日清間でなされていた外交上のやりとりの末に、七月二十五日の豊島沖海戦で戦闘は始まっていた。当然、教科書で以上のように詳述するのは不可能なのだが、他方で、十分な説明なしに日清開戦の途上での日本軍による朝鮮王宮占領という事実が示されて、はたして読み手は意味が理解できるだろうかとは思う。

ちなみに、研究上、この朝鮮王宮占領を日朝戦争、日清講和後に長らく続いた台湾平定作戦を日台戦争(台湾征服戦争)などと位置づけ、日清戦争の複合的な性格を強調する見方があり、一部の教科書はそれを反映した記述を行っている。日朝戦争や日台戦争と呼ぶのが適切かどうかは、研究者によって見解が異なる(［佐々木 二〇二二a］を参照)。しかしいずれにしても、朝鮮王宮占領、台湾平定作戦、日清戦争中の日本軍と東学農民軍との戦いといった、日清間の戦争にともなって朝鮮や台湾で生じたできごとに注意を向けるのは適切なことである。

日清戦争研究の傾向として、二〇〇〇年代以降、国民・兵士にとっての戦争体験、戦争を通じた国民意識の形成といった、社会史的な面からの分析が盛んになった。一部の教科書で、そうした研究状況が反映されている。ただ現在でも、日清戦争と日本国民との関係という点では、議会・政党の戦争支持や、三国干渉後の「臥薪嘗胆」および対露敵意に触れている教科書の方が多い。近代日本が経験した初の本格的な対外戦争であるということをふまえた社会史的分析と、議会・政党の戦争支持は、日清戦争を論じるうえでどちらも重要であって、紙幅が許すならば両方書き入れられるのが望ましい。一方、「臥薪嘗胆」と対露敵意については考えるべき点があり、日露戦争との関わりで後述する。

なお、日清開戦と同じ一八九四年七月、前述のとおりイギリスとの新条約(日英通商航海条約)が調印された。この条約改正問題をめぐって、古くから、シベリア鉄道計画を進めるロシアへの対抗上イギリスが日本に好意的姿勢をとるようになったとされ、現在もそのように説明している教科書は多い。しかし、その見方は史料上も論理的にも疑わしく、近年の研究では支持されていない［五百旗頭 二〇〇七、大石 二〇〇八、佐々木 二〇一四］。いくつかの教科書はイギリスの態度転換の背景として日本の近代化(法・政治制度の整備など)を挙げており、その方が現在の研究の知見とは合致している。

2 日英同盟と日露戦争

日露戦争をめぐっては、軍事史研究は継続的になされており、またロシア側の動向を論じた研究も近年充実してきている。しかし日本の政治・外交面の分析はこの二〇年ほど、あまり盛んではない。当時外務大臣だった小村寿太郎の個人文書がないなど、伊藤博文首相・陸奥宗光外相の史料が豊富な日清戦争研究に比べると史料上の制約があるのと、日露戦争一〇〇周年に合わせた研究の潮流が主に日露戦争を世界的視座からとらえる方向に向かったことに起因するものと思われる。

世界的視座という点では、日露戦争は軍事大国同士が本格的に衝突した戦争で、総力戦の先駆け的要素もあり、間接的にではあるが世界の国々を巻き込んだ。そこで、第〇《ゼロ》次世界大戦(World War Zero)との呼称も提起された。ただ、一〇〇周年を契機とする一連の取り組みが終わった後は、現在に至るまでそれを出発点としてさらに研究が積み重ねられ知見が深化しているという状況ではない。つまり日露戦争については研究上、中核的な部分の理解が転換したわけではなく、いくつかの新たな視角や知見が加わってきた。各教科書も説明の書きぶりを変えるというよりも新たな知見を紙幅との兼ね合いなどに応じて断片的に取り入れているようであり、研究状況が的確に反映されているといえよう。

そうした中、現在の研究上の知見と教科書の記述とのあいだでズレが生じているのが、日露戦争の前提となる日英同盟についてである。日本政府内には日露協商論もあったが桂太郎内閣は日英同盟を結んだ、と多くの教科書に書かれている。代表的な日露協商論者として伊藤博文の名を挙げているものや、日露協商を満韓交換(論)という言葉で説明しているものもある。

細かく見ていくと、そもそも用語の説明が各教科書間で一致していない。「満韓交換(論)」の意味は、ロシアに満州経営の自由を与える代わりに日本が韓国で優越権を得る、ロシアの満州支配を認める代わりに日本の韓国支配を認めさせる、日露が満州と韓国それぞれの権益を認め合う、などとされている。認めるのが経営の自由なのか優越権なのか支配なのか権益なのかは重大な点である。「日露協商」も、満韓交換を交渉で行おうとするという説明もあれば、それとは異なり、協商を結び相互の譲歩により問題を解決しようとするとのより一般的なかたちの説明もある。かつ、いずれにしても日本とロシアが交渉して妥協点を見出そうとするのが日露協商なのだとすれば、日露戦争前に一九〇三〈明治三十六〉年から行われた日露間の交渉も日露協商の試みのはずである。日露協商論ではなく日英同盟論を採用し、日露協商に取り組むというのは、不自然だろう。

研究史的にいえば、かつては現行の教科書の記述のように桂内閣の日英同盟路線と伊藤博文に代表される日露協商路線を対置し、日本はその中で日英同盟路線をとり日露戦争に向かった、という見方がなされていた[角田 一九六七]。それに対し、「日英同盟論対日露協商論」という対立図式を否定し、桂と伊藤のあいだに原則論の大きな違いはなかったとする説が提起された[柴崎 一九八六、千葉 二〇〇八]。前述のとおりこの二〇年ほど日露戦争関連の日本外交史研究が盛んになされているわけではない中で、この説は一定の注目を集めた。しかしながら、現在に至るまでやはり、桂・伊藤間に方針の違いが存在したとの見解の方が有力である([佐々木 二〇二三]を参照)。

ただし、桂・伊藤間の違いは「日英同盟論対日露協商論」というより「日英同盟積極論対消極論」ないし「対露強硬論対慎重論」である。日英同盟締結のねらいは、北清事変を機にロシアが満州を軍事占領しなかなか撤退しないという状況において、イギリスとの軍事同盟を対露外交上の圧力とすることだった。したがって、満州や韓国(朝鮮)をめぐってロシアと交渉し相互了解を形成するのが日露協商だとすれば、日英同盟論は日露協商と矛盾しない。一方、伊藤は、イギリスと軍事同盟を結んでロシアに圧力をかけることに不安を感じており、ロシアとのあいだでなるべく穏便に協商成立に至りたいと望んでいた。つまり伊藤は、対露慎重論者で日英同盟消極論者だった。

ところで、日露協商は日清戦争後から取り組まれていた。日本の駐朝鮮公使が関わった一八九五年の閔妃殺害事件、朝鮮国王がロシア公使館に移った一八九六年の露館播遷を経て、日本は朝鮮情勢をめぐってロシアと交渉を行う必要があった。そこで成立したのが、小村・ウェーバー協定や山県・ロバノフ協定である。一八九八年のいわゆる中国分割のときには、日露両国が韓国の独立を確認し、内政不干渉を定め、韓国における日本の商工業上の優越を認めた西・ローゼン協定が結ばれた。西・ローゼン協定は、ロシアが中国分割の一環で旅順・大連を得ようとするなど満州への進出に傾いているのを見越して、ロシアは満州、日本は韓国、と進出先のすみ分けを図ったもので、まさに満韓交換的発想に基づく日露協商であった。ところが教科書では、閔妃殺害事件や露館播遷、大韓帝国の成立(一八九七年)といったことは書かれる一方で、こうした日清戦争後の日露協商に関する記述はない。そのことは、日英同盟の箇所で日露協商や満韓交換の語が急に登場し、説明に問題が生じる原因の一つとなっているように思われる。

無論、紙幅の都合はあるのかもしれない。ただかつての教科書には、中国分割をめぐって、三国干渉で日本に遼東半島還付を要求したロシアが同半島の旅順・大連を租借するということで、日本国民は憤激したものの日本政府は韓国問題におけるロシア側の譲歩を期待してロシアとの協調に努めた、と記しているものもあった(山川出版社では二〇〇二年検定済より前の教科書)。満韓交換的発想に基づく日露協商について、端的に説明している。そこから、北清事変時にロシアが満州を軍事占領したことで日露の関係性は変化し、最終的に日露交渉が決裂して開戦に向かうのである。

なお、本稿では「満州」と表記しているが、旧課程の日本史から日本史探究および歴史総合に代わった最新の教科書表記の主流は「満洲」である。「満州」ではなく「満洲」が正しい表記なのであって「満洲」と表記すべきであるとの見解が強まり、中国史・東洋史のみならず日本史研究の分野でも近年急速に、「満洲」表記が広まってきていた。筆者自身は、「洲」を「州」と表記するのはほかにも多々行われている慣用的な文字の置き換えの一種であるということで「満州」表記を用いてきたが、教科書の表記も変わったとなると、今後はさらに「満洲」表記が確立していくものと思われる。

3　今後の展望

日清戦争と日露戦争をあわせて全体的に、教科書では、日清ないし日露の対立が継続的に積み重なっていった末に戦争が始まったように描かれる傾向がある。日清戦争に関して、そうしたとらえ方が現在の研究の知見と合致していないことは、本稿第1節で述べた。

日露戦争の方も見てみると、教科書では前述のとおりまず条約改正をめぐって、イギリスがロシアへの対抗上、日本に好意的姿勢をとるようになったと論じられている。日清戦争後には、三国干渉・

遼東半島還付に対して日本国民は「臥薪嘗胆」ということでロシアへの敵意を増し、それを背景に日本の軍拡が行われたとされる。そして北清事変時にロシアが満州を占領して日本は危機感を強め、日英同盟を結び、日露戦争に至った。対露開戦前には日本国内で主戦論が高まっていたことが言及される。あたかも、ロシアに対する日本の敵視や脅威視、世界的な英露対立といった構造のもとで、日清戦争後から直線的に日露開戦への道を進んでいったかのようである。ただし、北清事変で段階が変わった旨の書き方もなされている。

日露戦争の研究傾向は、日清戦争と比べると把握しづらいものの、少なくとも、一〇年単位での長期的な対立の果てに日露が開戦に至ったという見方は近年主流ではない。教科書においてそうした研究状況とのズレを埋めようとする場合、日清戦争後の日露協商について書き入れる方法もあるが、逆に、北清事変以前の日露対立を印象づける記述を弱めるのも考えられる。教科書は右記のとおり北清事変を画期と位置づける書き方もしているのであって、そこから日露開戦までの流れは、前述の日英同盟の部分を除けば、研究状況と見比べて特に違和感はない。

右に記したことはおそらく、研究上の知見と教科書記述との関係性においてより一般的に当てはまる部分がある。無論すべてではなくあくまで傾向としてだが、一九九〇年代頃からの近代日本政治史・外交史研究は、従来の長期的なスパンの議論を細分化するとか、単純な図式を批判しより複雑な実相を詳細に提示するといったかたちで歴史像の修正を迫ってきた。これはそもそも研究上、新説が定着する場合もあれば定着しない場合もあり、見極めが求められる。例えば日露戦争について、開戦は必然ではなく本来避け得たものであるとの説が一時有力に提起されたものの、現在、その見方はあまり支持されていない。そしてまた、研究としては新たに通説化していて正しいと思われる知見だったとしても、紙幅の制約や単純化の要請がある教科書には取り入れづらいことがある。こうした場合に、①旧来の単純な図式を維持するか、②可能な範囲で新たな要素を取り入れて書き加えるほかにも、③部分的に要素を落とす＝書かない、ことによって新たな研究上の知見を反映させる方法もあり得る。

最後に、日清戦争と日露戦争を理解しようとするときに、研究上も教育上も、比較というのは一つの有力な手法だと思われる。例えば現行の教科書でも、戦死者や軍事費について、日清戦争と日露戦争の規模を比較した図を提示しているものがある。日清戦争に比べると日露戦争がいかに規模の大きい、日本にとって負担の大きい戦争だったかということがよくわかる。さらにいえばそれは、日清戦争を経て日本は国力・軍事力が高まり、そのうえで世界の軍事大国・ロシアと戦ったということでもある。戦死者については、可能であれば、戦死・戦傷死者数と戦病死者数を分けているとなおよい。日清戦争は戦死・戦傷死者数よりも戦病死者数が圧倒的に多いのが特徴であり、そうした内訳と総数の双方で、日露戦争と対照的である。

開戦過程は、日清戦争と日露戦争でずいぶん様相が異なる。前述のとおり、日清戦争以前の日本外交の基調は対清協調だったのであり、一八九四(明治二十七)年六月に朝鮮に大兵を送る決定をした時点でも、対清開戦を意図していたわけではなかった。しかも当時の首相の伊藤博文は、対清協調・避戦論者だった。ところが、朝鮮への派兵以降の成り行きと日本政府内や出先の在朝鮮日本公使館内の様々な志向がからみ合い、開戦に至った。まさに錯綜である。それに対して日露戦争は、桂首相や小村外相が明確な開戦意図をもって主導した。

日清戦争は日露戦争に比べると規模が小さく、かつ日本政府としての計画性もなかった。ただそのようにして行われた日清戦争が、日本の対外膨張の出発点となり、軍拡の原資となる巨額の償金を日本にもたらし、清の国際的地位の低下と伝統的な前近代東アジアの秩序の解体を導いた。このあたりの、予定調和的展開ではない歴史の実相を、教科書でもうまく記述していくことを期待したい。

逆に日清戦争と日露戦争で共通しているのは、戦争の前に日本が行っていた軍拡が、開戦の前提条件となったことである。この両軍拡は、事項としてはすでに教科書に書かれている。ただ、もう一歩踏み込んだ説明があるとよいように思われる。つまり、一八八〇年代から日本は軍備を増強していたが、これは、対清開戦が既定路線だったのではない。清に対して軍事的に劣勢であるという意識のもと、清に対抗できるような軍備が目指されたのである。日清戦争後の軍拡も同様で、ロシアと早々に戦うつもりがあったわけではなく、巨額の償金を獲得し、かつ日清戦争を経て日本の政軍指導者が日本の軍事力不足を強く認識するといった背景があったことで、大規模な軍拡がなされた。そしてどちらの軍拡も結果的に、戦争をもたらした。軍備が整っていれば自動的に開戦に向かうというものではないが、軍備の充実によって戦争が対外政策上の現実的な選択肢となり、あるいは避戦志向が弱まり、その状態で外交そのほかの展開があり、戦争に至った。早期に日本から戦争をしかけることを予定して計画・遂行されたわけではない軍拡がのちに戦争をもたらしたというのが、重要な点である。

※参考文献は限定的に示した。より詳しくは、[佐々木 二〇二二a・二〇二二b・二〇二三]を参照されたい。

〈参考文献〉

五百旗頭薫　二〇〇七年「開国と不平等条約改正――日本による国際標準への適応過程」(川島真・服部龍二編『東アジア国際政治史』名古屋大学出版会)
大石一男　二〇〇八年『条約改正交渉史　一八八七～一八九四』(思文閣出版)
大澤博明　二〇〇一年『近代日本の東アジア政策と軍事――内閣制と軍備路線の確立』(成文堂)
斎藤聖二　二〇〇三年『日清戦争の軍事戦略』(芙蓉書房出版)
佐々木雄一　二〇一四年「政治指導者の国際秩序観と対外政策――条約改正、日清戦争、日露協商」(『国家学会雑誌』一二七巻一一・一二号)
佐々木雄一　二〇二二年a『リーダーたちの日清戦争』(吉川弘文館)
佐々木雄一　二〇二二年b『近代日本外交史――幕末の開国から太平洋戦争まで』(中公新書)
佐々木雄一　二〇二三年『帝国日本の外交一八九四―一九二二――なぜ版図は拡大したのか』(増補新装版、東京大学出版会、初版二〇一七年)
佐藤信ほか　二〇二三年『詳説日本史』(日本史探究、山川出版社)
柴崎力栄　一九八六年「伊藤博文のロシア行と歴史家徳富蘇峰」(『日本歴史』四六二号)
高橋秀直　一九九五年『日清戦争への道』(東京創元社)
千葉功　二〇〇八年『旧外交の形成――日本外交　一九〇〇～一九一九』(勁草書房)
角田順　一九六七年『満州問題と国防方針――明治後期における国防環境の変動』(原書房)
檜山幸夫　二〇二二年『日清戦争の研究』(上巻・中巻、ゆまに書房)

6 植民地獲得の経済的意味

鈴木 淳

1 教科書叙述での植民地と経済

世界史との対比から

高等学校の教科書『歴史総合 近代から現代へ』(山川出版社、二〇二四年)では、一八八〇年代以降にヨーロッパ諸国が新たに植民地を獲得し、あるいは既存の植民地で現地社会への介入を深めることを、「大規模化した産業に原料・燃料を調達するため、また、手狭になったヨーロッパ市場をこえて商品の販路を確保するため」のヨーロッパの産業界の要請によるものであるとする。そして、植民地を犠牲にして本国の経済を成長させることで、本国の労働者の生活条件を改善し、政府への不満を緩和して国民国家の確立に役立てたとする。歴史総合の趣旨からいえば、植民地獲得の動機としてこのような産業の発展に対応した産業界の要請があったのか、また、植民地を獲得したことが本国の経済・

図1　1913年の日本の貿易

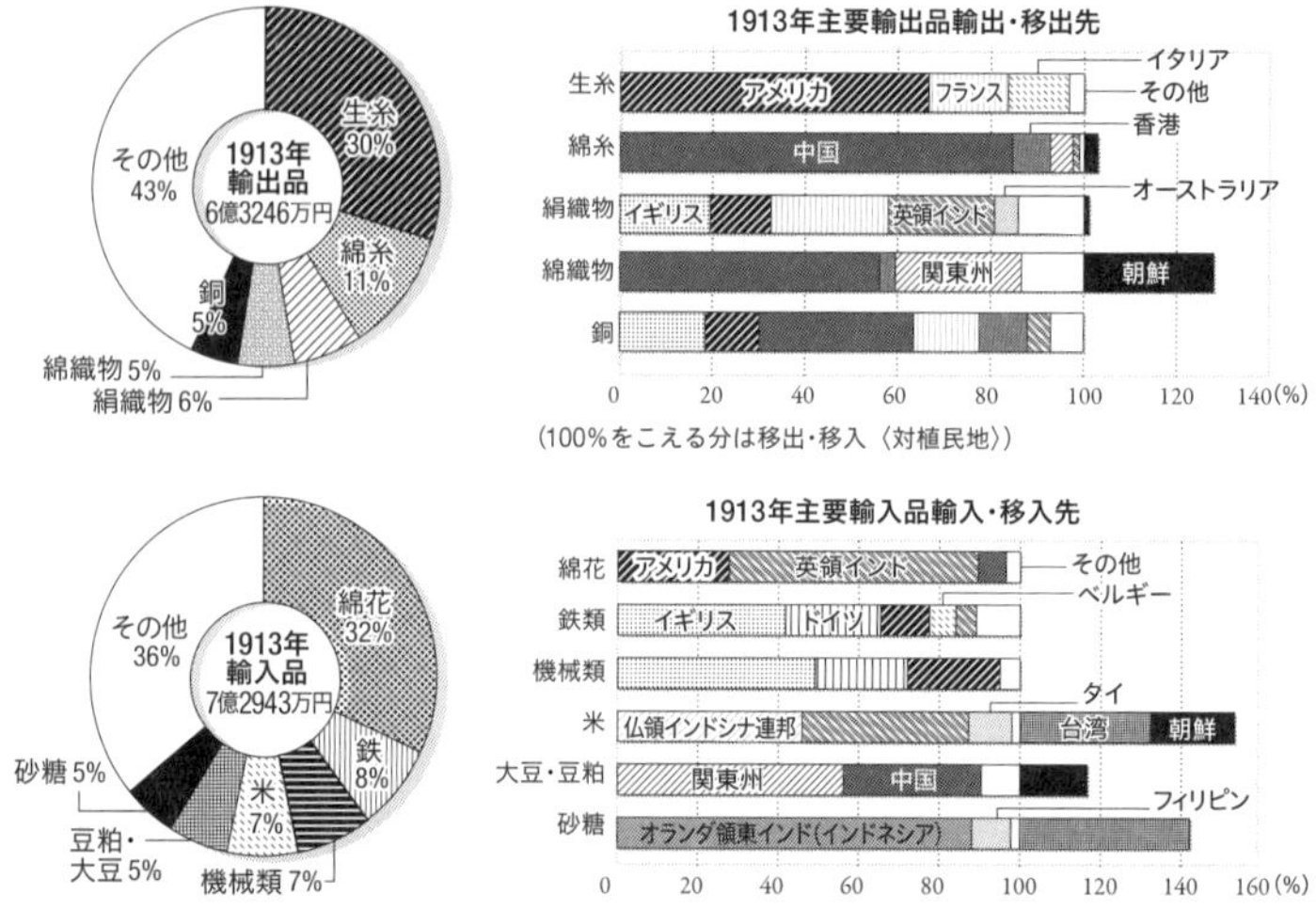

出典：『歴史総合　近代から現代へ』（山川出版社、2024年）より

生活にどのような影響を与えたのか、この叙述と対比して日本の植民地支配について生徒に考えさせる、あるいは教員が解説することが期待されそうだ。

　しかし、教科書では植民地獲得の経済的な動機については説明されず、前掲『歴史総合　近代から現代へ』は原料の調達や商品の販路確保の結果について「一九一三年の日本の貿易」のグラフ（**図1**）で読取りを可能にしているにとどまる。また同書の、「歴史の扉　歴史の特質と資料――台湾における砂糖の生産」では、戦前の日本で砂糖消費が拡大する中で、台湾産糖が大きな地位を占めたことと植民地政策との関連が指摘されているが、それが「本国の労働者の生活条件を改善」したのかの答は得られない。近年の植民地研究の豊かな成果「日本植民地研究会二〇一八」の中から、このような素朴な問いへの答えを探し出すのも容易ではない。

日本史教科書での叙述

高等学校の日本史教科書『詳説日本史』(日探 山川出版社 二〇二三)では、日清戦争の結果、一八九五(明治二十七)年に日本領となった台湾については、土地調査事業による土地所有権明確化、台湾銀行、台湾製糖会社の設立などによる産業振興、そして現地の地主・商人など富裕層を懐柔しての統治ということで一九四五(昭和二十)年までが説明される。一九一〇年に併合された朝鮮については、土地調査事業と、その結果所有権が不明確として接収された土地の一部が東洋拓殖会社や日本人地主へ払い下げられたことが記される。また、日露戦争の結果ロシアから引き継がれた関東州租借地と長春以南の鉄道に関しては、南満洲鉄道株式会社(満鉄)が設立され、沿線の炭鉱なども経営して満洲への経済的進出の足がかりとなったことが述べられる。

「近代産業の発展」の節では、歴史総合と共通の一九一三(大正二)年の貿易相手を示すグラフが掲げられ、「日露戦争後には、満洲(関東州経由)とのあいだの綿織物輸出・大豆および豆粕輸入、朝鮮とのあいだの綿織物移出・米移入、台湾からの米・砂糖の移入が増え、日本経済に占める植民地の役割が大きくなった」と、食料供給地、輸出市場として機能したことが示されている。その後は、第一次世界大戦期に満鉄による鞍山製鉄所設立、一九二〇年代からの米価の低落をもたらした植民地米移入に言及され、工業原料供給や安価な食糧供給が具体的に示され、一九三〇年代には新興財閥が軍と結びついて満洲・朝鮮へ重化学工業分野で進出したことが述べられる。

2 植民地獲得の動機

台湾

前掲『歴史総合 近代から現代へ』に示されるような、帝国主義の先進国であるヨーロッパ諸国による十九世紀末頃の植民地獲得の事情と、ようやく産業革命を進めつつある同時期の日本の事情とが異なることは早くから認識されており、それをどう説明するのかが課題であった[大石 一九八五]。台湾の植民地経営を初めて本格的に論じた[矢内原 一九二九]は、一八九五(明治二十八)年の台湾の割譲は海軍が「図南の飛石」として獲得を主張したからと言われており、「資本の圧力によりて植民地獲得の挙に出づるが如き帝国主義的必然は未だ我国には存在せざりしが如くである」と論じた。

一八九七年に中央金融機関として台湾銀行を設立する法律が制定されたが、株式の募集が順調にはいかず、一八九九年に資本金五〇〇万円のうち一〇〇万円分以内の株式を政府が引き受け、五年間はその配当を受けないとする台湾銀行補助法が制定された後にようやく四倍近くの応募を得て株式を発行した。当初の払い込みは四分の一とされたので、民間から一〇〇万円を調達したことになる。一九〇〇年に設立され、井上馨が出資を勧誘して三井物産や毛利家が出資した台湾製糖会社も資本金一〇〇万円のうち五万円を宮内省が出資し、総督府が補助金を下付した。このように、国の保護があってようやく、内地資本からの投資が得られたというのが矢内原の理解である。国家によって推進された植民地経営が内地資本家に有利な投資機会を与えたが、当初は内地資本家の側に植民地獲得に対する積極性はなかった。

のちに台湾の主要産業となる製糖業に関してみれば、台湾領有前に日本が輸入していた砂糖の過半は香港で精製された分蜜糖であった。これに対して、ジャワから粗糖を輸入し、国内で精製して輸入品を代替しようと、一八九五年に東京で日本精製糖会社、大阪で日本精糖会社が設立されたところであった。誕生したばかりの内地精糖業にとって、台湾の獲得は積極的な意味をもたなかった。一八九九年に関税自主権の一部が回収され、粗糖の輸入関税が引き上げられたが、内地精糖業者の運動により一九〇二年に輸入原料砂糖戻税制度が設けられ、国内精糖業者が原料として用いる粗糖は、関税が返還されることになった。

このため、ジャワ島産より四〇％割高であった台湾産粗糖は内地での精糖原料とはならず、直接消費される含蜜糖として移入されるにとどまった。輸入原料砂糖戻税法は当初五年間の期限付きであったが、一九〇七年にその延長が議会で審議された際に、前記の内地精糖会社二社を継承していた大日本製糖が、議員を大規模に買収して延長を実現し、一九〇九年にこれが「日糖事件」として摘発された［雨宮 一九六九］。内地精糖業を代表する大日本製糖にとっては、植民地開発のために台湾産糖が特別扱いされることは望ましくなく、議会は同社の意向を国政に反映していたのである。

なお、日糖事件の翌年から総督府の補助金を投じて精糖原料としての台湾産粗糖の内地移出が開始された。一九一一年関税改正では精製糖の輸入関税を引き上げ、国内で消費される精製糖を関税戻税の対象外とし、総督府の補助金なしに台湾産粗糖が内地での国内市場向け精糖原料に用いられるようになった［平井 二〇一七］。

朝鮮

たび重なる内政干渉の試みや、第一議会における山県有朋首相の「利益線」演説に示されるように、日本政府が朝鮮を勢力圏に収めようとする意図は、一八八〇年代からみられた。

一八七六(明治九)年に日朝修好条規が結ばれ、朝鮮は開国した。このため、当初は開港場貿易を日本が独占していたが、一八八三年には中国やイギリスとも条約が結ばれ、開港場貿易の独占は崩れた。日清戦争を契機とした日本による保護国化の動きは成功せず、日清戦争中に敷設権を獲得した京釜《けいふ》(ソウル—釜山間)鉄道は、ようやく一九〇〇年に政府の一部出資と六%の配当保証を得て二五〇〇万円分の株式募集を開始した。しかし、華族や東京・大阪の投資家からは十分な応募が得られず、全国的な勧誘の結果、地方の中小商人や地主からの投資を得て翌年に会社を設立し、起工した。取締役会長となった渋沢栄一は一九〇二年にイギリスで社債を募集する話をまとめたが、鉄道の軍事利用を意図する陸軍の反対で国内での発行を余儀なくされ、井上馨の斡旋でようやく政府が元利を保証する社債を有力銀行に引き受けさせた[石井 二〇一二]。経済的事情や資本家の投資意欲より、国家の軍事的、政治的事情が優先されたのである。一方で、鉄道建設は朝鮮への経済的進出の手段であると宣伝され、渋沢や出資に応じた人々は国策に順応していく。

日露戦争の結果、朝鮮の外交権を奪って保護国化することが国際的に認められ、一九一〇年には韓国併合に至る。この時、併合に対する列強からの圧力を緩和する意図で、従来韓国と最恵国待遇を受ける条約を結んでいた国々に対し、一〇年間は韓国の関税制度を踏襲すると宣言して、日本との移出入にも同額の移出入税を課した。一九二〇(大正九)年に期限が到来すると、朝鮮から内地へ移入する際の税は廃止されたが、内地からの移入品への課税は朝鮮総督府財政の歳入確保のため一九四一(昭和十六)年まで完全には撤廃されなかった[山本有造 一九九二]。内地産業界の市場獲得の意欲が朝鮮の植民地化を招いたとすれば、内地製品の朝鮮への移入税を撤廃ないし低減することが最優先されるはずであるが、それは列国との協調より優先順位が低かった。

満洲

一九六〇年代半ばまでは、日露戦争は国内市場が狭隘な中で軍事的・政治的な力によって市場を軍事的に確保するよう求める経済界(当時の用語ではブルジョアジー)の意思を反映したものであると論じられていた。しかし、これには実証的根拠がなく、現在では日露戦争直後には列強と共同で満洲(現在の中国東北部)を開発する構想もあったものの、小村寿太郎外相らの主張により日本単独での開発が選ばれたと考えられている[下村 一九六四]。日本側の犠牲や戦費の割に講和条約で得られた成果が少なかっただけに、満洲の権益へのこだわりが強くなったともいえよう。

国際的にはロシアの権益を継承する枠組みから、ロシアと同様に関東州の租借地を直接支配するとともに、南満洲鉄道を株式会社形態で経営した。一九〇六(明治三十九)年に成立した南満洲鉄道の株式は一億円分が現物出資分として政府に割り当てられ、二〇〇〇万円分が公募され、一〇〇〇倍以上の応募が殺到した。これを産業界の満洲経営への意欲を示すものとみることもできるが、同様に政府が六%の配当を保証した京釜鉄道が民間株主から当初一五〇〇万円を調達したのに対し、南満洲鉄道は当初の払込金として二〇〇〇万円を調達するにとどまったことも影響していよう。未払込分の資金は政府が元利保証する外債としてロンドンで募集され、外貨建ての社債発行高は一九一一年までに一億一七〇〇万円余りに達した［金子 一九九一］。外貨の調達も含めて国が主導する半植民地経営の枠組みの中で、国内民間投資家も利益を獲得しようとしたのであって、国家主導であったことは否めない。

しかし、国家主導で進められた植民地経営が、資本家に活動の機会を与え、利益をもたらしたことも事実である。第一次世界大戦への参戦を決めた当時の外務大臣加藤高明は、ドイツから山東半島や南洋諸島を獲得することを目指したわけではなく、ドイツから山東半島を獲得し、それを取引材料に満洲での権益を拡大しようとした。対華二十一箇条要求はそれを示しており、経済界は基本的にはそのような動きを支持していたという［奈良岡 二〇一三］。大正期には、従来どおりの軍や元老の意向もあるが、資源や市場の確保を期待する産業界の動向も、戦争の機会や武力を用いて権益を確保、拡大する背景になっていた。

3　本国にとっての意味

以上のように、明治期の植民地は、産業の原料、燃料あるいは市場を得るために獲得されたわけではなかったが、獲得の結果はどうだったのであろうか。主要な移出入品について検討しよう。

台湾の砂糖

台湾の砂糖は、おもに中国に輸出されていたが、一八九九(明治三十二)年に内地向け移出が輸出を上回り、一九一〇年には内地への台湾からの移入量が輸入量を上回った(台湾総督府殖産局『台湾糖業統計』一九一八年)。

砂糖の輸入代替は、台湾の領有により可能となり、それは国際収支を改善して、産業や軍備に必要な輸入の拡大をもたらしたといえる。一方で、そのためには前述のように一九一一年の関税改正でジャワ産粗糖や、それを利用した外国産精糖の輸入関税を引き上げる必要があった。植民地の産業振興と国際収支の改善のため、砂糖消費者の負担が増したのである。台湾糖業が発展し、それを原料とする精糖業も競争的に発展すると、砂糖価格は低下したが、それでも台湾産粗糖がジャワ産より安くなったわけではない。内地の国民が確実に台湾糖業の恩恵を受けたのは、一九三八(昭和十三)年以降の外貨不足による輸入統制の中でも砂糖の供給が減らなかった数年間と考えられるが、それも軍需生産・食料生産への転換によって長くは続かなかった。

米穀

一八八九(明治二十二)年の日本の凶作により、翌年以降朝鮮米の輸入が本格化した。一方、領有前の台湾米は中国本土への移出が多く、その量は台湾への輸入量と大差なかった。台湾総督府は輸出の拡大を意図して米作を奨励し、内地への移出が輸出を上回ったのは一九〇三年からであった。朝鮮米が比較的内地米に近い品質であったのに対し、台湾米はインディカ種で、外米として輸入された東南アジア産の米に近かった。そこで、朝鮮米が大阪を中心に拡大する中下層民の需要に応えたのに対し、台湾米は外米と同様に内地米に混ぜて使われるにとどまり、需要に限りがあった。

従来無関税で輸入された米穀には、日露戦争中に非常特別税として一五％相当の輸入税が課せられ、戦後もその額(一斤六四銭)が関税として賦課された。財政収入の増加とともに、米価を上げて、地租を増徴される地主に見返りを与える意図があったとされる。これにより、関税を課されない台湾産米は移入が増加して生産が伸びたが、一九一〇年代に入ると伸びが止まった。一方、朝鮮米は関税、併合後も関税相当の移入税が課せられたので、大きな移入増加はみられなかった。

関税は、関税自主権回復による一九一一年の関税改定で一斤一円に引き上げられた。しかし、同時に凶作の場合には一斤四〇銭まで引き下げることも可能とされ、翌年には一時的に下限まで引き下げられた。それでも米価は高い水準にあったので、一九一三(大正二)年、輸入関税は一円としたまま、朝鮮から内地への移入税を廃止した。これにより、朝鮮米の移入が伸びた。輸入関税を廃止して外米を入れることはこの時期に悪化していた国際収支をさらに悪化させるので、植民地からの移入増加が米価引き下げの唯一の策であった。

第一次世界大戦中は、国内の豊作もあり、外米をほとんど輸入せずに、比較的低い米価が保たれた。しかし、産業の発展が米の消費の拡大をもたらした一方、一九一七年は前年に比べ不作で、内地生産が四百万石ほど低下した。これは当時の植民地からの移入米の二倍程度にあたり、米価の上昇が始まった。折から、ヨーロッパの食糧難や東南アジアの凶作もあり、関税を引き下げても安価な外米は得られず、政府は指定商に外米を輸入させ、補給金を出して安価に供給させた。しかし、米価上昇を抑えきれず、一九一八年八月には全国的な米騒動が生じた。

これにより食糧自給の必要性が強く認識され、内地とともに、植民地でも米穀増産の施策が進めら

図2 内地米穀の生産と移輸入

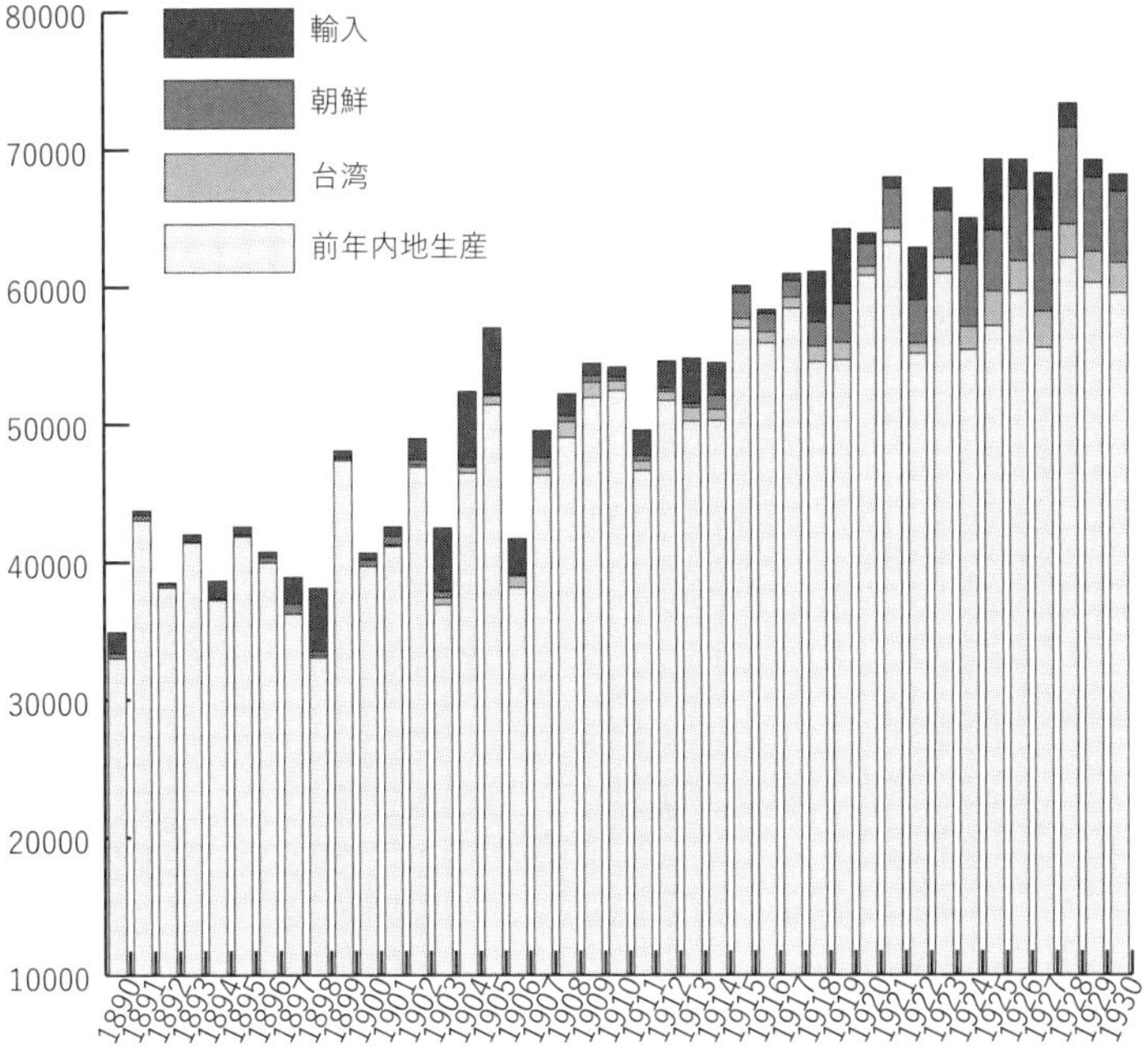

筆者作成

れた。朝鮮では一九一〇年代からの内地種の導入がさらに進められ、一九二五年には産米の約八割が内地種となった。それは面積当たりの収量を増加させたが、水利の改善と肥料の増加が必要であったので、朝鮮総督府が土地改良の補助金や肥料購入の低利資金を投入した。一九二五年に台湾の農事試験場で現地に適した内地種「蓬莱米《ほうらいまい》」が開発されると、台湾米の内地での評価も安定した。これらにより、一九二〇年代末には植民地米による自給体制が整った。**図2**に示すように、輸・移入米に頼る部分は比率としては必ずしも大きくはないが、不足が米価の高騰、あるいは財政支出の増加に直結するので、植民地からの米穀供給は、産業の成長のうえでも労働者の生活の面でも、大きな役割を果たした。一方で、このような植民地米の供給は、一九二〇年代後半以降の国内農業の危機を深めた［大豆生田　一九九三］。

鉄の供給源と綿製品の市場

戦前の古典的研究は、日清戦争を機縁とする大冶鉄確保＝八幡製鉄所設立と、日露戦争を機縁とする満洲鉄確保＝鞍山製鉄所設立とが、素材としての鉄の確保によって労働手段生産の見通しの確立をもたらしたが、それは中国に対する軍事発動の過程として、日本での産業資本確立と帝国主義転化との二重関係を同時に創出する過程として現れたとした。また、日清戦争の帰着点の一つが紡績業興隆の基礎的条件である朝鮮市場の独占と中国長江開市であったとして、戦争を契機とする、植民地ないし、「半植民地国」と表現される中国での原材料と市場の獲得が日本の産業発展に果たした役割を強調した［山田　一九三四］。

のちに、このうち下関条約によって日本が獲得した権益は、諸列強も最恵国待遇によって自動的に享受し、長江流域への綿糸輸出はイギリスやインドの綿糸との、大冶鉄山をめぐってはドイツ資本との競争を経てそれぞれ地位を確立したのであって、戦争の結果として得た特別な政治的権利によるものではないと批判された［石井　二〇一二］。

朝鮮に関しては、一八九七（明治三十）年から一九〇九年までの国内生産綿布の平均五％が朝鮮に輸出され、紡績会社の兼営織布で織られた広幅の木綿は輸出の半分が朝鮮向けであった。そこで、広幅織物と朝鮮の輸入市場をほぼ独占した綿糸とを製造した紡績業の発展におよぼした影響は大きく、綿製品を輸出し、綿業労働者の食料である朝鮮米を輸入する「綿米交換体制」がこの時期から成立していて、「朝鮮に対する半植民地的・植民地的支配は日本産業資本主義の確立をうながし」たとする見解がある［村上 一九七五］。

前述のように当初から両国の貿易関係は深く、それは日本から見て食糧の輸入、工業製品の輸出という植民地に対する貿易にみられがちなかたちであったが、このようなかたちは本国─植民地関係でなくともみられる。また、それが米やある種の綿布で大きな比重を占めたのは、地理的な近接性と、日本人が求めた米と朝鮮産米、朝鮮人が求めた綿糸・綿布と国内市場向けに発達した日本紡績業の製品それぞれの品質が、気候風土や歴史的経緯から相互に類似していたのがおもな原因であると考えられる。朝鮮との貿易が日本の産業発展に独特な役割を果たしていることは間違いないが、日本の輸出入の中での比率はそれほど高くはない。

［村上 一九七五］はまた、一九〇八年から一九二〇(大正九)年まで日本の鉄鉱石輸入の三〇％以上が朝鮮からであり、その意義は大冶鉄鉱石に劣らないとする。これと、先の満洲鉄の問題とを合わせて確認するために**図3**を示す。鉄鉱石の品位の問題、あるいは鉄鋼製品や時期が下るにつれ製鉄材料として重要性を増す屑鉄の欧米からの輸入などもあり、この表で日本の鉄鋼原料が尽くせるわけではないが、明治後半には借款をともなう長期契約で官営八幡製鉄所に鉄鉱石を供給した大冶鉄山を中心とした中国、ついで朝鮮、さらに一九一五年の対華二十一カ条要求で採掘権を確保し、南満洲鉄道株式会社が鞍山で採掘した鉄鉱石が製鉄業の主要な原材料であったことは明らかである。

図3　鉄鉱石産出・輸入量

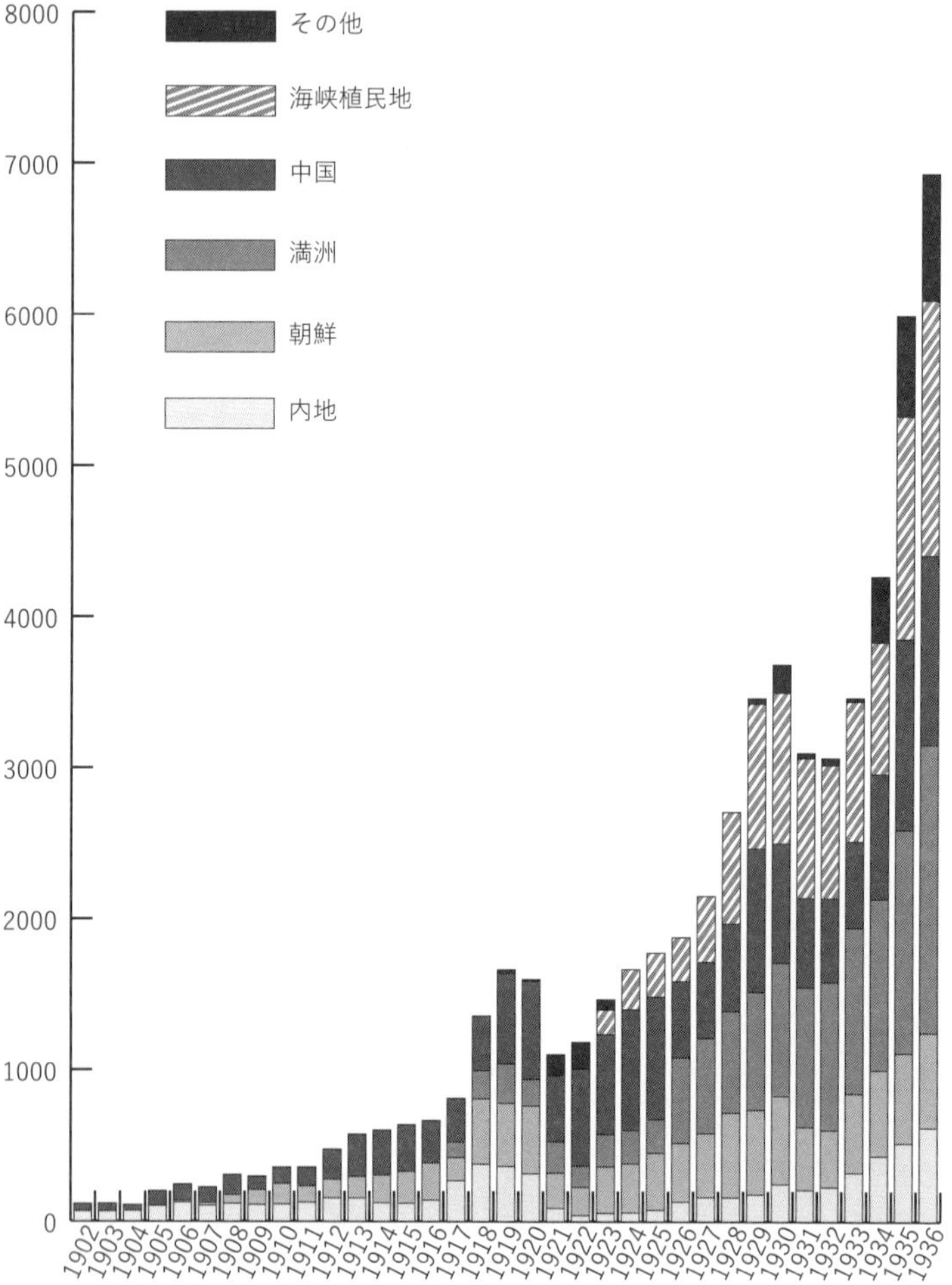

出典：商工省鉱山局『製鉄業参考資料 昭和12年6月調査』(日本鉄鋼協会、1937年)、農商務省鉱山局『製鉄業ニ関スル参考資料』(同、1918年)を参考に筆者作成。
注：1911年までの朝鮮は輸入。

また一九二〇年代からこれらをおぎなう地位を占めたのはおもに現在のマレーシアにあたるイギリスの海峡植民地であった。大冶鉄山には、辛亥革命に際して、中国側の抗議を受けながら一年以上にわたって日本軍が駐留しており、「半植民地鉄鉱資源の排他的支配」〔高村 一九八〇〕とも言われる。満鉄は二十一カ条要求以前から鉄鉱石の存在を確認して投資を計画しており、鞍山製鉄所建設は、「大戦期日本の帝国主義的膨張の典型」〔金子 一九九一〕とも言われる。工業原料としての鉄鉱石に関しては、植民地・半植民地への依存は否めず、太平洋戦争期の南方占領をその延長上にとらえることもできる。

4 植民地にとっての意味

植民地化はその土地の経済活動にどのような影響をおよぼしたのであろうか。日本の植民地は、同時代の欧米の植民地に比べ、貿易上の本国との結びつきが強かった〔堀 二〇〇四〕。欧米諸国の植民地と比べ本国との地理的関係が近いことが大きな要因ではあったが、台湾は従来中国本土との結びつきが強く、日本が領有してからも日露戦争期までは香港を含む中国との輸出入額が、日本内地との移出入額を上回っていた。当時台湾最大の輸出品であったウーロン茶は、おもに台湾の淡水から中国の厦門を経由して北米に輸出されていたが、一九〇七(明治四十)年までに、内地経由あるいはアメリカ直行に転じた。

この理由は、従来、関税や国境の設定により中国本土との人の往き来が困難になったためとされていた。しかし、近年の研究で基隆の港湾整備による大型船寄港と、横浜正金銀行と連携した台湾銀行による金融上の便宜とにより、外国人商人が台湾に拠点をおき、あるいは厦門から移したためであることが明らかにされた［谷ヶ城 二〇一二］。植民地では、汽船の定期航路と港湾の整備、鉄道の建設、そして金融機関の整備が進められ、内地との結びつきの強化と産業の発展に大きな役割を果たした。

これらインフラ、社会資本以外に、教科書は土地調査事業に触れている。土地調査事業は、台湾では一八九八年から一九〇五年に、朝鮮では一九一〇年から一九一八（大正七）年に進められ、内地における地租改正と同様に、土地の所有権を確立させた。台湾では土地の開発者に由来する「大租戸」が収入の分配を受ける「大租権」を解消するため、公債で補償金が支給された。これは領主の租税徴収権を解消するため金禄公債証書を交付した内地の秩禄処分と似た手法であり、前近代的な権利を公債に代えることで資本として銀行業や糖業などに投じることを可能にして、台湾である程度本島人による企業活動が展開する一因となった［やまだ 二〇〇四］。

一方で、砂糖原料の甘蔗の生産にあたっては、農地の所有権が比較的小さな単位で確立していることが、ジャワにおけるような大規模なプランテーションの展開を妨げ、砂糖生産費を高くした［平井 二〇一七］。これに対して朝鮮の土地調査事業では、民有地については私的土地所有がすでにほぼ確立しており、民有地と国有地を区別することがおもな課題となって、民有が認められない事例での不満が目立った［宮嶋 一九九一］。日本人の自作農を送り込んで日本式の稲作中心の農業を伝えさせ、地域の中核にすることをおもな目的として一九〇八年に設立された東洋拓殖会社には大韓帝国政府から優良な国有地が現物出資された。日本人の入植は必ずしも順調ではなく、同社による土地買収は一九一三年に中止されたが、日本人入植者の一部は土地調査事業により売買が容易になった土地を集積して地主化した[黒瀬 二〇〇三]。

このように、同じ名の事業であっても、地域の条件や日本側の意図によって、異なる影響を与えた。水利の整備なども含め、植民地経営が地域の産業発展をもたらしたが、それは植民地支配なしには達成できなかったと言い切ることはできない。本国の都合で地域での経済政策が左右され、負の効果ももたらした。本国が日本か否かを問わず、一方で、旧植民地の産業発展を植民地統治の成果であるととらえることは、民族自決の原則となじまない。

〈参考文献〉

雨宮昭一　一九六九年「日糖事件」(我妻栄ほか編『日本政治裁判史録　明治・後』第一法規出版)

石井寛治　二〇一二年『帝国主義日本の対外戦略』(名古屋大学出版会)

大石嘉一郎　一九八五年「課題と方法」(同編『日本帝国主義史Ⅰ』東京大学出版会)

大豆生田稔　一九九三年『近代日本の食糧政策——対外依存米穀供給構造の変容』(ミネルヴァ書房)

金子文夫　一九九一年『近代日本における対満州投資の研究』(近藤出版社)

黒瀬郁二　二〇〇三年『東洋拓殖会社——日本帝国主義とアジア太平洋』(日本経済評論社)

下村冨士男　一九六四年「日露戦争と満州市場」(『名古屋大学文学部研究』史学五)

高村直助　一九八〇年『日本資本主義史論』(ミネルヴァ書房)

奈良岡聰智　二〇一三年『対華二十一ヵ条要求とは何だったのか——第一次世界大戦と日中対立の原点』(名古屋大学出版会)

日本植民地研究会　二〇一八年『日本植民地研究の論点』(岩波書店)
平井健介　二〇一七年『砂糖の帝国——日本植民地とアジア市場』(東京大学出版会)
堀和生　二〇〇四年「日本帝国と植民地関係の歴史的意義」(堀和生・中村哲編著『日本資本主義と朝鮮・台湾』京都大学学術出版会)
宮嶋博史　一九九一年『朝鮮土地調査事業史の研究』(東洋文化研究所)
村上勝彦　一九七五年「植民地」(大石嘉一郎編『日本産業革命の研究　下——確立期日本資本主義の再生産構造』東京大学出版会)
谷ヶ城秀吉　二〇一二年『帝国日本の流通ネットワーク——流通機構の変容と市場の形成』(日本経済評論社)
矢内原忠雄　一九二九年『帝国主義下の台湾』(岩波書店)
柳沢遊　一九九九年『日本人の植民地経験——大連日本人商工業者の歴史』(青木書店)
やまだあつし　二〇〇四年「植民地期台湾における地方行政と土地調査事業」(前掲『日本資本主義と朝鮮・台湾』)
山田盛太郎　一九三四年『日本資本主義分析——日本資本主義における再生産過程把握』(岩波書店、のち岩波文庫一九七七年)
山本有造　一九九二年『日本植民地経済史研究』(名古屋大学出版会)

7 日本の産業革命とは

市川 大祐

1 教科書にみる「産業革命」

山川出版社の『詳説日本史 改訂版』(日B 二〇二二)では、第九章「近代国家の成立」の第五節「近代産業の発展」の冒頭に「産業革命」の項が設けられている。日本史近代の経済分野を学ぶうえで最重要テーマの一つであり、様々な事項が列挙されているが、なぜこれらの事項が取り上げられているのか、またそれぞれの事項が相互にどのような関係にあるのかを把握できない場合、学習者が経済史に対して苦手意識をもつ要因になっているようにも思う。

そこで、まず第1節で教科書の中での産業革命関係の記述を確認したうえで、第2節で産業革命をめぐる議論を紹介し、それぞれの用語が取り上げられた背景や関係を整理したい。そのうえで、第3節で近年の研究動向の一例として、地域視点からの産業革命の研究を取り上げることにする。

まず前掲『詳説日本史　改訂版』「近代産業の発展」の「産業革命」の内容を確認すると、冒頭は産業革命に至る経緯の説明から始まっている。すなわち、①最初の「企業勃興」に至る経緯、②紡績と鉄道を中心とする株式会社設立ブームによる、機械技術を本格的に用いる産業革命の開始、③一八九〇(明治二十三)年恐慌と、これを機に行われる日銀による資金供給体制の整備、の順で経緯が説明される。この後、金本位制の確立、二回目の「企業勃興」と繊維産業を中心とする資本主義の本格的成立、恐慌の発生や原料輸入拡大による輸入超過(貿易赤字)の発生、貿易拡大と商社・銀行・海運の海外展開へと続く。このようにこの項は、産業革命の始まりである企業勃興が起こった背景やその後の展開を中心とした記述となっている。

つづいて産業別に「紡績・製糸・鉄道」、「重工業の形成」、「農業と農民」の三項目で産業革命期の各産業の展開が記述された後に、近代産業発展の影の面として「社会運動の発生」において過酷な労働環境とそれにともなう労働運動の発生、さらに公害問題(足尾鉱毒事件)が取り上げられ、またこれに対する政府の対応(治安警察法による労働運動取締りと工場法制定による社会政策の展開と限界)が述べられている。

ここでは、産業別に挙げられた三項目の内容について取り上げる。「紡績・製糸・鉄道」では、まず紡績業が日本の産業革命の中心として挙げられ、日本における紡績業が勃興・発展する過程が説明されている。一八八三年に大阪紡績会社が設立され、一万錘の大規模経営に成功、これに刺激されて紡績の機械制生産が急増し、それまでの手紡やガラ紡を駆逐する。一八九〇年には綿糸の生産量が輸入量を超えて国産化が達成され、また日清戦後の綿糸輸出増加によって一八九七年には輸出量が輸入量を上回る。

その後は日露戦争後のさらなる発展と綿業全体での貿易収支についての指摘がなされる。綿糸・綿布輸出は増加したものの、それを上まわる原料綿花輸入があったため、貿易収支でみると輸入超過(貿易赤字)であることが示される。この記述が、外貨獲得(輸出)産業である製糸業の重要性につながっていく。

つづく製糸業についての記述では、まず生糸が最大の輸出品であること、それまでの座繰製糸に対し、器械製糸の工場が長野県・山梨県などで増加し、原料の繭を供給する養蚕農家も増加、日清戦争後には器械製糸の生産量が座繰製糸を超え、器械製糸業を中心とする製糸業が確立したことが示される。その後、生糸輸出はアメリカ向けを中心にさらに増加し、日露戦争後の一九〇九年には清国を抜いて世界最大の生糸輸出国となったことが指摘される。

鉄道については、華族主体の出資で一八八一年に設立された日本鉄道会社が政府保護のもと成功したことから、商人・地主らによる鉄道会社設立ブームが起こったこと、この結果、一八八九年には民営鉄道が官営鉄道を上回り、民営鉄道の時代を迎えたこと、日本鉄道に加え、山陽鉄道、九州鉄道などの建設により、日清戦争後には幹線が完成したことなどが指摘される。これに対し政府は全国鉄道網の統一的管理を目指し、一九〇六年に鉄道国有法を公布して、主要幹線を国有化した。

この項で挙げられている紡績業と鉄道業は、企業勃興における株式会社設立ブームの中心となった産業である。他方、簡便な器械であるため大規模ではなかった製糸業は、株式会社の形態をとらなかったため、企業勃興の中心とはならなかったが、この時期、紡績業の発展にともなって急増した綿花輸入による貿易赤字を補う重要な外貨獲得産業(輸出産業)として位置づけられているのである。

つづく「重工業の形成」では、鉱山業において、官営事業払下げによって、とくに三井・三菱・古河などの政商が優良鉱山を入手、巻上機導入など機械化を進めて石炭・銅の輸出を増加させ、財閥へ成長したこと、北九州・筑豊では排水用蒸気ポンプ導入により炭鉱開発が進み、国内最大の産炭地となったことが述べられる。一方その他の重工業においては、三菱長崎造船所が造船奨励策によって成長したほかは民間に目立ったものは少なく、鉄鋼も輸入依存であったことが示される。

これに対し、政府は鉄鋼国産化を目指して一八九七年に官営八幡製鉄所を設立、日露戦争期には鉄鋼生産が軌道に乗ったものの、国内需要を満たせなかったことなど限界面が示される。しかし日露戦後には八幡製鉄所の拡張とともに、民間でも日本製鋼所など製鋼会社の設立が進み、また造船技術も世界水準に追いついたこと、高度な工作機械の製造においても池貝鉄工所が旋盤の国産化に成功し、さらに電力事業が勃興し大都市での電灯普及が開始されたことが示される。最後に、日露戦争後の財閥の発展に加え、経済面でも植民地の役割が大きくなったことが指摘される。他方、生糸・綿布輸出の増加にもかかわらず、原料綿花・軍需品・重工業資材の輸入増加によって大幅な貿易収支の赤字となり、危機的な状態に陥ったことが述べられている。

「農業と農民」の項では、まず、産業革命期の日本農業の状況について記述される。当該期の農業の発展度合いは工業に比べてにぶく零細経営であったこと、その中でも肥料や品種改良によって単位当たり生産量は拡大したものの、都市人口の増加によって米の供給が不足したこと、安価な輸入品により綿・麻・菜種生産が衰退する一方で、生糸輸出増加によって桑栽培や養蚕が発展したことが述べられる。

つぎに地主制についての説明が続く。松方デフレ政策による小作地率上昇は、その後一八九〇年代も続き、下層農民が小作へ転落する一方で、大地主が耕作から離れ、小作料収入に依存する寄生地主となる動きが進み、寄生地主制が成立した。

現物納の小作料(米)に対し、地主が払う地租は定額金納であることから、米価上昇によって地主の収入は増加し、小作料収入をもとに企業を設立し、また公債や株式へ投資することで、資本主義との結びつきを強めたこと、他方で小作料支払いに苦しむ小作農は子女を工場に出稼ぎに出し、副業を営むなどして家計を補充したことが指摘される。

2 産業革命をめぐる議論

前節でみた教科書に記載された様々な事項は、相互にどのような連関をもっているのか、それを把握する手がかりとして、つぎにこれまで日本経済史で「産業革命」をめぐって行われてきた議論を見ることにしたい。

産業革命によって、それまで自給的に手作業によって生産されていた商品が、新しい技術のもと工場で機械により大量生産されるようになった。これはたんに技術革新や数量的な発展のみならず、人々の働き方や市場など、社会全体に大きな影響を与え、この結果、日本は資本主義の社会を迎えることになる。しかし、近年は産業革命という用語を用いず産業化、工業化と記述する日本経済史テキストもあり、経済史においては、日本の「産業革命」のとらえ方をめぐり実に多様な議論が行われてきた。

ここで、そのすべてを取り上げることは不可能であるが、［大石 一九七二、高村 一九八〇、長岡・田中ほか 一九八〇、長岡 一九八四、武田・中林 二〇〇〇、杉山 二〇一二、武田 二〇一七・二〇一九、三和・三和 二〇二一］などを参考に、産業革命をめぐってなされてきた過去の議論を紹介しつつ、ごく大まかに整理したい。

世界で最初に産業革命を成立させたイギリスでは、紡績業に代表される衣料生産の工業化と、それに必要な紡績機や蒸気機関を製造する機械工業、さらにその原料である鉄を供給する鉄鋼業が連鎖的・並行的に発展していった。しかしながらイギリスから約一〇〇年遅れて産業革命が始まった日本ではその様相は大きく異なっていた。産業革命期の日本は、すでに世界の工場としてイギリスの機械工業が高度に発展しており、機械類については自国で技術開発せずとも輸入することが可能であった。このことは裏返せば、紡績工場など国内の工場で使用される機械については、性能が高く価格面でも優位な輸入品への依存が続いたために、日本の機械工業は未熟なままでとどまる要因となった。

このようにイギリスと異なる発展経路をたどった日本の産業革命をどうとらえるかについては、議論が多く、研究者によって見解が異なっている。以下では三つの考え方を取り上げるが、まずは一九六〇年代に盛んとなった産業革命研究における二つの説を説明する。

日本の産業革命の位置づけをめぐる議論

一つ目が消費財生産部門と生産財生産部門の二部門での資本制生産の発達が産業革命の条件であるとする二部門定置説で、講座派と呼ばれる研究者によって支持された［山田 一九七七、石井 一九九一］。

消費財生産部門とは、消費財である衣料を生産する紡績業、なかでも綿糸を生産する紡績業がその代表である。他方、生産財生産部門とは、消費財生産部門に必要な機械や機械の原料である鉄、機械の燃料である石炭を供給する機械工業・鉄鋼業・石炭業など重工業部門を指す。綿業において紡績業は一八九〇年代後半には国産化が達成されて資本制生産が確立され、また石炭業も排水用蒸気ポンプの導入により近代化されたものの、先述したように機械工業、鉄鋼業においては輸入依存が続いていた。しかし日露戦争後の時期になると国産技術が向上し、官営八幡製鉄所での生産が軌道に乗り、蒸気機関車や艦船、工作機械の製造が技術的に可能となったことから、日露戦争後の時期(一九〇七〈明治四十〉年前後)をもって日本の産業革命の成立とする。

二つ目が綿業で資本制生産が発達した時点で産業革命が達成されたとする綿業中軸説であり、戦前期は労農派と呼ばれる研究者によって提唱され、戦後は宇野派の研究者によって議論が進められた［大内一九六七、高村一九八〇］。綿業中軸説においては、産業革命の本質は、機械制大工業(代表例：紡績業)の登場により、安価な製品(同：綿糸)が大量に供給されることで、従来農家で自給自足的に行われていた手紡ぎや、原料の綿作、あるいは地方に立地したガラ紡など簡易な機械による綿糸生産が衰退した結果、社会が大きく変化し、人々が資本家・賃労働者に分解されていくことにあるとする。したがって二部門定置説のように、一国の中で重工業部門まで含めて供給可能であるかどうかは、後発国である日本の産業革命にとっては重要ではなく、機械・鉄が輸入依存であっても産業革命は成立しうると考える。ただし、その場合、輸入のために外貨獲得が必須であることから、最大の輸出産業である製糸業は、日本の産業革命において必要不可欠な存在として位置づけられる。また産業革命の成立時期についても、重工業部門の成立については条件としておらず、紡績業が国産化を達成し(一八九〇年に綿糸生産量が輸入量を超える)、輸出競争力をもった(一八九七年に輸出量が輸入量を超える)一八九〇年代末としている。

以上見たように、二部門定置説は、植民地化を進める帝国主義列強の存在がある中で、対外的自立を保ちつつ産業革命が安定的に成立するためには、重工業部門成立が不可欠と考えているのに対し、綿業中軸説は、後発国の産業革命は機械や鉄など重工業部門が未熟でも、国際的分業関係の中で、貿易による輸入を通じて成立しうる(ただしその場合輸入のための外貨獲得産業の存在および外資導入の条件となる金本位制成立が不可欠)と考える、という点に違いがある。ただし両説では、産業革命の終着点＝成立期についての見方は異なっているものの、産業革命の始まりの時期は、一八八〇年代後半の「企業勃興」であることについては共通している。

ほかに両説の違いとして特徴的なのは、資本主義と農業(寄生地主制)との関係である。日本の小作料は諸外国と比べても高率であり、小作農は農業のみでの生計が困難なレベルの所得水準におかれていた。二部門定置説をとる講座派においては、高率小作料の要因として、小作人の耕作権に対し地主の所有権が優位な法制度で、地主・小作関係は近代的土地所有関係とはいえず、前近代的(半封建的)であった点を挙げる[石井 一九九一]。

また生計の維持が困難であるため、出稼ぎ労働をする必要が生じたが、当時の繊維産業(紡績・製糸)の雇用が女性中心で男性の雇用が限られていたために、一家を挙げて都市に移り住むことは困難であった。このため小作農家は農村にとどまり、女性による出稼ぎ労働が中心となった。これら繊維産業の労働者の賃金は一家を支える賃金ではなく、家計補充のための労働であるために、低賃金のままにすえおかれた。逆に地主からみると、小作農にこのような家計補充があるために高率小作料をとることが可能となったともいえる。これが高率小作料と低賃金の相互規定関係である〔山田 一九七七〕。家計補充的であるがゆえに低賃金が定着しているのは現代のパート労働の問題にも通ずるところがある。

他方、綿業中軸説をとる宇野派においては、地租改正を経て、問題を抱えつつも一応近代的土地所有関係が成立したと考えており、小作料についても、松方デフレ以降、土地を喪失しても前述のように小作農が農村にとどまらざるをえない状況があり、過剰に存在する小作農が競い合う結果、高率小作料となったとみている〔高村 一九八〇〕。

どちらの説も違いこそあれ、後発国であった日本で資本主義経済が確立するためにはいかなる条件が必要であり、またイギリスなどと比べ、日本の産業革命がどのような特殊性をもっていたのかという問題関心は共通していた。

新たな研究潮流

これに対し三つ目の説として、この時期の変化を「産業革命」といった変革ではなく、長期にわたる持続的な成長としてとらえる見方がある〔中村 一九七一、阿部 一九八九、谷本 一九九八〕。欧米経済史研究において、産業革命像の見直しが進む中、日本でも、一九八〇年代前後から、産業革命を相対的にとらえる見方が盛んとなった。一連の議論では、この時期を示す用語としても、「産業革命」ではなく、「産業化」あるいは「工業化」という語が用いられ、江戸時代からの市場経済や経済発展が重視され、近世・近代の連続面が指摘される。また、紡績・鉄道のような近代移植産業を中心にとらえられてきた産業革命研究に対し、「在来産業」の広範な分布に注目する。

例えば中村隆英氏[中村 一九七一]は、産業革命期においても有業者人口でみれば、江戸時代以来の在来産業従事者が圧倒的な割合を占めており、また在来産業は近代産業と並行的に成長をとげた(均衡成長)と評価した。さらに中村氏の在来産業論を継承し、阿部武司氏や谷本雅之氏らにより、従来資本制生産に比べて「遅れた」生産組織とみられてきた問屋制家内工業につき実証研究が進められたことにより、問屋商人の市場対応への柔軟性や合理性が明らかとなり、また在来産業特有の発展論理に着目した研究も進められた[阿部 一九八九、谷本 一九九八]。

とくに綿織物業については、これら研究の進展によって大幅に水準が上がり、議論が精緻化された。ここでは幕末開港の綿織物輸入が国内綿織物産地に与えた影響について、研究の進展を概観し、まとめてみたい。

①競合説　幕末開港によって機械制大工業によって生産された安価な綿織物が輸入されたことで、問屋制家内工業・工場制手工業の国内綿織物業は衰退したという従来からの説、

②川勝説　これに対し川勝平太氏は、綿織物の国内需要は太糸需要が中心で、細糸を使用する輸入綿織物とは競合しないとして、①の説を批判した[川勝 一九九一]。

③産地間競争説　その後、織物産地の実証研究が進む中で、輸入綿織物の影響は一様ではなく産地による差があることが明らかになってきた。すなわち国産綿糸に代わり、産地商人が安価な輸入綿糸を導入し、新たな織物製品を生産した産地が発展したのに対し、産地商人が国産綿糸を供給し続け、従

来と変わらない綿織物を生産した産地は、輸入綿織物との競争に敗れ衰退するという差がみられた。その際、産地の盛衰を分けたのは産地の商人の活動の差であるといえる〔阿部 一九八九、谷本 一九九八〕。

また、今までの織物業がおもに価格面に注目してきたのに対し、製品の品質やデザインに注目した田村均氏の研究により〔田村 二〇〇四〕、輸入綿織物だけでなく、輸入毛織物の鮮やかなデザインが国内の製造業者、消費者に大きな影響を与えたことが指摘された。たんに割高な国産綿織物と安価な輸入綿織物という価格の対抗軸だけでなく、その質に注目すれば、手紡やガラ紡による国産綿糸が太くてゴワゴワであるのに対し、機械紡績業による輸入綿糸は細くてなめらかであり、このことが消費拡大の背景にある。その際、このような消費ニーズの変化を読み取って、先述したような輸入綿糸を導入、あるいはさらに輸入綿糸と同じく細い国産絹糸を組み合わせた絹綿交織など新しい製品を生み出した産地が成長するという事例が見られた。従来、問屋制家内工業は、工場制大工業による生産に比べて生産性が劣る「遅れた」形態とされてきたが、これらの研究では糸を供給し、製品のデザインを決めて生産を組織する問屋商人の活動が重視されているのである。

前掲『詳説日本史 改訂版』を見ると、幕末開港時については「機械で生産された安価な綿織物の大量輸入が、農村で発達していた手紡や綿織物業を圧迫していった」と競合説に近いかたちで記述されている。また産業革命の項では、綿織物輸入で圧迫されて一時衰えた綿織物業が、輸入綿糸の利用と飛び杼などの手織機改良により、問屋制家内工業を中心に回復したことが述べられ、紡績業勃興の前提条件(原料糸販売市場を準備)として意義づけられている。織物業研究の進展と蓄積によって、今後、教科書の幕末から産業革命期に至る織物業の記述や位置づけも変化していくかもしれない。

3　地方からの産業革命

以上みたように、近年、在来産業研究が進み、「産業革命」を相対化する見方が打ち出されたが、他方、二〇〇〇年代以降も、産業革命を様々な視角からとらえ直す研究が進展し、産業革命が近代日本の成立に果たした重要性は現在も失われていないと思われる。

新しい手法による研究としては、例えば多様な経済制度を一貫した視点のもとに比較する比較制度分析の手法によって、『日本資本主義分析』〔山田 一九七七〕を再解釈した中林真幸氏の研究があり〔中林二〇〇六〕、第一次世界大戦前においては、養蚕業による余剰(レント)によって支えられた家長的家族制度と家長の国家への忠誠という在来産業部門の制度が、近代産業部門への無制限の労働供給を支えるという安定的な構造が存在したが、この構造は、第一次世界大戦後の恐慌によって養蚕業が打撃を受け、レントが消滅したことによって解体に向かうとする。

また、すでにみた在来産業研究の進展を背景に、近年は地域の視点から産業革命を位置づけ直す研究も盛んとなってきた。以下、この地域視点からの研究について取り上げてみたい。従来、経済史研究において、地域経済は産業革命によって再編され、中央に包摂されていく客体としてとらえられてきた。しかし、企業勃興は、実際には東京や大阪といった大都市だけでなく、広範な地方に広がって進行し「地方の時代」ともいえる地域経済の活性化をもたらしていた。

この「地方の時代」に着目した中村尚史氏は『地方からの産業革命』〔中村 二〇一〇〕で地域社会を基盤とし「顔の見える関係」を活用した企業者活動が日本の産業革命の原動力となったという視点を打

ち出した。これまで、地方の商人・企業家・地主は、中央に比べ経営資源や情報の面で不利な立場におかれた存在として描かれてきたが、市場経済が発達途上で、地域間の情報流通に限界があった明治期においては、顔の見える関係をもとに構築された信頼関係によって取引の不正を防止できる点で、地方の優位性があったとし「地方の時代」を描き出した。

また、『近代日本の地方事業家』〔井奥・中西 二〇一五〕では、醸造品・肥料の製造・販売業を営む愛知県知多半島・半田の小栗家(萬三商店)について、家業経営をそのまま規模拡大しつつ機械化・近代化を行うことで工業化を進める「地方事業家」と位置づけ、株式会社設立による工業化と対置した。

中央資本と地方との関係でみると、興味深いのは同じ知多半島地域の資産家でも異なった展開をみたことである。すなわち知多半島の有力資産家であった小栗冨治郎と井口半兵衛が個人銀行を設立し、それらを基礎に多角化を進め、中央資本と対決型の道をとったのに対し、小栗家は個人銀行を設立せず(非対決型)、むしろ三井銀行など中央資本を利用し、各銀行間を競わせ、金利格差をたくみに利用して有利な融資条件を引き出していたことが明らかにされた。

また筆者が執筆を担当した大豆粕肥料製造・販売においても、原料大豆の満洲直接買付に進出した井口に対し、小栗家は直接買付の方法はとらず商社を通じた買付を継続したが、その際、三井物産など複数の商社を競わせて有利な条件を引き出していた。結果的には小栗冨治郎・井口半兵衛が一九〇七(明治四十)年恐慌の影響で没落していったのに対し、小栗家は販路を拡大して日本有数の肥料商にまで成長した。ここでも、地方ということが経営資源上の制約とはならず、むしろ中央資本をしたたかに比較して使いこなす地方事業家の姿が描き出されている。

従来、産業革命研究は東京・大阪を中心に進められてきたが、今後、このような地方からの実証研究を進めることで、中央に包摂される客体にとどまらない地方の姿を明らかにし、産業革命と地域社会経済との関連をより立体的にとらえることが可能になると思われる。

〈参考文献〉

阿部武司　一九八九年『日本における産地綿織物業の展開』(東京大学出版会)
阿部武司・中村尚史編著　二〇一〇年『講座・日本経営史第二巻　産業革命と企業経営』(ミネルヴァ書房)
井奥成彦・中西聡編著　二〇一五年『近代日本の地方事業家――萬三商店小栗家と地域の工業化』(日本経済評論社)
石井寛治　一九九一年『日本経済史［第二版］』(東京大学出版会)
市川大祐　二〇一五年『歴史はくり返すか――近代日本経済史入門』(日本経済評論社)
大石嘉一郎編著　一九七五年『日本産業革命の研究――確立期日本資本主義の再生産構造　上・下』(東京大学出版会)
大石嘉一郎(司会)　一九七二年『シンポジウム日本歴史18　日本の産業革命』(学生社)
大内力　一九六七年「資本主義確立の段階論」(『「経済学」批判』日本評論社)
川勝平太　一九九一年『日本文明と近代西洋――「鎖国」再考』(日本放送出版協会)
杉山伸也　二〇一二年『日本経済史――近世―近代』(岩波書店)
高村直助　一九八〇年『日本資本主義史論』(ミネルヴァ書房)

武田晴人・中林真幸編著　二〇〇〇年『展望日本歴史18　近代の経済構造』(東京堂出版)
武田晴人　二〇一七年『異端の試み――日本経済史研究を読み解く』(日本経済評論社)
武田晴人　二〇一九年『日本経済史』(有斐閣)
武田晴人　二〇〇九年『新版　日本経済の事件簿――開国からバブル崩壊まで』(日本経済評論社)
谷本雅之　一九九八年『日本における在来的経済発展と織物業――市場形成と家族経済』(名古屋大学出版会)
田村均　二〇〇四年『ファッションの社会経済史――在来織物業の技術革新と流行市場』(日本経済評論社)
長岡新吉　一九八四年『日本資本主義論争の群像』(ミネルヴァ書房)
長岡新吉・田中修・西川博史　一九八〇年『近代日本経済史』(日本経済評論社)
中林真幸　二〇〇六年「日本資本主義論争」(『岩波講座「帝国」日本の学知2　「帝国」の経済学』岩波書店)
中村隆英　一九七一年『戦前期日本経済成長の分析』(岩波書店)
中村尚史　二〇一〇年『地方からの産業革命――日本における企業勃興の原動力』(名古屋大学出版会)
中村尚史　二〇一四年「日本の産業革命」(『岩波講座　日本歴史16　近現代2』岩波書店)
三和良一・三和元　二〇二一年『概説日本経済史　近現代　第4版』(東京大学出版会)
山田盛太郎　一九七七年『日本資本主義分析――日本資本主義における再生産過程把握』(岩波文庫、初版一九三四年)

8 地方制度と地域社会

飯塚　一幸

はじめに

本稿のテーマ「地方制度と地域社会」について高校の日本史教科書では、大区小区制から地方三新法へ、そして市制・町村制、府県制・郡制へという流れが叙述されている。一九七〇年代頃まで、こうした地方制度の変遷は自由民権運動の広がりや寄生地主制の形成への対応であり、行政権優位の限定された自治との理解が一般的であった。本稿では、近年の研究をふまえて地方制度の変化の内容と特徴をとらえることを課題とする。その際、近世との連続・断絶の両側面と、明治維新後に新たに設定された府県が住民にとっての公共的空間となっていく経緯に注目する。

1　府県の成立と大区小区制の実態

府県の成立

戊辰戦争が進むとともに新政府は旧幕府領を直轄地とし、要地に府、その他に県をおいて知事を派遣したが、諸藩はなお存続していた(府藩県三治制)。一八六九(明治二)年六月の版籍奉還の際も旧藩主は知藩事に任じられて藩は残った。現在の大阪府八尾市域を例にとると、①公家領・寺社領・旗本領・幕府領、戊辰戦争で幕府方に協力した小田原藩領の村々を範囲として同年一月に新設された河内県と、②伯太・丹南・淀・郡山・館林・岡田・沼田・高徳・狭山の諸藩領が混在していた。モザイク状に散在していた領主支配地は直轄府県の形成により整理が進んだものの、近世以来の特徴を色濃く残していた。

一八七一(明治四)年七月、新政府は廃藩置県を断行して三府(東京・大阪・京都)三〇二県をおき、知藩事を罷免して東京に移住させ、中央から府知事・県令を送り込み地方行政に当たらせた。十一月には三府七二県に統合され、モザイク状の領主支配地が「一定の規模を持つ等質な府県」へと姿を変えた[松沢 二〇一三]。

ところが、廃藩置県後も旧藩士族が県庁をおさえ政府の統治が行き届かない難治県がいくつもあった。大久保利通内務卿率いる内務省は、難治県の解消と経費の削減をもくろみ、一八七六年四月と八月に府県大合併を実施した。この結果、三府三五県となり、例えば佐賀県は長崎県、三潴《みずま》県は福岡県、鶴ケ岡県は山形県、鳥取県は島根県に合併された[大島美津子 一九九四]。鹿児島県も西南戦争後に旧藩士族による県庁支配が解体され、残るは旧加賀藩士族への配慮から一八七六年に設置された、加賀・能登・越中・越前を領域とする「石川県」(「大石川県」)のみとなった。

大区小区制の実態

町村に目を転じてみよう。一八七一(明治四)年四月に戸籍法が制定され、身分別の宗門改帳に代わって居住地ごとに戸籍を編成することになり、その担当者として戸長・副戸長がおかれた。ところが翌年四月、庄屋・年寄が廃されると戸長・副戸長は一般事務も扱うことになった。さらに、十月に区の下に小区をおくことができるとされ、各府県に大区、その下に小区がおかれたため、一般に大区小区制と呼ばれる。

大区小区制は、画一的な行政区画を設け近世以来の町村の行政的地位を否定したと理解されてきた[大石 一九六一、大島太郎 一九六八、大島美津子 一九七七]。しかし近年、府県によっては大区小区の二層とせず単一の区制をとるなどばらばらで、同じ府県でも変更が繰り返されており、依然として町村が行政上の役割を果たしていたことが明らかにされた[奥村 一九八四、茂木 一九八六、奥田 一九九三]。また、村請制のもとで地域社会の維持に責任を負い苦闘する戸長が、政府が打ち出す政策に状況打開の期待を込めて積極的に呼応していくさまが描き出されている[松沢 二〇〇九]。

2 三新法体制の推移

地方三新法の制定

西南戦争後の一八七八(明治十一)年三月、大久保内務卿から太政官に「地方之体制等改正之儀」(いわゆる大久保上申書)が提出され、修正が加えられたうえで、七月に郡区町村編制法・府県会規則・地方税規則の地方三新法が公布された[松沢 二〇〇九]。一八八〇年四月には区町村会法が定められ町村会も公認された。

このうち郡区町村編制法では、古くから存在する郡を行政区画として大区小区制を廃し、官吏である郡長をトップとする郡役所を設けた。市街地には区を設置し区長が行政を仕切った。郡の下には行政区画であると同時に自治団体でもある町村をおき、戸長は公選とされた。ただし、同法第六条において複数の町村が連合して戸長をおくことも認めたので、連合戸長制を採用したり連合と単独が並存したりした府県があり、行政区画の多様性は残った[荒木田 一九九九]。

地方税規則では、第一に従来の民費を、①本来国費で支出すべきもの、②民費本来の支出、③一部の地域または私費で負担すべきものに分け、②を地方税で負担するとした。具体的には、②として警察費、河港道路堤防橋梁修繕費、府県会議費、流行病予防費、府県立学校費・小学校補助費、郡区庁舎建築修繕費、郡区吏員給料旅費、戸長以下給料などを指定した。第二に地方税の財源を地租割・営業税・雑種税・戸数割と定めた。第三に、目的により賦課する地域や負担割合などを定める近世以来の賦課徴収方法をやめ、予算制度を採用した。第四に府県会の予算議定権を認め、「同意なければ課税なし」という近代財政の原則がはじめて適用された［山中監修 一九九一］。

近世後期、豪農層は郡中議定などにより村を超えて郡規模の範囲で協議し支出を行うようになっていたが、律令制以来の国や大藩全体にわたる会議を設けた例はない。大久保上申書ではその点をふまえ郡を範囲とする財政も認めていたが、地方税規則では府県のみに地方税を限り、郡区町村編制法で郡を行政区画と定め郡会を制度化しなかった。たしかに一八七三年以降、府県単位に民会の設立が進んでいたものの公選民会は一部に限られ［渡辺隆喜 二〇〇一］、公選民会を設けた府県でも七六年の府県大合併により仕切り直したところが多かった。近世以来の伝統のない府県という地理的空間で、近代化に不可欠な土木・教育・衛生などの府県共通の公共的事業が立ち上げられていくのである。

府県会規則では、地方税による経費の予算およびその徴収方法の議定権、建議権、地方長官の諮問に対する答申権、議事細則制定権などが府県会の権限とされた。しかし、地方長官は府県会の召集権や議案の発案権をもち、府県会の議論が法律に違反したり国家の秩序をおびやかすと判断したりした際には府県会を中止あるいは解散できた。府県会の権限は限られており、地方長官が府県会に対して優位に立っていた［山中監修 一九九一］。

府県会議員の選挙区は郡区で、一郡区の定員は五名以下と定められ記名投票であった。これ以後郡が地域社会の政治的代表を選出する空間となり、のちには郡を範囲として政社が結成される。選挙権は満二〇歳以上の男子で郡区内に本籍を定め、府県内で地租五円以上を納める者に与えられ、被選挙権は満二五歳以上の男子で府県内に本籍を定め満三年以上居住し、府県内で地租一〇円以上を納める者に限られた。地租一〇円はほぼ一町五反程度の土地所有者に該当する。しかも、府県会議員は無給で旅費などの実費のみ支払われる名誉職とされたために豪農商層が占め、借家人・小作人だけでなく士族層の大半も政治から排除された［奥村 一九八六］。この決断には、西南戦争を最後に士族反乱が終息した結果、士族への選挙権付与論を考慮する必要がなくなったことも影響した。

地租を要件とする制限選挙制の採用は地租改正による村請制の解体が前提であった。選挙権・被選挙権に何らかの財産要件を設定しようとしても、地租改正以前は依拠すべきものがなかったのである。こうして府県会規則によりはじめて全国的に府県政治への住民参加が実現し、地方政治の担い手であった豪農商層を政治社会へ包摂する第一歩となった。

なお、政府による憲法制定作業を担っていた元老院の憲法案は、これまで一八七六年十月の第一次案など三案が知られていた。ところが近年島善高氏が一八七八年三月案を発見し、それが改定される過程で五月までに元老院憲法案に「代議士院」(衆議院)が登場することを論証した［島編 二〇〇〇］。大久保上申書は同年三月に太政官に提出されており、大久保が府県会開設を認めたのを受けて元老院でも衆議院を憲法案に挿入したとの道筋が見えてきた［牧原 二〇〇六］。

「地方の誕生」

一八八〇(明治十三)年から翌年にかけて、官費(国費)と民費の双方により支出してきた費目の整理が行われた。まず一八八〇年十一月、地方税賦課の上限を地租五分の一から三分の一にゆるめたうえで土木費への国庫補助を廃止し、十二月には改正教育令で区町村への教育費国庫補助も廃された。翌年四月には、流行病蔓延の際の貧民救療費用への官費下付を廃し地方税でまかなうことになった。これらの法令は、西南戦争後のインフレで窮迫した国家財政を救うための地方財政への負担転嫁策と解されてきた。ところが渡辺直子氏は、その点を認めつつ、政府が府県を土木・教育・衛生について共通の利害を有する公共的空間と位置づけた「地方分権」策でもあるとし、三新法制定からの一連の施策を「地方の誕生」と表現した［渡辺直子 一九九六］。

とはいえ府県の住民が府県をそうした公共的空間と認識しなければ事業は進まない。一八七六年の府県大合併で誕生した府県には、三新法施行後に府県会で地域間対立が顕在化して近代化に不可欠な事業を実施できないところがあり、分県運動も発生した。そこで政府は、一八八〇年三月に徳島県、八一年二月に福井県、八三年五月には富山県・佐賀県・宮崎県、八七年十一月に奈良県、八八年十二月に香川県を分県して、一道三府四三県が確定する。この過程で加賀・能登・越中・越前にまたがっていた「石川県」は解体された［濱田 二〇一九］。三新法下の府県は、共通の利害を有する公共的空間としての一体性を形成していく過渡期にあった［袁 二〇一八］。

府県会規則の改正

一八八〇(明治十三)年十一月、府県会議員の互選で五〜七名の常置委員を選び常置委員会を設置することになった。常置委員は、①地方税による事業を執行する方法・順序について府知事・県令の諮問を受けて意見を述べる、②地方税による事業で臨時急施を要する場合に経費を議決し、追って府県会に報告する、③府知事・県令が発する議案を前もって受け取り府県会に意見を報告するという権限をもっていた。

常置委員会の設置は、民権派の分断をはかり有力な豪農商を府県行政に参画させ府県庁側へ取り込もうとした措置とされてきた。そうしたねらいはあったものの、松方デフレの終息後に府県で近代化を進める事業が軌道に乗りはじめると、少数の府県庁吏員では足らず、常置委員が府県行政の一部を担うようになる。とくに土木行政については、常置委員が競争入札の監督や工事の検査などで重要な役割を果たす府県さえ出てくる。国家財政の制約から、さらに帝国議会開設後は民党が主張する民力休養論のために、府県庁吏員を簡単には増やせず、常置委員、府県制施行後は参事会員の役割が増大していくのである［飯塚 二〇一七］。

一八八四年の町村制度改正

松方デフレの影響により兵事行政・徴税行政が混乱し、戸長を村落共同体（＝近世村）の住民から切り離し行政の担い手として自立させることが喫緊の課題となった。地租改正により村請制が解体されたにもかかわらず、松方デフレのもとで戸長が租税を立て替えたり、二重・三重に公証を行って土地を抵当とする借金に便宜をはかったりする事態が広がったのである［安丸 二〇〇七］。戸長が戸籍の加除を行う戸籍法の規定を利用して、徴兵忌避を手助けする事例も問題視された［由井・藤原・吉田校注 一九八九］。

こうして一八八四年五月、町村制度に関して「明治一七年の改正」が実施された。その結果、第一に、平均五〇〇戸を単位として戸長役場をおく連合戸長役場制を採用し、近世以来の町村を行政区画とせず、各種帳簿を連合戸長役場へ移管した。第二に、戸長を官選とし、戸長以下職務取扱諸費を府県・町村の二重支弁から府県による支弁に一元化した。具体的には町村が選んだ三~五名のうちから地方長官が戸長を任命した。この第一と第二の措置により、戸長が村落共同体から切り離され俸給が増えて地位が上昇した。第三に、町村に任されていた町村会の規則について地方長官が定めることとし、町村の便宜にゆだねていた議員の選挙・被選挙権を地租納入者に統一して、地方長官に町村会の中止・解散権を与えるなど、行政権による町村会(連合町村会を含む)の監督を強化した。第四に、町村財政で負担する費目を戸長役場費・会議費・土木費・教育費・衛生費・救助費・災害予防及警備費・勧業費に限った。第五に、町村費の滞納に対し強制徴収力が付与され、滞納者には財産差し押さえや公売処分が適用された[山中監修 一九九一]。

郡区町村編制法は郡会を制度化しなかったが、区町村会法を使って全郡連合町村会を設けた郡は多かった。「明治一七年の改正」のうち、区町村会法の改正は民権派が依拠する全郡連合町村会への統制強化が主目的であった[飯塚 二〇一七]。とはいえ連合戸長役場制の採用は、松方デフレを機に行われた村落共同体住民の個別利害から戸長を切り離す措置であり、解体したはずの村請制に基因する意識や行動を断ち切るものでもあった[松沢 二〇〇九]。

3 明治地方自治制の成立と修正

町村制理解の変化

地方制度の全面的改革は、山県有朋内務大臣が主導して、ドイツ人顧問モッセの助言を得つつ一八八七(明治二十)年二月に「地方制度編纂綱領」を確定したところから本格化した。モッセは、住民が地方自治を担い政治的経験を積むことで穏健化し帝国議会も安定すると説き、開設される国会での民党の影響力拡大に不安を抱く山県が受け入れたのである。その後一八八八年四月に市制・町村制、九〇年五月に府県制・郡制が公布され、明治地方自治制が確立した。その結果、郡も郡会を有する自治団体となり、府県—郡市—町村の三層の自治体から構成されることになった。

政府は町村制施行を前に、戸籍・徴税・兵事・教育など国家にとって必須の事務(国政委任事務)を担える財政力をもった町村をつくり出すために、三〇〇〜五〇〇戸を基準に町村合併を実施し、近世以来の村は区(大字)となった。行政村の財政は小学校費を中心とする教育費と役場費で六割前後を占めており[大石 一九九〇]、町村行政の中心課題は初等教育の拡充と国政委任事務の遂行にあった。

ところで町村制とそれにもとづく行政村は、近世村を超えて展開する寄生地主の地域支配を支える機能を果たし[大石 一九六一、中村 一九八五]、内務省・府県庁・郡役所の厳しい監督下にあった[大島美津子 一九九四]とされてきた。しかし近年、行政村は村内中上層の集団的運営となっており[住友 一九九八]、上部機関による町村行政の監督も、町村の「自主」的な動きを活用したり法制度の外部に切り分けたりするような、統制一辺倒でない柔軟な運用であったことが論証されている[高久 一九九七、中西 二〇一八]。

具体的な制度に立ち入ってみよう。町村制では町村会議員は住民の公選であった。選挙権・被選挙権は、満二五歳以上の一戸をかまえる男性で、二年以上その町村に居住して町村の負担を分任し、かつその町村で地租を納めるか所得税を年二円以上納める者(「公民」)に認められた。また町村会議員は等級選挙制であった。町村税納入額順に選挙人を並べ、上から納入額を足していき町村税総額の半額に達したところで線を引く。その人から上の者は一級、下の者は二級とされ、議員を半数ずつ選出する制度である。

当然一級の人数は二級に比べてはるかに少ないにもかかわらず、二級と同数の議員を選べる資産家優位の制度であった。しかし、選挙での関心は大字間の均衡であり、予選や等級選挙の投票日をずらすなどの方法で大字間の調整を行い、おおむね選挙は大過なく終了した。行政村は寄生地主の支配の場というよりも近世村の村連合的性格が濃厚だったが[大石・西田編 一九九一]、この調整が整わず分村運動が生じたところもあった。選挙に政党の影響はほとんどなく、党派争いも大字間の地域対立に起因する場合が多かった。

町村長は町村会議員が満三〇歳以上の公民から選ぶ規定であった。町村長、町村会議員いずれも名誉職が原則であり、町村制では町村政への参加は資産家(多くは地主)の義務と考えられていた。ところが、資産家は町村長への就任を忌避する傾向が強く、行政村を自らの個別利害を実現する場とはとらえていなかったのである[石川 一九八七]。

府県制・郡制の成立過程

府県制・郡制の成立過程の解明も進んだ[居石 二〇一〇、飯塚 二〇一七、谷口 二〇二二]。府県制原案に理論的根拠を提供したモッセの自治論は、国家権力による権利の侵害から個人を守るのが近代国家であるとする「法治国」論にもとづいていた。モッセにより「法治国」を実質化する観点から、①名誉職制度による自治体行政への住民参加、②参事会制度を通じた官吏による行政権の濫用防止、③監督行政への参事会の参与による官吏の権限濫用防止、④行政裁判機能を付与された参事会を通じた行政による権利侵害からの住民の保護が、府県制・郡制原案に盛り込まれた。モッセ自治論の要の位置を占めているのが参事会なのであった。

ところが、法制局長官井上毅が内閣顧問のドイツ人ロエスレルによるモッセ批判を援用し、府県制原案における府県会や府県参事会の権限の広さが行政権への優位を生み、政府に対する国会の優越につながるなどと、自治を国制問題に結びつけて府県制制定過程に介入した。その結果、府県の法人格を認め自治団体とする条項が削除されるなど原案が修正され、府県制・郡制は複雑な性格をもつことになった［居石 二〇一〇］。結局、参事会の性格が執行機関なのか副議決機関なのか曖昧になったものの、その権限についてはおおむね原案が維持された。そもそも常置委員およびその系譜を引く参事会員に府県会議員の有力者（地方名望家）が就任し、彼らが土木行政などの一端を担うことなくして、増大する府県行政の遂行は困難であった。

日清戦争後になると軍拡による財政的制約のために、拡大する社会資本整備のうち鉄道や電信・電話の整備、航路の拡張はおもに国費で行われたものの、治水、道路・橋梁、港湾潮除、農業用水利、中等教育・師範教育などの費用は主として府県財政が担い［大石 一九九〇］、府県会の役割が高まった。またこの時期、地方名望家は常置委員会・参事会・府県会のルートだけでなく、政党を通しても地方行政・地方政治への関与の度合いを高めていく［飯塚 二〇一七］。

府県制・郡制の改正

一八九九(明治三十二)年三月、府県制・郡制が全文改正された。この改正作業は第二次松方正義内閣時の内務省において始まった。第一次大隈重信内閣時も、板垣退助内務大臣のもとで旧自由党の意向を反映させせつつ松方内閣内務省案に修正を加えて改正案を作成していた。こうした経緯から、旧自由党員により結成された憲政党は第二次山県有朋内閣成立後の提携交渉で地方制度改正を求め、これに山県内閣が同意して改正府県制・郡制が成立した。この改正は政党への対抗と官僚の独自性の確保をねらったもの[三谷 一九六七、大島美津子 一九九四]ではなく、山県内閣と憲政党による合作であった。

府県制・郡制は複選制を採用し、郡部の府県会議員は郡会議員および郡参事会員が選ぶ仕組みとなっており、郡会議員は四分の三を郡内各町村会が選出し、四分の一は地価一万円以上を有する大地主の互選によるとされていた。しかし改正府県制・郡制では、政党による批判が強かった複選制と大地主制を廃止し直接選挙とした。山県によれば、複選制の廃止は市町村会議員選挙を激しい党争から切り離し政党の伸長を食い止めることがねらいであったが、裏を返せば府県会議員と郡会議員の直接選挙を認め府県会・郡会への政党の勢力拡大を容認したのである。加えて、日清戦争後の府県や市における公営事業の展開をふまえ、府県による積立金穀の設置・寄付や補助行為を許し特別会計の設置規定を追加した。さらに、知事権限の強化もはかられた。憲政党が府県会ではなく知事権限の強化に同調した背景としては、第二次松方内閣以来知事への政党員の登用が進んだことや、土木・教育・勧業政策などの展開にともない政党が府県財政の膨張を受け入れて利用する傾向を強め、府県会にとって知事が対決相手ではなくなりつつあったことが挙げられる[飯塚 二〇一七]。

沖縄・北海道・島嶼部

一部に未施行府県を残していた府県制・郡制とは異なり、改正府県制・郡制は全国いっせいに施行され、ようやく全国が一律の地方制度のもとにおかれた。ただし、沖縄、北海道、島嶼部は別であった。沖縄県では、一八九六(明治二十九)年に郡区編制を実施して、一九〇七年に沖縄県及島嶼町村制を施行し、〇九年には沖縄県会がおかれた。北海道の場合は、一八九七年に区制と一級・二級町村制が制定され、このうち区制が九九年に改正されたうえで札幌・函館・小樽に施行された。一級町村制は一九〇〇年の改正後に一六町村に、二級町村制も〇二年に改正されて漸次各町村に施行されていき、〇一年には北海道会が設置された。その後地方制度と徴兵制の施行を経て、しだいに衆議院議員選挙法が適用されていき、沖縄と北海道も日本の政治社会に包摂されていくのである［鈴江 一九八五、高江洲 二〇〇九、塩出 二〇一四］。

〈参考文献〉

荒木田岳 一九九九年「「大区小区制」下の町村合併と郡区町村編制法」(『史学雑誌』第一〇八編第八号)
飯塚一幸 二〇一七年『明治期の地方制度と名望家』(吉川弘文館)
石川一三夫 一九八七年『近代日本の名望家と自治──名誉職制度の法社会史的研究』(木鐸社)
袁甲幸 二〇一八年「三新法体制における府県「公権」の形成──府県庁舎建築修繕費の地方税移行を手がかりに」(『史学雑誌』第一二七編第七号)
大石嘉一郎 一九六一年『日本地方財行政史序説──自由民権運動と地方自治制』(御茶の水書房)

大石嘉一郎　一九九〇年『近代日本の地方自治』(東京大学出版会)
大石嘉一郎・西田美昭編　一九九一年『近代日本の行政村――長野県埴科郡五加村の研究』(日本経済評論社)
大島太郎　一九六八年『日本地方行財政史序説』(未来社)
大島美津子　一九七七年『明治のむら』(教育社)
大島美津子　一九九四年『明治国家と地域社会』(岩波書店)
奥田晴樹　一九九三年『地租改正と地方制度』(山川出版社)
奥村弘　一九八四年「「大区小区制」期の地方行財政制度の展開――兵庫県赤穂郡を中心として」(『日本史研究』二五八号)
奥村弘　一九八六年「三新法体制期の歴史的位置――国家の地域編成をめぐって」(『日本史研究』二九〇号)
居石正和　二〇一〇年『府県制成立過程の研究』(法律文化社)
塩出浩之　二〇一四年「北海道・沖縄・小笠原諸島と近代日本――主権国家・属領統治・植民地主義」(『岩波講座日本歴史15　近現代1』岩波書店)
島善高編　二〇〇〇年『元老院国憲按編纂史料』(国書刊行会)
鈴江英一　一九八五年『北海道町村制度史の研究』(北海道大学図書刊行会)
住友陽文　一九九八年「公民・名誉職理念と行政村の構造――明治中後期日本の一地域を事例に」(『歴史学研究』七一三号)
高江洲昌哉　二〇〇九年『近代日本の地方統治と「島嶼」』(ゆまに書房)

高久嶺之介　一九九七年『近代日本の地域社会と名望家』(柏書房)
谷口裕信　二〇二二年『近代日本の地方行政と郡制』(吉川弘文館)
中西啓太　二〇一八年『町村「自治」と明治国家――地方行財政の歴史的意義』(山川出版社)
中村政則　一九八五年「天皇制国家と地方支配」(『講座日本史8　近代2』東京大学出版会)
濱田恭幸　二〇一九年「三新法体制下における府県分合と府県会――地方税支出の再検討」(『日本史研究』六八三号)
牧原憲夫　二〇〇六年『シリーズ日本近現代史②民権と憲法』(岩波新書)
松沢裕作　二〇〇九年『明治地方自治体制の起源――近世社会の危機と制度変容』(東京大学出版会)
松沢裕作　二〇一三年『町村合併から生まれた日本近代――明治の経験』(講談社選書メチエ)
三谷太一郎　一九六七年『日本政党政治の形成――原敬の政治指導の展開』(東京大学出版会、のち増補版一九九五年)
茂木陽一　一九八六年「大小区制下における町村の位置について」(『社会経済史学』五二巻四号)
安丸良夫　二〇〇七年『文明化の経験――近代転換期の日本』(岩波書店)
山中永之佑監修　一九九一年『近代日本地方自治立法資料集成1』(弘文堂)
由井正臣・藤原彰・吉田裕校注　一九八九年『日本近代思想大系4　軍隊　兵士』(岩波書店)
渡辺隆喜　二〇〇一年『明治国家形成と地方自治』(吉川弘文館)
渡辺直子　一九九六年「「地方税」の創出――三新法体制下の土木費負担」(高村直助編『道と川の近代』山川出版社)

9

徴兵制軍隊と社会

一ノ瀬　俊也

はじめに

近代日本の軍隊は当初は内乱の鎮圧を、のちには対外戦争を主たる目的としてつくられた。その兵力の多くは徴兵制、一部は志願兵制によって確保された。国民はどのようにして徴兵されて兵士となり、戦場で戦う役目を課されていったのだろうか。教科書では明治初年の徴兵告諭や徴兵令のみが語られるが、徴兵制はこれらの法令のみならず、彼らの家族に対する生活支援や戦死者慰霊などの諸制度によってはじめて機能しえた。軍隊の建設も戦争の遂行も、社会とそれを構成する人々の下支えなしには不可能であった。そのような徴兵制の具体的内容や変遷、その社会への影響を問うことは、近代日本の社会が軍隊とかなりの程度まで一体化していた事実の理解につながる。

1 明治期

近代国家の軍隊として相当数の兵力を安価で調達するためには徴兵制の導入は不可避であった。そこで政府は一八七二(明治五)年に徴兵告諭を発し、人々に向かってもともと古代の軍制は国民皆兵であったが、中世以降この国の兵権は武士に握られ、その武士は「抗顔坐食シ甚シキニ至テハ人ヲ殺シ官其罪ヲ問ハサル者」にすぎなかったと説き、全国すべての「(士農工商)四民男子」は古代と同様に兵士となるよう訴えた。徴兵制は身分制を完全否定した均質の「国民」からなる軍隊、すなわち「国民軍」建設を目指して導入された。「国民皆兵」がそのスローガンとなった。

翌七三年に出された徴兵令は一七~四〇歳の男子を兵籍に登録して国民軍に編入し、満二〇歳になると徴兵検査を行うと定めていた。検査に合格した者を抽籤で陸軍の常備軍、第一・第二後備軍、国民軍のいずれかに編入したが、常備軍に入れられた者のみが三年のあいだ現役で服役、除隊後も第一後備軍以下に編入のうえ、戦争が起これば召集されて戦地へ向かわされるという不公平な仕組みであった。財政上、軍事上の見地からは必ずしも国民全員を兵とする必要はなかったため、少数の者を訓練して長く使う方針がとられたのである[加藤 一九九六]。徴兵を円滑に実施するため戸籍制度の整備などもはかられた。一方、海軍の水兵の多くは陸軍兵士よりも特別な技量と長期間の勤務を必要としたため、徴兵と志願兵が併用された。

人々にとって徴兵とは一家の重要な働き手を奪われることであったから、徴兵令にはその反発をかわすため、徴兵令に租税を負担する戸主や嗣子(跡継ぎの子)、承祖の孫(父に代わって家を継ぐ孫)の兵役を免除するなどの規程が盛り込まれた。また、財産のある者は代人料と称する金を払って兵役を免れたが、これは兵役の負担が「国民皆兵」のかけ声とは裏腹に、裕福でない家庭の者に集中する不公平なものであったことを意味する。このため徴兵令制定後の一八七三〜七四年に血税一揆と呼ばれる暴動が各地で起こったが、それらは各府県士族や元武士である鎮台兵によりすべて鎮圧されていった。

徴兵制の軍隊がはじめて本格的な戦争に使われたのは、一八七七年に起こった最後の大規模士族反乱・西南戦争である。この戦いで徴兵制軍隊が鹿児島士族の軍隊と戦い勝利したことにより、徴兵制は国軍の基盤として定着していくことになる。また、国内における大規模反乱の可能性がなくなったため、軍隊は対外戦争用としての性格をいっそう強めていくことになった。西南戦争後の一八七九年、従来の東京招魂社が靖国神社と改称された。同神社は戦争で天皇のため命を投げ出した者のみを神と祀ることで兵士たちの名誉意識を高め、戦死者遺族たちの悲嘆を抑圧する役割を果たしていく。

日本初の大規模な対外戦争である日清戦争(一八九四〜九五年)までに、徴兵令は服役年限を延長し、免役事項は縮小する方向で改正が行われた。一八七九年十月の第一回大改正では服役年限を一〇年(常備軍三年・予備軍三年・後備軍四年)に延長、免役条項も例えば戸主は国民軍以外免役とするなど、一定度縮小された。一八八三年十二月の第二回大改正では服役年限を一二年(現役三年・予備役四年・後備役五年)に延長、あわせて現役志願制を創設した。それまで戸主や嗣子などに広く認められていた免役制は身体上の理由による者を除き廃止、徴集猶予制へと改められた。前出の代人料もこのとき廃止されている。これに代わって一年志願兵制が新設され、本人の願により官公立学校卒業者の現役服役期間を食費など在営中の費用を自弁する代わりに一年間とした。これは比較的学識を要する看護卒を得る目的だったとされる[一ノ瀬 二〇〇六]。

一八八九年一月、三回目の徴兵令大改正により、戸主などの徴集猶予が全廃され、「国民皆兵」が法文上はほぼ実現した。ただし中学校以上の在学者や外国留学生は二六歳まで徴集猶予とされ、実際にはそのまま入営しないですむことが多かった。また前出の一年志願兵制を改正して対象を私立学校卒業者に拡大し、一年間の現役服役後に試験を経て予備役少尉に任官することで戦時に必要となる下級将校の員数確保を目指した。

とはいえ、以上の改正によっても、ごく少数の現役入営者のみが長期間の負担を強いられるという不公平性は解消されなかった。一八八三年の徴兵令改正から日清戦後に至るまで、各年の成年男子中に占める現役徴集者数の割合はおおむね五％前後で推移し、一〇％を超えたのは、一八九七年に至ってのことである。その意味で理念としての「国民皆兵」と実態とのあいだには相当の開きがあった。免役事項の縮小の中で、人々の抵抗の手段は徴兵検査での詐病や自傷、そして逃亡に限られていく[菊池 一九七七]。

日清戦争のあいだ、全国の各市町村では出征兵士の遺族・家族に対する生活援護や慰問を行うために尚武会などと称する支援組織が設立され、その活動経費は住民の負担となった。これらの組織は徴兵制を地域ぐるみで下支えする役割を果たしていく。この戦争は人々にとって、同じムラの若者が外地で亡くなりそのまま帰ってこないという未曾有の異常な事態であった。そのため各地域社会で慰霊・追悼の葬儀や祭典が開かれたが、そこには小学校生徒の参列が目立った。また行事に仏教界の果たした役割も大きかった[白川 二〇一五]。公の葬儀は次代の国民に兵士となって戦死することの意義を教える意味あいがあり、そこへ神道や仏教などの宗教が積極的に関与していったわけである。

日本は日清戦争で新領土となった台湾で起こった抗日運動を鎮圧するため軍隊を派遣したが、激しい抵抗にあって全島の制圧に約五カ月を要し、しかも衛生体制の不備から脚気やマラリア、コレラなどのため、死者九六〇〇人(うち病死七六〇〇人)を出した。これは下関条約締結までの戦死者(八四〇〇人、うち病死七二〇〇人)より多かった。ところが靖国神社に祀られるのは戦死者のみであったため、戦病死者の扱いが問題となった。結局、明治天皇の特旨で彼らも合祀されることになったが、靖国神社に誰を祀るかは必ずしも明確ではなかったため、その後も繰り返し問題化した[白川 二〇一五]。

一九〇〇年の北清事変で悪条件下に苦戦する日本軍将兵の話を見聞した奥村五百子は傷病兵や遺族を援護する団体の設立を志した。翌〇一年、愛国婦人会の事実上の発会式が開かれたが、実行方法も内容もすべて内務省の管理下にある官制団体であった。愛国婦人会は日露戦争が始まると出征軍人遺家族や廃兵(傷病兵)の慰問などを行い、会員数は増えていった[伊藤 二〇〇五]。こうして女性も徴兵制軍隊を下支えする役割を担っていく。

日露戦争(一九〇四~〇五年)を通じての日本軍動員兵力は約一〇八万人に達し、一一万八〇〇〇人もの戦死者と戦傷病による服役免除者(廃兵)を出した。多くの家庭から働き手が奪われ、困窮に追い込まれた。それは前線兵士の士気に関わる問題であったから、政府は下士卒家族救助令を出して国費による家族の生活救護をはかった。しかし同令はあくまで近隣の扶助で対応できない場合のみ適用するとされた。このため多くの市町村が日清戦争と同様、独自に尚武会などの支援団体を設立、留守家族・遺族の生活救護や前線兵士の慰問などを行った。しかし戦争が終結して国民の熱狂が沈静化すると戦死者遺族や廃兵たちへの社会的関心は低下、彼らは困窮にあえぐことになった。

2 日露戦争後〜大正期

日露戦争後、地域の慰霊・追悼行事として行われたのが招魂祭である。その場所となったのが、各市町村の神寺の境内や学校敷地内に建立され、今日も多数が残っている忠魂碑である。忠魂碑は「ムラのヤスクニ」と称され、戦争とその死者の記憶を語り継いでいく。

一九一〇(明治四十三)年、陸軍は帝国在郷軍人会を設立、全国の各市区町村に分会を設置して区域内在住の在郷軍人を会員とした。大量の兵力を必要とした日露戦争の経験に鑑《かんが》み、今後の戦争の主力は予備役、後備役の在郷軍人になるだろうとの予測のもと、地域単位で彼らを統制・監視するとともに、彼らをして地域住民の模範たらしめ、これから兵士となる若者の準備教育をも行わせようとしたのである。同会はこれ以後、一九四五(昭和二十)年の敗戦まで、軍隊と地域社会の橋渡し役をつとめることになった。陸軍は日露戦争中の大量の兵力動員を転機として、社会を自己の存立基盤ととらえはじめ、種々の働きかけを開始したのである。そうした陸軍の考え方をあらわすスローガンとなったのが「良民即良兵、良兵即良民」であった。とはいえ各地の在郷軍人会分会には財政基盤が貧弱なところも多く、必ずしも陸軍が期待したような働きができたわけではなかった[藤井 二〇〇九]。

陸軍は同じく日露戦争の経験にもとづき、戦時に多数の兵力を確保するため、一九〇七年から従来は三年であった歩兵の現役服役期間を二年に短縮した。これは各年ごとの入営者の訓練期間を一年間短縮して二年で我慢する代わりに、より多数の兵士を規役入営させ(こうすれば単年ごとに見た在営兵士数はさほど増えない)、戦時には訓練済みの予後備役兵卒をより多く召集して戦場に送ろうという考えであった[一ノ瀬 二〇〇六]。

すでに述べたように、日露戦争後、戦死者遺族や廃兵の生活困窮が問題になった。軍人恩給だけでは生活できない者が多数生じ、その困窮を放置しておくと、国家に対する怨嗟の念が高まるとされた。これに対し、一部の資本家などが彼らへの救護、すなわち軍事救護の財源として徴兵検査・抽籤の結果入営を免れた者に対する課税、すなわち兵役税を提案するようになった。この構想は衆議院議員たちによって法案化され、一九一四(大正三)年以降繰り返し議会提出されたが、陸軍の強硬な反対により実現することはなかった。その理由は、兵役税が実現すれば入営しない者は金で兵役を免れたことになるし、その金を受け取った兵士は崇高な義務ではなく金のために働く傭兵に堕してしまう、というものであった。兵役税の問題は、戦争のない時代、国民に徴兵制の意義を納得させることは陸軍にとってけっして容易ではなかったことをうかがわせる[一ノ瀬 二〇〇四]。

ただし兵士の士気維持という兵役税導入論の目的自体は陸軍にも受容可能であった。そのため政府は一九一八年に軍事救護法を制定し、現役兵の家族や戦死者遺族、廃兵などに対する生活救護や生業扶助(仕事を与えて自活させる)を不十分ながら実施した[一ノ瀬 二〇〇四]。しかし政府は軍事救護について、基本的には家族の自助努力、地域社会(市区町村)の救護が困難な場合にはじめて国家の手で行われるとしていた。その理由は、国家による救護の拡充は「濫給」(給付の行き過ぎ)や「惰民」(怠け者)の発生につながるとみなされたからであった。これは一面では財政負担の増大を嫌ったためだが、それだけではなく、当時の日本社会がきわめて強い自己責任思想の影響下にあったからでもある。それでも軍事救護法は数度の改正を経て一九四五年の敗戦まで存続し、兵士たちの「後顧の憂」を断ち安心して戦場へ向かわせる役割を果たし続けた。

日露戦争後、前出の愛国婦人会に対して不要との声が広まった。同会には特権的な上流婦人の会合、一般会員から金を集めるばかりで何もしない会、との非難も出た。このため愛国婦人会は一九一七年に定款を変え、貧民や移民の救済事業を行うなど、社会事業に力を入れることにした[伊藤 二〇〇五]。これはたんなる自己の存在意義の確保のみならず、第一次世界大戦後における社会的格差の拡大、社会主義思想の高まりに対処した動きといえる。

大正期におけるデモクラシー思潮や社会主義思想の活性化は、軍隊にも影響をおよぼした。当時多発した労働争議・小作争議に在郷軍人たちが参加して資本家・地主側と対立したり、一九一八年の米騒動では在郷軍人が騒動側に与して警官隊と対峙したことは、軍上層部に衝撃を与えた[藤井 二〇〇九]。もっとも、二三年の関東大震災では首都圏各地の在郷軍人会が救護・警備活動に当たったし、被災地在住の在郷軍人たちが自警団に加わり「朝鮮人襲撃」に備えるなど、彼らのすべてがつねに反体制側に与していたわけではない。軍隊が今でいう災害出動をしたことは、当時低下しがちであった軍の威信や人気を回復した面もあった[吉田 二〇一六]。さらに一九二七年には陸軍二等卒の北原泰作が軍内部における部落差別の解決を昭和天皇に直訴するという事件も起こった。共産党などが兵営内の兵士たちに反戦・反軍思想を宣伝する動きもみられた。

一九二一年、陸軍は社会主義思想などの高まりへの対策として、兵士たちの軍隊生活のあり方を定めた軍隊内務書を改正し、「自覚的」な「理解」などの文言を盛り込んで軍隊内務の緩和・簡略化をはかった[遠藤 一九九四]。この間、逃亡による徴集不能者は一九一六年までの累計四万四四五六人を最高に逐次減少したが、その後の一九三六年に至ってもなお二万を超す逃亡者があったことは注目に値する[菊池 一九七七]。

3 昭和戦前期

一九二七(昭和二)年四月、明治初年以来の徴兵令は兵役法に改正され、現役服役期間は二年と法文に明記したこと、青年訓練所の課程を終えた者は一年半とする特典を与えたことが注目される。青年訓練所とは一九二六年七月から市区町村、学校工場などに設置された、入営前の成年男子に修身教育、軍事教練などを四年間にわたり施す施設(のち青年学校と改称し、義務化された)である。従来の一年志願兵制度に代わって、中等学校以上の卒業者に予備役将校を志願させる幹部候補生制度も導入された。これらの施策は第一次世界大戦時の欧米における大量動員を観察し、日本でも対応可能にするための施策の一環であった。一九二九年、陸軍は兵役義務者及廃兵待遇審議会を設立、軍事救護法改正や兵士除隊後の復職を保障する入営者職業保障法制定などの国民負担軽減策を実現した。部隊廃止問題や服役期間短縮の施策とあわせ考えれば、この時期の陸軍が社会との融和を通じて徴兵制が直面した危機の乗り切りをはかっていたことが読みとれる[一ノ瀬 二〇〇四]。

満洲事変後の対外危機の高まりの中で、既存の愛国婦人会とは別個に女性の戦争支援団体が設立され、徴兵制を下支えする役割を果たした。事変の起こった一九三一年、文部省の傘下に大日本連合婦人会が設立された。翌三二年には大阪で主婦安田せいが出征兵士の慰問などを行う女性団体・国防婦人会を設立した。同会はかっぽう着にたすき掛けという出で立ちや廉価な会費で大衆性、すなわち愛国婦人会との違いをアピールして急速に会員数を増加、三五年には二五五万人を集めて愛国婦人会の二二五万人を追い越した。このため愛国婦人会とのあいだで激しい会員獲得競争が起こった［藤井 一九八五］。

排外主義、国粋主義思想の高まりの中で、日本軍は精神主義、天皇制イデオロギーへの依存を強めていった。満洲事変の頃から軍部は従来の「国軍」に加えて「皇軍」なる自称を使うようになった。一九三四年に陸軍は軍隊内務書を改正、大正期の「理解」「自主心」などの文言を「デモクラシー」的思想への迎合として削除し、かわって天皇への忠誠心を強調していく［遠藤 一九九四］。

一九三七年に日中戦争が勃発する。日本軍・政府が早期解決に失敗した結果戦線は拡大、多くの兵士が召集された。在郷軍人会や愛国婦人会・国防婦人会などによる出征兵士の見送り、戦死者の市区町村葬はごく当たり前の光景となっていった。戦死者の葬儀の形式をめぐり、仏教界と神道界の対立が始まった。仏教側は昭和期に戦死者の遺骨を納めた忠霊塔建設を始め、三九年には忠霊顕彰会が発展した大日本忠霊顕彰会が発足し、軍や仏教界と協力して全国的な建設運動を展開した。国は葬儀のあり方は仏教側の立場を支持し、それぞれの信仰にゆだねるという現実的な対応をとった。なお、忠霊塔は全府県に最低一基の建設を目指したが、戦局の悪化で実現しなかった［白川 二〇一五］。

中国戦線の拡大に応じて陸軍は一九三七年に七個師団を、三八年には一〇個師団を新たに編成、総兵力は一一五万人となっていた。この兵力は四〇年には一三五万人、四一年には二一〇万人へと急膨張したが、それは現役者よりも高齢で家族と仕事を抱えた予後備役兵を除隊させられる見込みもないまま大量動員した結果であり、結果的に軍全体としての質の低下を招いた。軍紀も低下し、戦地での上官への反抗や掠奪・暴行などの犯罪があいついだ。それまでの徴兵制軍隊は選抜を経た若い兵士から構成されていたため、一般社会とは別世界の観があった。しかし戦争長期化で選抜のハードルが下がり、多種多様な人間が入り込むことで、軍隊もまた社会の延長、もしくは一部分へと変化していったのである。

大量の兵力動員と戦死者、戦傷病者の発生に対処するため、政府は一九三七年に厚生省臨時軍事援護部を、翌三八年に傷兵保護院を設置、三九年にこれらを統合して軍事保護院(厚生省外局)を設置し、援護行政の一元化・促進をはかった。軍事扶助法(三七年、軍事救護法を改称)による被扶助者もなしくずし的に増大した。日中戦争の頃から「軍事救護」を「軍事援護」と言いかえるようになった。当時社会的蔑視の対象であった一般生活救護の対象者から兵士とその遺家族を切り離し特別扱いすることで、その士気低下を防ごうとしたのである。

一九三八年、恩賜財団軍人援護会が既存の民間団体を統合して設立された。恩賜団体とは、天皇の下賜金を基本資産とした団体である。これは国民に対する天皇の恩や有り難さを強調することで、戦争犠牲者の反発を抑えるのが目的だった。前線から還送された戦傷病者に対する職業訓練なども拡充された。かつての廃兵は傷痍軍人と改称されてその名誉性が強調された。彼らを統合する団体として一九三八年に大日本傷痍軍人会が発足した。目的は軍人援護会と同様、天皇への忠誠を強調し、体制への反抗を防ぐことにあった。

一九三九年四月、全国各市区町村に銃後奉公会なる団体が設立された。首長を会長、区内全戸主を会員として会費を徴収、地域ぐるみで国家の援護を補完するとともに兵士や遺家族を慰問、激励し、その士気を高めようというのである。しかし同会は地域の経済力によって事業内容の差が大きく、前線兵士から不公平であると批判された。

兵士の遺家族や傷痍軍人たちのため、三八年から各市区町村に軍事援護相談所が設けられ、各種の生活相談に応じた。三九年には遺家族の多くが妻などの女性であったことに鑑み、婦人相談員もおかれた。しかしその目的は精神的なケアというよりも、国家から生活のため与えられる金銭の取り分をめぐる紛争の解決などが主であった。遺族紛争の多発を前線の将兵が知れば、士気が下がって戦争遂行が困難になるというのが設置の理由だった。すべての援護制度は、前線兵士の士気維持、そして遺家族や傷痍軍人たちの不満抑圧を通じた、戦争遂行の円滑化を目的としていた［一ノ瀬 二〇〇四］。彼・彼女たちは敗戦まで一貫して前記の各種団体を通じて天皇制国家に統合され、監視される存在だった。

その一方、愛国婦人会・国防婦人会は、戦時下における合理化の一環として政府により統合されることになった。太平洋戦争開戦後の一九四二年、両会と連合婦人会は統合され、大日本婦人会を名乗った。同会は会員数二〇〇〇万を誇る日本最大の女性団体となったが、総じて活動は低調で節約や貯金などが奨励されるにとどまった。それは、女性は家庭に戻り家を守れという男性側の保守的な価値観の表れでもあった［藤井 一九八五］。

同じく四二年にはそれまで大学生などに認められていた徴集猶予が理系学生を除き廃止され、翌四三年から学生も兵士として戦場に向かうことになった（いわゆる学徒出陣）。同年十二月には勅令の徴兵適齢臨時特例により、一九四四年から徴兵検査を受ける年齢が一九歳に引き下げられた。同年にはそれまで兵役義務を課せられてこなかった朝鮮、翌年には台湾でも徴兵制が施行され、多くの人々が戦場に送られた。

一九四五年四月に始まる沖縄戦では、地域の男性住民が防衛召集されるとともに、一四歳以上の男子が形式上は志願、実際は学校ぐるみでの強制により鉄血勤皇隊などに編成され、米軍との戦闘で命を落とした。その沖縄が陥落した一九四五年六月、義勇兵役法が公布され、一五〜六〇歳の男子と一七〜四〇歳の女子は職場や地域、学校単位で編成される国民義勇隊に加えられることになった。同隊はきたるべき本土決戦の際、国民義勇戦闘隊に移行する予定であり、実現していれば二八〇〇万人もの人々が文字どおりの意味での「国民皆兵」で戦場に動員されるはずだった。しかし実際にはろくな武器もなく訓練も受けておらず、軍にとっては足手まといでしかなかった。戦争最末期の樺太では同隊が実際に対ソ連軍戦闘に参加し、犠牲者を出している。

敗戦後の一九四五年十一月、兵役法は廃止された。徴兵制はその翌年に公布された日本国憲法の第一八条「何人も、いかなる奴隷的拘束も受けない。又、犯罪に因る処罰の場合を除いては、その意に反する苦役に服させられない」に照らして違憲というのが政府見解となり、今日に至っている。

〈**参考文献**〉

一ノ瀬俊也　二〇〇四年『近代日本の徴兵制と社会』（吉川弘文館）

一ノ瀬俊也　二〇〇六年「近代」(高橋典幸・保谷徹・山田邦明・一ノ瀬俊也『日本軍事史』吉川弘文館)
伊藤康子　二〇〇五年「愛国婦人会の活動と女性の社会的活動」(早川紀代編『戦争・暴力と女性2　軍国の女たち』吉川弘文館)
遠藤芳信　一九九四年『近代日本軍隊教育史研究』(青木書店)
加藤陽子　一九九六年『徴兵制と近代日本――一八六八―一九四五』(吉川弘文館)
菊池邦作　一九七七年『徴兵忌避の研究』(立風書房)
白川哲夫　二〇一五年「慰霊・追悼と公葬」(林博史・原田敬一・山本和重編『地域のなかの軍隊9　地域社会編　軍隊と地域社会を問う』吉川弘文館)
藤井忠俊　一九八五年『国防婦人会――日の丸とカッポウ着』(岩波新書)
藤井忠俊　二〇〇九年『在郷軍人会――良兵良民から赤紙・玉砕へ』(岩波書店)
吉田律人　二〇一六年『軍隊の対内的機能と関東大震災――明治・大正期の災害出動』(日本経済評論社)

10

戦前期の政党政治をどうとらえるか

前田 亮介

はじめに——政党システムと政党組織から戦前日本をとらえる

この稿では、一八八一(明治十四)年から一九三七(昭和十二)年に至る戦前日本の政党政治を概観する。その際とくに、戦後の自民党につながる保守二大政党——自由党—憲政党—立憲政友会の第一党系と、立憲改進党—進歩党—憲政党—憲政本党—立憲国民党—立憲同志会—憲政会—立憲民政党の第二党系——の競争関係に注目し、計二〇回の衆議院選挙と計七〇回の帝国議会において顕在化したその競争の歴史に、①政党システム(政党間関係)、②政党組織という、政党政治を一般に構成する二つの側面から光を当てる。「政党政治」という概念は外延がやや曖昧であるが、ここでは衆議院を基盤とする(複数の)政党が統治機構および有権者への浸透を目指してプレゼンスを上昇させる過程に接近している。戦前期の場合、それは政治的民主化の過程とほぼ同義である。

山川出版社の『詳説日本史』(日探 二〇二三)は、戦前政党政治の到達点というべき一九二四(大正十三)年から三二年までの「憲政の常道」について、「慣習的に二大政党制を意味する場合もあるが、広くは衆議院における最大多数党(あるいはそれが失脚した場合は次位の多数党)の総裁(党首)に組閣の大命がおりることを意味する」と記している。首相奏薦(事実上の決定)機能をもつ元老の意を受けた天皇の大命降下が組閣の根拠となる点は、日本国憲法下の議院内閣制との大きな相違点だが、それでも「憲政の常道」期には、ときの衆議院第一党(ないし野党第一党)による政権の運営を当然とみなす規範意識が、意味内容に一定の振幅を含みつつも元老や宮中に根づいていたことを、この記述は伝えている。

日本では「私党」や「徒党」といったように伝統的に「党」のイメージは悪く[山田 一九九九]、戦前期には官僚による「公共」的観点からの政党(私党性)批判もありふれていた。しかし、部分利益を正当化する観念の未発達にもかかわらず、実際は大日本帝国憲法のもとで政党は国家統合に不可欠の存在となり、政党内閣が日露戦争後に、政党内閣間の政権交代としての政党内閣制(=「憲政の常道」)も戦間期に定着する。なぜこのような変化が生じたのだろうか。そして政党という存在から、戦前期の政治や社会のあり方をどのように逆照射できるのだろうか。

近年、第二党系の研究が進んで政党システムの理解は深まったものの、党内の統制・調整や有権者の動員に不可欠な政党組織に関する蓄積はまだ薄く、今後のフロンティアだろう。以下では、階級や宗教の役割が(ヨーロッパと異なり)ごく限定されていた戦前日本における政党の形成と分化の駆動力として、中央—地方関係(および都市—農村関係)を重視することで、政党政治の二つの側面を架橋する一助も提供したい。

1　二大政党の誕生とその全国化──一八八一～一九〇〇年

近代日本の政党政治の起源は、明治十四年政変に見出すことができる。大隈重信の追放の早くも一週間後に板垣退助を党首とする自由党が、その六カ月後の翌一八八二(明治十五)年四月には大隈を党首とする立憲改進党が、あいつぎ結党されたからである。この全国政党を目指す二つの新興「野党」に対して八二年三月に当時の代表的な言論人・福地源一郎が立憲帝政党を創設するも、藩閥政府が「与党」を公認することはなく、それ以降も親政府系や中立系の勢力が党勢を拡大することはなかった。政治参加を大きく制限した権威主義的な体制にもかかわらず、二大野党を軸とする政党配置のパターンがこうして早期に確立したため、政府としても帝国議会開設までは警察力による言論・集会・結社の取締りに、また開設直後は一回的な弥縫策(買収〈第一議会〉、選挙干渉〈第二回衆院選〉、詔勅〈第四議会〉)に、その後は議会解散に頼ることで、数でまさる野党勢力を掣肘するほかなかったのである。

このような政党黎明期の二大野党は同時に、戦前日本を貫く二大政党の起源でもあった。二大政党のコントラストは早くも一八八〇年代の自由党と改進党の分立に見出せる[五百旗頭 二〇〇三]。自由党がその最初期から政策立案(党綱領など)は後回しにしても組織力を優先する「組織政党」(かつ急進化の際には暴力も辞さない「革命政党」)を志向したのに対し、一年前までの政府最高指導者をいただく改進党は、草の根の動員力で自由党に劣るものの、政府に代わる政策立案能力を誇示する「政策政党」(「責任野党」)を志向した。経済政策の点でも、産業革命が本格化して金本位制が導入される日清戦争後には、自由党系の積極主義と改進党系の消極主義という政策対立の構図が定着していく。

ここでは黎明期の二大野党のコントラストを党内ガバナンスの点から確認する。先に自由党を「組織政党」志向と述べたが、自由党が政党の全国的一体性を安定的に維持できていたわけではない。むしろ、急造の全国政党たる自由党は土佐派、関東派、九州派といった地域閥連合体の性格が濃厚で、党内の遠心性の統制に十九世紀を通じて苦労し続けた。当時、星亨が自由党の組織力を軍隊の統率に準えたのも、広域蜂起論などに暴発しかねない急進派を抱える党内の不安定さが背景にあったのではないだろうか。資金力にも事欠く中、情緒的・盟約共同体的な結束の確認が絶えず要請されたゆえんであろう。板垣洋行を機に、自由党の敵を改進党とみなす「偽党撲滅」が熾烈をきわめ、自党の正統性を賭けたこの泥仕合が結果として党内の団結をうながしたのは象徴的である。

激化事件を受けた解党の数年後、自由党は大同団結運動を通じて党勢を復活させ、衆議院第一党となっていく。しかし第一議会では予算闘争を通じた倒閣をめざす大井(憲太郎)派(非議員が基盤)の攻勢に各地でさらされ[伊藤 一九九二]、第五議会では条約改正問題で星亨に反撥する対外硬系議員の脱党を招き(のち立憲革新党)、日清戦後は長年の最高幹部で東北派を代表する河野広中も脱党し、やがて憲政本党に名を連ねるなど、党内ガバナンスの動揺に間歇的に見舞われた。こうした党内亀裂の常態化は、自由党がいちはやく党規律の強化につとめて結束を維持し、改進党に先んじて政府に交渉=提携対象としての実力を認めさせていった強さと表裏一体であったと思われる。

集権志向と遠心的な実態の乖離に直面した自由党系の党運営と比べると、改進党はゆるやかな党員・党外シンパのネットワークをいわば放任することで、同質的な幹部層による高い凝集性を可能にした点に妙があった。やや意外なことに、都市部を基盤とする改進党のルーツも自由党(構想)にあった。沼間守一のようなのちの改進党・嚶鳴社指導者が、一八八〇年末の時点では国会期成同盟の「自由党準備会」に参加し、その中心にあった事実は興味深い。おそらく自由民権運動に参加する中で、都市民権結社を基盤に自由党の主導権を握る限界を感じたがゆえに、十四年政変後、沼間たちは全国組織として自由党と分立する大隈の選択に乗ったのであろう。

そして改進党の分立路線は奏功した。同党は結党後、関西なら交詢社、関東なら嚶鳴社のような人的・知的ネットワークを動員し、また有力幹部の遊説によって豪農層の支持を掘り起こすことで、各地の府県会の掌握を急速に進め、府県会の全国的連合を構築していく。党支部の設置や結社間の連絡を禁じた集会条例の改正が打撃となるも、自由党と異質な存在感の獲得に成功したのである。これを支えたのが新聞記者や元官僚からなる知識人幹部の集団指導体制であり、彼らが複数の系列紙で展開した華やかな論戦だった。要するに、改進党は十四年政変前後の星雲状態を抜け出る中で、少数精鋭の、圧倒的に東京一極集中の連合として発展し、東京を介した言論で地方を包摂したため、自由党のような地域閥間の対立や競合は生じにくかった。改進党の知的訴求力の源泉となった朝野派・毎日派・報知派の党内政策論争も東京を舞台に行われ、また分裂の危機をもたらすこともなかった。

ただ、こうした組織の自由党と政策の改進党というコントラストは、帝国議会開設前後に徐々に失われていく。第一の要因は、東北まで九州まで全国政党としての足場を二大政党が築いた一八八六年からの大同団結運動である。従来党派化されていない地域や新しい県議層にも特定の党派選好が（実際はかなり偶発的に）色分けされる［上山 一九八九］過程で、両党の命運は分かれた。改進党は大隈外相の条約改正を支持する与党となった事情もおそらく手伝い、かつて各地の府県会を掌握した遺産をうまく組織化に継承できず、一八九〇年七月の第一回衆院選で四三議席（総数三〇〇）にとどまった。

さらに大同団結運動末期から「民党」として共闘を模索した自由党との合同交渉も頓挫する。これに対し、陽性でおおらかなカリスマ板垣のもと、大同派（河野派）、再興自由党（大井派）、愛国公党（土佐派）、九州同志会の四派糾合に成功した立憲自由党は一三〇議席の第一党となり、しかも、改進党を意識した結党前からの政務調査の導入、党内統制を意図した結党後の頻繁な党組織改革、そして議会内での党議拘束による行動［松本 二〇一九］を通じて、大井派のような直接行動を活力としたかつての急進政党から、新しいゲームのルールに対応した議会政党へ急速に変貌していったのである。

コントラストが失われた第二の要因は、政府・議会が全面対決した第四議会の収拾過程で第二議会以来の「民党連合」が崩壊し、自由党が第二次伊藤内閣への接近を明確にしたことである。改進党と大隈は元来、対衆議院では代替財源を用意した民力休養（地租軽減）論を自由党に浸透させ、対政府では穏健な政権交代を実現する勢力としてふるまう二正面作戦をとった。それだけに政府交渉の回路が伊藤―自由党のあいだで生じると、改進党の多数派戦略は変更をせまられる。かくして陸奥宗光外相の条約改正を標的として結成された対外硬連合は、日清戦争中まで与党・自由党を超える議席数を保って衆議院を支配し、政府を二度の解散に追い込むとともに、日清戦争後に進歩党の結成をみた。一連の過程を主導した改進党は、条約励行論によって対外硬派の排外主義色を脱色しつつ、自由党と拮抗しうる数の力をはじめて得たのである。薩派と提携した進歩党は政権参入も実現し、両党が総議席の三分の一を分け合う二大政党時代が到来する。

その点で、自由党の板垣が最重要ポストたる内務大臣に就任し、その直前に進歩党が結党された一八九六年は明治政党史の画期だった。そして両党がごく短期間合同(憲政党の結党)した結果生まれた隈板内閣では、組閣、選挙とも進歩党系の主導で進んだことが象徴するように、進歩党の存在感は、河野が去り、土佐派が衰え、星も滞米中だった自由党をしばしば凌駕した。当選者がしだいに固定化していく小選挙区制下での計六回の選挙もまた、こうした二大政党(ラベル)の浸透を示している。一八九〇年代の小選挙区制は、のちの原内閣期と異なり、二大政党への収束をうながす効果をもったのであり、憲政党の合同と再分裂(憲政党と憲政本党)を挟んでもその大勢に変化はなかった。

二党間の均衡を崩したのは、地租増徴問題ではじめて合意形成に成功した憲政党の星だった。日清戦争後、産業化と地域間競争の激化にともなう有権者(多く地主)層の地方利益欲求をくみ上げつつ、増税を甘受しても地域開発を目指す積極主義が広がりをみせていた[有泉 一九八〇]。減税論から増税論への大転換には憲政党内でも激しい反発が生じたものの、資金力の点で星に対抗できる人物はおらず(ハワイ移民事業が政治資金源だったことが知られる)、また板垣をかつぎ上げないと党内がまとまらない時代でもなくなっていた[有泉 一九八三]。地租増徴法案の成立後、一八九九年の府県会選挙で積極主義を掲げた憲政党が躍進すると、これを追い風に一九〇〇年、元勲伊藤博文を総裁にいただく政友会が憲政党を核に誕生し、史上はじめて単独過半数で議会に臨む大政党となる。

これに対し、元来は都市を基盤とする地租増徴論者も含まれた進歩党—憲政本党系は、反伊藤系の貴族院議員と連携して非増租論を旗印に対抗した。ただ、実際は犬養毅の地元の岡山県支部のように、党本部と支部は別だという論理で地域開発の推進に与していた[久野 二〇二二]。日清戦後の産業革命が社会を大きく変え、両党の共通の支持基盤だった男性地主も農外投資による実業家を兼ねていく時代に、インフラ整備を正面から否定するのは難しかったのである。

ただ、この党議拘束のゆるさは憲政本党の党勢退潮を踏み止まらせた一因でもあったと思われる。派閥対立や脱党、党議違反がしばしば観察される自由党系と比べて、改進党系の歴史が印象的なのは、日露戦争後に改革派(対藩閥接近)と非改革派(対政友会接近)の対立が激化するまで深刻な分裂を経験してこなかった点である。実際、伊藤による桂太郎首相との拙速な妥協への反発から一九〇三年に政友会議員が大量脱党すると、再び勢力が拮抗する二大政党の時代が一時的に訪れる。この再浮上した二大政党状況を打破し、積極主義の体系化による政友会一党優位を日露戦争後に確立したのが原だった。政友会の半恒久的な与党化を前に、大隈系政党の長年のゆるやかな連帯はついに崩れ、野党は党派上(国民党/桂新党)も政策上(民力休養論/緊縮財政論)も分裂を余儀なくされていったのである。

2 原敬による政友会一党優位の確立——一九〇〇～二一年

立憲政友会の誕生が示すように、二十世紀に入ると政党の政治的・社会的なプレゼンスは確かなものとなった。従来、衆議院の議員控室は府県別であったのが党派別に変わり、議会運営や選挙の集票でも政党中心の仕組みが進む[川人 一九九二]。また一九〇二(明治三十五)年の第七回衆院選から導入された大選挙区制は、郡部(全県で一区)での調整を複雑なものとし、地盤協定や票割り、買収を担う政党(支部)の介入を必要とした[季武 二〇〇七]。原はこうした新しい議会慣習や選挙制度を使いこなしつつ、政党内閣への移行を不可逆的な趨勢としていったのである。

この政党内閣の確立過程の一つの指標となるのが、選挙政治である〔伏見 二〇一三―一六〕。政友会はまず一九〇二年から〇四年(第七回～第九回)の三年連続の衆院選を通じて、従来の地方組織主導の選挙戦に代わって党執行部が候補者調整と資金配分を担う態勢を、中央レベルでの憲政本党との接近および議員の世代交代の流れに乗ることで築いた。そして、憲政本党ではなく政府最高実力者の桂太郎と提携を本格化した日露戦争後からは、戦時増税で有権者が倍増(七六万人→一五八万人)したにもかかわらず、第一〇回衆院選(一九〇八年)でほぼ過半数、続く第一一回衆院選(一九一二〈大正元〉年)では選挙直後の移動者を含めると過半数をはるかに上まわる絶対多数を確保する。

政友会は、県支部が自党の各候補者に郡(の票)を割り当てる選挙技術を駆使して郡部(農村部)で圧倒的な強さを誇ったが、票割りが奏功しないうえに当選ラインもはるかに低い(ときに郡部の一〇分の一以下)都市部では弱く、しかも実際は郡部でも議席数の現状維持で手一杯だった〔有馬・石瀧・小西 二〇二一〕。このことは原が早くから小選挙区制への移行を志向した背景だろう。とくに政友会が野党として臨んで大敗を喫した一九一五年の第一二回衆院選はその戦術の限界を露呈させた。二大陣営が大規模な資金を投じあう大衆選挙化の中、議会前後の党籍変更による議員移動に代わり、一度の選挙による与野党間の大規模な議席変動が、以後の激しい政党間競争の前提となっていく。

政党内閣の確立過程のより規定的な指標となるのが、予算政治である〔伏見 二〇一三〕。分立的な大日本帝国憲法のもとでは行政府の予算編成過程と立法府の予算審議過程が分断されやすく、伊藤博文も統合に失敗した。ただその後、行政府や貴族院を掌握する藩閥指導者(桂太郎)と衆議院第一党の指導者(原敬)のあいだで「予算交渉会」方式(議会の予算審議に先立って桂が予算案を政党に内示して交渉する)が恒例化し、日露戦争後の一九〇五年には議会閉会後の政権授受の合意をもとに、首相を桂と政友会総裁・西園寺公望が交互に担う桂園体制が始まる(〇六年一月に第一次西園寺内閣が成立)。当初こそ閣外の桂が政友会内閣の予算編成を厳しく監視し、「桂園」の主導権は圧倒的に桂側にあったが、両者の力関係はやがて政友会の優位に傾いていく。この力学は二つの面から説明できる。

第一に、衆議院を拠点に、鉄道に代表される地方利益の一元的集約に政友会が成功したことである。日露戦争後の厳しい財政的制約にもかかわらず政友会が伸長できた要因は、将来の鉄道敷設を熱望する各地の期待感を要求として取りまとめ、桂との予算交渉で一元的に提示した点にあった。原はこのプロセスを政友会執行部が独占すべく、党内では鉄道同志会のような超党派議員団の存立の余地を失わせ[松下 二〇〇四]、衆議院内では過半数を保って他政党の関与を排除する。こうして政友会だけが地方利益欲求を独占的に集約でき、逆に東北など経済的後進地域では政友会を支持し続けないとインフラ整備が期待できない構造が生まれる(原が地元・岩手県への利益誘導を後回しにしたのも、造反の可能性が乏しいため、開発の遅れを受忍させた結果にすぎない[宮崎 一九八四])。この利益集約過程の一元化によって、野党だった第二次桂内閣(一九〇八―一一年)下でも政友会は強い立場を保つことができた。

第二に、鉄道敷設要求を媒介とした予算審議の支配に加え、政友会が自律的な予算編成に成功したことである。一九一一年に成立した第二次西園寺内閣では、蔵相・首相を兼任して緊縮財政を遂行した第二次桂内閣の遺産を継承しつつ桂の監視を排除し、鉄道敷設や海軍拡張の計画を組み込んだ(従来の単年度と異なる)複数年度の予算編成を実現している。この複数年度予算によって、今年度は難しくとも次年度以降は鉄道が敷設されるという期待感を政友会はつなぎ止めることができる。衆議院に基盤のない桂に不可能なこの芸当は、政友会が予算編成過程でも中心となる時代の前触れであった。

この政党内閣の成長に対する非選出勢力の危機感が尖鋭に現れたのが、一九一二年末に大正政変の火ぶたを切った陸軍による倒閣にほかならない。辛亥革命後の大陸情勢の流動化を背景に自立しつつあった陸軍は、二個師団増設要求を口実に西園寺内閣を総辞職に追い込んだ。桂は倒閣を奇貨として三度目の首相に復帰し事態収拾をはかるも、桂を含む陸軍への反発から大規模な抗議運動(第一次護憲運動)が各地で生じ、一九一三年に入ると数万の民衆が帝国議会の議事堂を取り囲む事態に至る。政友会に対抗する第二党の結集に未来を託した桂が戦前史上最短で退陣すると、つづく第一次山本権兵衛内閣では大正政変をくぐり抜けた政友会が与党の地位を復活させ、自党の予算編成も継承させた。

一九一四年の第一次山本内閣の総辞職後、原内閣の成立はなお四年を要した。この間数度にわたって試みられた山県有朋ら元老(後継首相奏薦者)によるオルタナティヴの模索は、しかし第二次大隈内閣が二一カ条要求と反袁政策、寺内正毅内閣がシベリア出兵と、外交面で日本の国際的信頼を失墜させる結果に終わってしまう。政友会も先述の第一二回衆院選で加藤高明率いる同志会に敗れて第二党に一時転落したものの、一九一七年の第一三回衆院選では第一党に返り咲き、復調は明らかとなった。米騒動で寺内内閣が倒れると、山県は持論の三党鼎立論を断念し、第一次世界大戦後の国際秩序の変容に順応する原内閣を受け入れざるをえなかった。原は組閣にあたり陸軍の新世代を代表する田中義一を陸相に迎え入れ、予算編成上の最大の脅威だった陸軍とも協力関係を築いている。

ただ、以上の政友会一党優位の確立は、政治的民主化の過程であるとともに社会の閉塞感や政治不信の起源でもあった。大正デモクラシーの理論的指導者で、当時は同志会のシンパだった吉野作造が、

『中央公論』一九一四年四月号に掲載した論説「民衆的示威運動を論ず」は、民衆によるデモを新しい政治現象と評価したうえで、第一次山本内閣の与党政友会が自党議員のあいだで衆議院の質疑を支配し、予算審議過程を形骸化させる中で、政友会以外の議員が行った質問を丁寧に取り上げている。

新しい政治への渇望は、日露戦後の一連の都市騒擾に端緒を認めることができる。対外硬的な世論も追い風としつつ非政友会勢力が都市政治で勢いをみせたとき、その受け皿たりえなかった改進党系に代わって桂新党系が存在感を示したことは興味深い。政友会の「腐敗」に反発する中小商工業者や青年層を通じて、東京・大阪など大都市では政友会候補の不振が定着する中、一九一六年に同志会と諸会派を糾合して結成された憲政会(加藤高明総裁)は、吉野の理論的影響下にある党綱領が示すように参政権の拡大に注目し、こうした民意の受け皿を目指していく。

かくして原内閣期(一九一八年九月〜一九二一年十一月)の与野党対立は、普選問題を軸に展開する[松尾一九八九]。原は組閣後最初の議会でさっそく選挙法改正法案を提出し、納税要件を三円に大幅に引き下げるとともに念願の小選挙区制導入に成功した(有権者は三〇七万人に倍増)。このときは足並みが揃わなかった野党の憲政会・国民党だが、つづく一九一九年末からの第四二議会では野党勢力は納税要件を撤廃する普選論の方針で結集し、院外団や各種団体が議事堂を包囲する示威行動もとった。

これに対し、原はまさに野党の普選論への批判を理由に議会を解散する。解散を受けた第一四回衆院選では、小選挙区制のもと政友会が一〇〇以上議席を伸ばし、過半数を優に超える二七八議席(総数四六四)を獲得する大勝となる一方、憲政会は一一〇、国民党は二九議席にしずんだ。さらに大戦中に大きく成長を遂げ、普選運動に合流した労働運動内でも、普選勢力の大敗と戦後不況の結果、議会を否認する直接行動論(「政治の否定」)が台頭し、その後「政治的対抗」への方針転換を山川均がとなえてからも無産運動と普選運動の連携は回復しなかった。なおこの選挙の前後から、女性の集会・結社の自由を制限した治安警察法第五条の改正を求める「婦選」運動が平塚らいてう、市川房枝らの新婦人協会によって着手され、一九二二年、第四五議会で改正案が両院を通過している。

原が導入した小選挙区制は中選挙区的な二人区・三人区も含んでおり、制度改正の含意が一党優位制の維持と二大政党制移行のどちらにあったかは議論がある[奈良岡 二〇〇九]。ただここで原内閣が、実際の得票よりはるかに大きな議席率を得られる小選挙区制から受益したことは確実である。まず、選挙区の数が一〇九から三七四に急増したため野党側の候補者擁立が間に合わず、政友会候補が無競争で独走する選挙区が続出した。また一人区の政友会・憲政会一騎打ちも前者が圧勝し、憲政会候補は二人区でようやく食い込めたにすぎなかった[川人 一九九二]。

この解散はまた、普選論が社会不安を招く危険思想だと示唆する国体論的イデオロギーを政友会が理由書で動員した点でも興味深い。政友会自体は四年後に横田千之助の主導で普選論に転換するものの、同党が並行して司法官僚(「司法ファッショ」)や右翼と関係を深め、右傾化していく兆候を、ここから読み取ることもできるかもしれない。他方で、政友会は普選に原則的な抵抗があったわけではなく、利益政治を補強し第一次世界大戦後の新しい組織利益(労働運動、水平社運動)にもとづく包括政党化を促進する限りで、進歩的なイデオロギーの採用にも意欲的だった[三谷 二〇一三]。野党の普選論に対抗する政党間競争の文脈で原が婦人参政権を示唆する一幕さえあったように、左右幅のあるイデオロギー政策が、党勢拡大戦略の観点から無原則的に採用される傾向があったといえよう。

実際、原にとって、普選はイデオロギー以上に戦略上の脅威でもあった。普選の地方版というべき市制町村制改正法案が翌一九二一年に議会に提出された際、市会・町村会の等級選挙制度を全廃するという床次竹二郎・横田千之助承認の原案に対し、原は市制に等級を残すべく介入し、原案の内容をくつがえした形跡がある[林 二〇〇〇]。市部で弱い傾向がはっきり見られる以上、原にとって国政――地方政治(とくに市政)を貫く男子普選の実現とそれにともなう都市有権者の激増は、まずは避けたいシナリオだったのではないだろうか。そして交通機関・高等教育機関の大拡張の効果として、新中間層の支える出版ジャーナリズムが各地で隆盛し、与党に批判的な知識人の存在感も高まっていた。

このように原内閣は、衆院で絶対多数を築き、貴族院をも掌握し、陸軍とも協力して「原一強」を実現したにもかかわらず、外交や司法制度改革(陪審法案)を除くと特殊戦間期的な政策課題の追求をあまり見出せない、やや退嬰《たいえい》的な性格の長期政権だった。その看板だった「積極政策」も、一九二〇年三月に記録的な戦後恐慌が生じたことで困難に直面する。実はこれに先立ち、大戦景気の反動をはさんだ投資ラッシュで物価・株価・地価が高騰するバブル経済に対し、原内閣は伝統的な積極政策を修正し、物価抑制のための綿糸輸出許可制の実施や、投機抑制のための公定歩合引上げに着手していた。しかし、不幸にも恐慌の発生をおさえられず、しかも放漫経営企業に救済融資を繰り返したことで戦後不況を慢性化させてしまった[武田 二〇一九]。

一九二〇年恐慌とその後の不況の慢性化は、第一次大戦後のデモクラシーの進展にともなう利益の分化とあいまって、再分配をめぐるゼロサム的対立を表面化させた。やや意外なことに、そのような危機の発信源となったのは政友会の基盤であるはずの農村だった。初期議会の地租軽減論の時代と異なり、この時代の農村が抱えた最大の問題は、その固有の利益の政治的な代弁者を欠いていたことであった。例えば、政友会内には多数の連続当選回数を誇る農業関係の議員も少なくなかったが、彼らが党の要職につくことは稀であり、原は結局、農業政策通でなくとも党務に精励して管理者能力を認められた野田卯太郎や、当選回数は少なくとも官界・財界出身の床次竹二郎・中橋徳五郎を党幹部にすえている［宮崎 一九八〇］。さらに米騒動を惹起した米価高騰への警戒感もあって、原内閣では戦後恐慌で暴落した米価の（一九六〇年代の自民党と対照的な）低位維持政策がとられた。いうなれば社会主義への防衛策の経済的コストを農村が払うような恰好となったのである。

そのため、重工業セクターの急速な成長への焦慮とあいまって、戦間期になると農村関係者に政治的結集の機運が高まり、系統農会や全国町村長会も既成政党と接近して利益団体化を模索する。農村に不均衡に重い租税負担率も二〇年恐慌を経て問題化し、都市に対する全農業者の利益を守るべく運動が組織された［伊藤・大門・鈴木 一九八八］。一九二二〜二三年の第四六議会が「農村振興議会」とされ、その後も政友会が地租委譲論に固執したのはこうした関係者の努力の成果であった。ただ、以上は地主の利益にすぎず、戦間期の小作農のめざましい進出によって、彼らの威信は低下していた（また農民組合の反既成政党も鮮明だった）うえに、都市―農村格差の調整は戦前には本格的な進展をみなかった。そして都市の利益の方は、営業税廃税運動への応答や社会政策でまがりなりにもある程度は充足されたのに対し、取り残された農村の利益を「熱意の競争」（宮崎隆次）に終始する二大政党がくみ上げてくれるという期待感は、昭和恐慌までにしだいに薄れていったのである。

3 政党内閣制の成立・中断・終焉——一九二一〜三七年

このように戦間期の日本政治では、利益の分化にともない政策の複雑化・専門化が進行し、諸利益の統合を担う議会制の処理能力が問われることになる〔空井 一九九八〕。この議会制に過剰な政治的・社会的負荷がかかる状況のもと、「最後の元老」として内閣製造機能を担ったのが西園寺公望である。西園寺は、平時には政党内閣が連続する「憲政の常道」＝政党内閣制を演出する一方、世界恐慌、満洲事変、テロ・クーデターが重なった一九三二(昭和七)年の五・一五事件後の非常時には、挙国一致的な中間内閣(斎藤實内閣・岡田啓介内閣)による複合危機の収拾を目指した。

「常道」の始まりは、広義では一九二四(大正十三)年六月の護憲三派内閣(第一次加藤高明内閣)の成立だが、二大政党間の政権交代を重視すれば、革新倶楽部を吸収した政友会が連立を離脱して野党に転じた二五年八月の第二次加藤内閣成立が狭義の始まりとなる。また「常道」の終わりは五・一五事件による犬養毅内閣の瓦解とするのが普通だが、ここではつづく斎藤内閣成立をもって「崩壊」とせず、西園寺が「常道」復帰も視野に政党内閣制の一時的中断を選択したと解釈する。この解釈に従えば、政党内閣制は五年「中断」された後、日中戦争の勃発で復活可能性が完全に絶たれたことで「終焉」したといえるだろう。本稿では、一九二五年八月から二七年四月の田中義一内閣成立までを政党内閣制の「成立」、三二年五月を「中断」、三七年七月を「終焉」(復元力の喪失)と位置づけておきたい。

「常道」を準備した最初の前提は、原暗殺後の政友会の動揺と分裂(政友会と政友本党)という好機を、憲政会が的確につかみとったことである。一九二四年の第一五回衆院選では憲政会が(護憲三派の中でも）一人勝ちしたが、世論が後押しする普選論の先導以上に、こうした選挙の強さがなければ、第二党の台頭に警戒的な政友会の桂園体制的な政権交代観は容易に揺るがなかっただろう。そして「常道」期には都市の憲政会、農村の政友会といった棲み分けはやや後景化し、二大政党の地盤は同質化した。一九二五年に導入された中選挙区制下で選挙ごとに二大政党に交互に投票する有権者が広くみられる［川人 一九九二］一方で、両党支部・後援会は固定票の培養に躍起となっていた。二大政党の政策対立は外交・経済とも一見華々しいが、現実の選択肢の制約が大きい中で大陸政策にも財政政策にも収斂性があり、実際は似通った処方箋をめぐって不毛な競争が激化する傾向にあった。当時一般的だった議会内での政党間の暴力行使も、有権者を意識した対立演出の戦術だった［村瀬 二〇一五］。

この激しい競争から二大政党の疑獄事件も多発し、「既成政党」の腐敗に対する言説レベルの不信は当時深刻であった。そこには政党組織の自律性の問題も関わっている。戦前の政党は、原、加藤高明、浜口雄幸のような党首の力量に資金獲得を依存し、強い党首を欠く場合は新興財閥や陸軍のような外部の「大口の資金供給者」に容易に操縦されかねないもろさがあったという［北岡 二〇〇八］。政友会が総裁公選制を形式上導入するも、一般議員や府県支部長の声を党運営に反映できなかった［粟屋 二〇〇七］ように、戦間期の巨大な社会変動に比して二大政党の組織的対応——有権者の政治社会への統合や大衆動員［中田 二〇一五］——には限界があった。左傾化する農民組合に比べると、労働組合にはまだ民政党—社会民衆党を支持した総同盟のようなリブラブ連合の志向が見られたものの、まもなく非政治的な「企業民主主義」（坂野潤治）に収斂していく［安田 一九九四］。

しかし、重要なのは、憲政会の成長による政友会一党優位の終焉と、二大政党支配の議会内外での限界にもかかわらず、二大政党支配が確立した理由である。戦前の日本は、同一政党内の対立が発生しやすい中選挙区制にもかかわらず、二大政党間競争のパターンが全国で一律的・均質的に収斂した珍しい事例とされる［川人 一九九二］。このパターンが「常道」中断期も継続したように、上述した既成政党への不信は、男性有権者の投票レベルでの二大政党（間競争）への信頼を決定的に損なうものではなかった。したがって、戦前の政党内閣制の定着を跡づけるには、二大政党が衆議院で議席を寡占（一九二八年からの第一回〜第三回普選〈第一六回〜第一八回衆院選〉はいずれも総議席の九割以上）することで求心力を排他的に維持・再生産できた力学に接近する必要がある。

この政党システム再編の過程は、第三党による二大政党（支配）への挑戦の挫折を通じて逆照射できるだろう。挑戦者の筆頭は、原の腹心であった床次竹二郎が結成した政友本党である。清浦奎吾内閣の与党で臨んだ第一五回衆院選で野党かつ第二党に、まもなく第三党に転落するものの、依然一定の勢力を保った政友本党には三党制を維持する選択肢もあった。しかし床次は、一九二七年六月に憲政会と合同して民政党を結成、自ら政友本党を解党する選択をとる。床次の選択の背景は、この二カ月前の田中内閣の成立にあった。憲政会のつぎは政友会という、二大政党の党首のみが次期首相たりうるという選択を、元老西園寺が行ったわけである。この一九二七年のゲームのルールの変更（なお、「憲政の常道」で政権交代を正当化する初出の例でもあった）によって、床次は二大政党のどちらかに次期の党首候補として加わる必要が生じ、戦前日本は二大政党制に近づいていく［村井 二〇〇五］。

また、同じく二大政党に挑戦する第三党的試みでは、第一次世界大戦後に新たに分化した①職能的利益、②世代的利益、③階級的利益、にもとづき結集する動きも存在した（伊藤・大門・鈴木 一九八八）。

しかし、第一五回衆院選を機に党中央をもつ農業利益政党への発展を目指した農民党運動(①)はまもなく既成政党に同化ないし圧力団体に回帰し、既成政党批判の先陣に立った地方の青年党運動(②)も体制内化し、さらに労働者や農民の受け皿となるはずの無産政党運動(③)は、一九二四年一月のイギリス労働党内閣の成立も意識しつつ単一無産政党の結成を目指したものの三党に分かれ、一九二八年の第一回普選(第一六回衆院選)では計八議席の惨敗を喫した。このほか、既成政党打破と特殊利益を掲げる実業同志会も議席を獲得したが、議会で存在感を示しえたのはごく短期間だった。二大既成政党は新しい利益も一定程度取り込みつつ、第三党の挑戦をほぼ斥けたのである。

もっとも、二大政党の政権交代のルール化は、今日の議院内閣制と異なり、選挙の結果として与野党交代を生じさせる仕組みではなかった。むしろ選挙以外の要因(「敵失」)による政権交代の結果、少数与党政権がやや有利な立場の選挙で議会多数党を奪取するサイクルが「常道」期には繰り返された。野党には選挙での政権奪取をみすえて政策構想を練るより、「敵失」を探して攻め立てるインセンティブが働きやすい。現内閣の総辞職は自動的に政権復帰を意味するからである。満洲事変後の民政・政友大連立(「協力内閣」)構想が挫折したように、西園寺の「常道」論は連立政権への距離感とあいまって、政党間協力より政党間競争を加熱させるドライブを内包していた。

こうした政党内閣制(およびそれと連携した陸軍の田中義一や宇垣一成)への敵意を強め、その破壊をはかったもっとも強力な政治勢力が、陸軍中堅層であった。北伐とソ連の台頭に伴う大陸情勢の不安定化を危惧する彼らは、そのための総力戦体制の構築が政党内閣下では困難とみたのである。この外部から暴力的に調達された危機を受け常道はいったん中断されるも、政党内閣制の復元力がただちに失われたわけではない［酒井 一九九二］。さらにいえば、軍部支配の確立の画期とされる二・二六事件後の収拾過程にも、政党内閣制の最後の復活可能性を占う試金石が見出せる。政民連携運動の本格化である。岡田内閣下の解散総選挙に政党内閣復活の可能性を読みとった美濃部達吉の危惧を裏打ちするように［空井 二〇〇三］、一九三六年二月二十日の第一九回衆院選では、天皇機関説事件で倒閣をもくろんだ野党政友会が議席を大きく減らす一方、与党民政党は第一党として存在感を回復させた。二・二六事件後の政友会内でも、鈴木喜三郎の落選と久原房之助の失脚により右傾化が終息し、政民連携路線の鳩山一郎が党内をまとめて主導権を握る［小宮 二〇〇二］。民政党への政権移行を歓迎する鳩山のリーダーシップのもと、軍部が支える広田弘毅内閣への倒閣運動に着手した政民両党は、翌一九三七年一月、後継首相に擁立した宇垣一成への大命降下という成果を挙げたのである。

仮に宇垣内閣が発足した場合、政党内閣の形態だったかは微妙なところであろう［一般財団法人櫻田会編 二〇二四］。ただ、同内閣を葬った陸軍中堅層の拒否権行使と、その背後にあった体制軍事化の構想は、自由主義的な二大政党勢力による安定回復のシナリオへの忌避感の現れであった。実際には、後続の林銑十郎内閣の保守的姿勢と拙劣な議会運営から中堅層の構想が緒につくことはなく、翼賛選挙以前の最後の選挙となった第二〇回衆院選（一九三七年四月）でも二大政党は総議席の四分の三を保持し、この軍部内閣を総辞職に追い込んだ。しかし、七月の日中戦争の勃発とその長期化はやがて、前回選挙で三七議席と躍進した社会大衆党など左右の革新政党に加え、ようやく共闘の機運も生まれていた二大既成政党までも政界再編成の渦に巻き込んでいき、一九四〇年、一国一党論に立つ大政翼賛会に加入するための全政党の解党を帰結するのである。

おわりに

日本国憲法と異なり、大日本帝国憲法では政党による政権運営は想定されていない。にもかかわらず、戦前の日本政治の展開は、衆議院を基盤とした複数の政党勢力が台頭し、政治的民主化を不完全ながら推し進めていくものとなった。大正政変や満洲事変、二・二六事件といった転換点における陸軍の危機感が示すように、政党内閣(制)は相応に強靭だったがゆえに外部の非選出勢力から挑戦を受けることになる。そうした外部勢力には貴族院、枢密院、司法部なども挙げうるが、最大のものはやはり陸軍であり、その挑戦を最終的に斥けるだけの力を戦前の政党はもたなかった。

この過程で主役を演じた二大政党は、一八八一(明治十四)年当初から分立して出発したように政党間競争を常態とし、六〇年弱の歴史で連立や合同の経験は例外的だった。一八九八年に合同した憲政党は四カ月で分解し、一九二四(大正十三)年の護憲三派内閣も一年一カ月で連立を解消した。「憲政の常道」期には政党不信を広げる激しい競争を続け、「常道」中断期にさえ二・二六事件後まで連携は円滑に進まなかった。こうした自由主義政党間の競争の歴史からすると、戦後その系譜を引く二政党が一九五五(昭和三十)年十一月に合同し、自由民主党を誕生せしめたことの画期性に気づかされるはずである。そしてこの保守合同の前提となった社会党再統一にみられる主要政党間のイデオロギー距離の大きさは、社会主義政党への弾圧が苛烈だった戦前期の政党政治には存在しないものだった。

〈参考文献〉

有泉貞夫　一九八〇年『明治政治史の基礎過程――地方政治状況史論』(吉川弘文館)
有泉貞夫　一九八三年『星亨』(朝日新聞社)
有馬学・石瀧豊美・小西秀隆　二〇二一年『福岡県の近現代』(山川出版社)
粟屋憲太郎　二〇〇七年『昭和の政党』(岩波現代文庫、初版一九八三)
五百旗頭薫　二〇〇三年『大隈重信と政党政治――複数政党制の起源　明治十四―大正三年』(東京大学出版会)
一般財団法人櫻田会編　二〇二四年『立憲民政党全史――一九二七―一九四〇』(講談社)
伊藤正直・大門正克・鈴木正幸　一九八八年『戦間期の日本農村』(世界思想社)
伊藤之雄　一九九一年「第一議会期の立憲自由党――組織と政策の形成」(『名古屋大学文学部研究論集(史学)』三七)
上山和雄　一九八九年『陣笠代議士の研究――日記にみる日本型政治家の源流』(日本経済評論社)
川人貞史　一九九二年『日本の政党政治　一八九〇―一九三七年――議会分析と選挙の数量分析』(東京大学出版会)
北岡伸一　二〇〇八年『自民党――政権党の三八年』(中公文庫、初版一九九五)
小宮京　二〇〇二年「鳩山一郎と政党政治 一八八七―一九四三」(『本郷法政紀要』一一)
酒井哲哉　一九九二年『大正デモクラシー体制の崩壊――内政と外交』(東京大学出版会)
季武嘉也　二〇〇七年『選挙違反の歴史――ウラからみた日本の一〇〇年』(吉川弘文館)
空井護　一九九八年「美濃部達吉と議会の正統性危機」(『法学』六二―四)
空井護　二〇〇三年「政党否定論者としての美濃部達吉」(『法学』六七―二)
武田晴人　二〇一九年『日本経済史』(有斐閣)

中田瑞穂　二〇一五年「「民主化」のなかの日本政党政治」（『レヴァイアサン』五七）
奈良岡聰智　二〇〇九年「一九二五年中選挙区制導入の背景」（『年報政治学』六〇―一）
林宥一　二〇〇〇年『「無産階級」の時代――近代日本の社会運動』（青木書店）
久野洋　二〇二二年『近代日本政治と犬養毅――一八九〇～一九一五』（吉川弘文館）
伏見岳人　二〇一三年『近代日本の予算政治　一九〇〇―一九一四――桂太郎の政治指導と政党内閣の確立過程』（東京大学出版会）
伏見岳人　二〇一三―一六年「初期立憲政友会の選挙戦術――大選挙区制下の組織統制過程」（『法学』七七―五、七八―二、七九―二、八〇―三）
松尾尊兊　一九八九年『普通選挙制度成立史の研究』（岩波書店）
松下孝昭　二〇〇四年『近代日本の鉄道政策――一八九〇～一九二二』（日本経済評論社）
三谷太一郎　二〇一三年『大正デモクラシー論――吉野作造の時代　第三版』（東京大学出版会）
松本洵　二〇一九年「初期議会自由党の〈党議〉――議会制度下における一体性の模索」（『国家学会雑誌』一三二―九・一〇）
宮崎隆次　一九八〇年「大正デモクラシー期の農村と政党（三・完）」（『国家学会雑誌』九三―一一・一二）
宮崎隆次　一九八四年「政党領袖と地方名望家――原敬・盛岡市・岩手県の場合」（『年報政治学』三五）
村井良太　二〇〇五年『政党内閣制の成立　一九一八～二七年』（有斐閣）
村瀬信一　二〇一五年『帝国議会――〈戦前民主主義〉の五七年』（講談社選書メチエ）
安田浩　一九九四年『大正デモクラシー史論――大衆民主主義体制への転形と限界』（校倉書房）
山田央子　一九九九年『明治政党論史』（創文社）

11

大衆消費社会と生活改善

満薗 勇

1 問題の所在

高校日本史の教科書では、「大衆消費社会」という用語が使われている。例えば、『詳説日本史』(日探 山川出版社 二〇二三)には、第一次世界大戦後の「市民生活の変容と大衆文化」という節のなかに、「個人消費支出が増加し、「大衆消費社会」的状況が現れたが、一般農家や中小企業の労働者の生活水準は低く、大企業で働く労働者とのあいだの格差が拡大した」との記述がある。そのうえで、第二次世界大戦後の「経済復興から高度成長へ」という節の中に、「大衆消費社会の誕生」という項が立てられ、「高度経済成長期には、日本の国土や社会のありさまが大きく変容した。また、個人所得の増大と都市化の進展によって生活様式に著しい変化が生じ、いわゆる大衆消費社会が形成された」と書かれている。

この中で、「大衆消費社会」という用語に明解な説明が与えられていないのは、歴史学においてもとくに定まった定義がないことと無縁ではないように思われる。経済史研究の分野では、大衆消費社会という言葉は、耐久消費財産業が大量生産・大量消費に支えられながら発展を遂げ、経済構造上において基軸的な位置を占めるに至った社会として理解されることが多いが［社会経済史学会編 二〇二一］、生活や社会の変化を広く指し示そうとする高校教科書の記述とはギャップが認められよう。そうしたギャップが生じた背景には、伝統的な日本経済史研究が産業史研究を中心に進められ、供給サイドの問題に関心を集中させてきたという学説史的な事情があったと考えられるが、近年では、消費をめぐる歴史研究が進展しつつあり、そうしたギャップも解消に向かいつつあるように思われる。

以上を念頭におきつつ、本稿では、消費をめぐる歴史研究の成果を参照しながら、近現代日本の生活や社会をめぐる変化を、大衆消費社会の形成という枠組みに沿って整理しようとする際の視点や論点を提示することにつとめたい。その際、とくに両大戦間期の時代性を理解するうえで、「生活改善」をめぐる同時代の動きが重要な意味をもってくるが、そのことの含意については、「消費者」という言葉の歴史を紐解きながら、行論の中で明らかにしていくことにしたい。

2 「消費者」という言葉の歴史

「消費」という言葉は、明治初期に西洋の経済学が日本に導入される中で、consumption の訳語としてつくられたもので、以後、消費や消費者という言葉は、経済学の学問的な用語としては広く使われていった。一九二〇年代に入ると、消費組合運動の中でも「消費者」という言葉が使われるようになり、社会の中で固有の利害をもつ運動の主体という意味合いをもつようになったが、その広がりは限定的なものにとどまった［林 二〇二三］。

日常生活を送る多くの人々が、「消費者としての私」という意識をもつようになるのは、第二次世界大戦後、とくに一九六〇年代以降のことであった。一九五五(昭和三十)年に設立された日本生産性本部は、海外視察団の報告書の中で、「消費は美徳」「消費者は王様」といったアメリカの考え方を日本に紹介し、一九六〇年には消費者教育専門視察団をアメリカに派遣した。一九六二年には、アメリカのケネディ大統領による「消費者の利益保護に関する大統領特別教書」の内容が日本でも報じられ、①安全を求める権利、②知らされる権利、③選ぶ権利、④意見を聞いてもらう権利、という「消費者の権利」の考え方が知られるようになった［満薗 二〇二一a］。

試みに、『読売新聞』データベース(「ヨミダス歴史館」)を使って、「消費者」という言葉を見出しに含む記事の数を整理すると、創刊の一八七四(明治七)年から一九三〇年までで二八件、一九三一年から四〇年までで五四件、一九四一年から五〇年までで九九件、一九五一年から六〇年までで二二〇件、一九六一年から七〇年までで九九六件、一九七一年から八〇年までで二二三七件となっており、やはり一九六〇年代以降に目立って数が増加したことがわかる。

この点に関わって、スーパーのダイエーを創業した中内㓛は、晩年の回想の中で、一九五七年に開店した一号店「主婦の店ダイエー本店大阪」という名称の含意について興味深い指摘を残している［満薗 二〇一五］。すなわち、「主婦」というのは今でいう「消費者」のことだが、当時は「消費者」という言葉が一般的でなかったために、「主婦」という言葉を使ったのだ、というのである。戦後日本の消費者運動をリードしていくことになる消費者団体が、一九四八年に「主婦連合会」という名称で結成されたことを想起すれば、中内が指摘する「消費者」という言葉の歴史性もよく理解できよう。しかも、そこで「消費者」と「主婦」が互換性をもつ言葉として認識されていたことは、「消費者≒主婦」とみる戦後日本の家族像やジェンダー観の問題に関わってくる［原山 二〇一二］。この点は重要な論点なので、後段で改めて詳しく取り上げることとしたい。

さて、以上の簡単な整理によって、高度経済成長期に大衆消費社会の形成をみる教科書記述は、「消費者」という言葉の歴史にも照応するものであったと理解できよう。多くの人々が「消費者としての私」という認識をもつようになることは、「消費者」として向き合うべき固有の利害や課題があるという認識につながり、消費者運動、消費者教育、消費者対応、消費者行政、消費者政策といったかたちで「消費者」に関わる多様な取り組みを引き出していく原動力になった。その意味で、大衆消費社会の形成には、個人所得の上昇による耐久消費財の普及というだけにとどまらない、より幅広い社会的な変化を読み込むべき余地があると考えられる。

3 「通俗道徳」と「生活改善」

他方、戦前の段階において、「消費者」という言葉の社会的な広がりが限定的なものにとどまったのは、「消費は美徳である」という社会通念が未成立であったことと深く結びついていたと考えられる。

ただし、戦前を通して、もっぱら倹約が美徳とされ続けていたというわけでもなかった。以下、この点を念頭におきつつ、「通俗道徳」と「生活改善」をキーワードにしながら、戦前日本の消費史を素描しておくことにしたい［満薗 二〇一四］。

勤勉や倹約といった徳目の実践が、とりわけ近世中後期以降の民衆にとって重要な意味をもったことに注目した議論として、安丸良夫氏の通俗道徳論がある［安丸 一九七四］。その背景には、商品経済の発展にともなう欲望の膨張があり、村の定める村法の中にも、飲酒・賭博の禁止、踊り・芝居・三味線・長唄などの制限、婚礼・葬式・節句などの簡略化、夜遊び・夜話の制限や禁止、髪飾り・傘・下駄・羽織などの制限といった規定をもつものが多くみられた。ハレとケの循環で成り立つ当時の民俗的世界にあっては、放縦で華美なハレの次元が膨張していくという形をとって、人々の欲望が解放されており、通俗道徳やそれを定式化した村法のような規定は、そうした固有の時代状況の中で現れた人々の欲望を抑制する規範として機能していった。

明治時代になると、弱肉強食・優勝劣敗の競争秩序が支配的になる中で、勤勉と倹約を説く通俗道徳は、人々の自助努力のエネルギーを引き出すと同時に、自己帰責の論理を正当化するイデオロギーとしての機能を果たすようになった［松沢 二〇一八］。日露戦後に内務省によって取り組まれた地方改良運動の中では、勤勉・倹約の美徳が改めて注目され、「風俗改良」というかたちで生活習俗の改良が目指されたが、倹約こそが日露戦後の不況の原因になったという批判もなされていた。産業革命を遂げて資本主義社会としての歩みを進める時代状況の中で、倹約の規範それ自体がもつ通用力には限界が見えはじめていたといえる［満薗 二〇一八］。

あるいは、明治時代の男性労働者たちのあいだには、飲む・打つ・買う・暴れる・喧嘩する・刺青を入れる、といった遊蕩的な生活実践がみられたことが知られる[藤野 二〇一五]。こうした生活実践は、男性性を色濃くまといながら、勤勉・倹約・貯蓄・禁欲といった通俗道徳の徳目に背を向けた対抗文化として成り立っており、日雇い労働者のみならず、男性の工場労働者にも通底する価値体系として受け入れられていた。近代日本の工業化は、一面でそうした男性労働者たちをいかに工場の規律に服する存在に陶冶していくかという課題に向き合うこととなったが[西成田 二〇二一]、消費史の観点からみれば、男性労働者たちの遊蕩的な生活実践それ自体も、社会的に望ましい消費行動であるとはみなされず、規範からの逸脱という以上の意味をもたなかった。

そうした中で、第一次世界大戦後になると、通俗道徳的な生活規律とは異質な価値観にもとづく、新たな生活像が力をもつようになった。衛生・栄養・健康・科学などに基礎をおく「合理的」な生活像がそれである。両大戦間期においては、「生活改善」という言葉が使われながら、そうした生活像が目指されるべき望ましいものとして、官民様々な運動だけでなく、家政学にもとづく教育や、地域や企業の婦人会活動、婦人雑誌をはじめとするメディアなどの場で、繰り返し啓蒙されていった[久井 二〇一九]。

生活改善の内容は様々であったが、例えば一九一九(大正八)年に始まる文部省の生活改善運動では、つぎのような生活改善項目が議論されていた[中川 二〇一二]。すなわち、住宅については、床座から椅子式に、接客本位から家族本位に改め、虚飾を避けて衛生や実用を重視することが求められた。服装については、衛生、動作、経済性、美観、制作の簡単さといった目的が掲げられ、洋服を理想としつつも和服の部分改良の提案がなされた。食事に関しては、栄養、衛生、節約、作法といった観点が重視され、米の代用食や節酒節煙などが説かれていた。社交儀礼においては、訪問、作法、贈答、年賀、冠婚葬祭、宴会など、それぞれの場面で虚礼虚飾と贅沢を廃することが求められていた。これらをつらぬくキーワードは「合理的」「合理化」であり、「科学」にもとづく「合理的」なものであれば、消費を積極的に肯定する面をもっていた。よい消費は否定されないという意味で、たんなる倹約の思想とは一線を画すものだったのである。

巨視的にみれば、江戸時代にみられたハレの膨張という民俗的世界の単純な延長線上に、大衆消費社会の形成を展望することは困難であろう。あるいは通俗道徳が倹約の規範として通用し続ける社会の中にあって、たとえ対抗文化として遊蕩的生活実践がみられるにしても、そこに「消費は美徳である」という社会通念の成立する余地はないだろう。それに対して、両大戦間期における「生活改善」の思想は、個別具体的な実現のあり方は様々であるにしても、衛生・栄養・健康・科学などに基礎をおく「合理的」な生活像に結びつき、そこに大衆消費社会の形成へと向かう消費行動の価値観が埋込まれていたものと位置づけられる。高校教科書が第一次世界大戦後に「「大衆消費社会」的状況が現われた」と書くその状況の一端は、こうした「生活改善」をめぐる取組の中にも読み込むことができるように思われる。

4　家族史とジェンダー史の視点から

家族史の観点からみれば、両大戦間期の新たな生活像は、職住分離と性別分業にもとづく近代家族という新しい家族のあり方に対応するものであった。江戸時代以来の伝統的な家は、長男の単独相続を基本とした直系家族で、家族は農業をはじめとした家業における生産の単位でもあって、三世代同居の中で女性成員も生産労働を分担していたのに対して、近代家族においては、夫婦とその子どもからなる核家族をベースとし、夫(男性)は稼ぎ手として家の外へ働きに出て生産労働に従事し、妻(女性)は家庭にあって家事や育児など広く消費に関わる活動をもっぱら担うという分業のかたちをとる。官民様々な「生活改善」の取組は、近代家族の女性に主婦役割を期待するという文脈で行われており、そこに伝統的な家とは異なる単位での国民統合の契機を読み取ろうとする研究もある［小山 一九九九、加藤千香子 二〇一四］。

家族史やジェンダー史の観点から、筑豊炭鉱の「生活改善」に関わる興味深い事例研究もある［野依二〇一〇］。筑豊炭鉱ではもともと数多くの女性鉱夫が坑内労働に従事し、夫婦単位でヤマに入って、夫が採掘した石炭を妻が坑道まで運搬するという協業がみられた。しかし、一九二八(昭和三)年に法令で女性鉱夫の坑内労働が禁止されると、その前後に設立された炭鉱主婦会が活発に活動を展開し、女性鉱夫に「主婦」役割を啓蒙するべく、生活改善活動が活発に行われるようになったのだという。この事例には「生活改善」の担い手として、女性が「主婦」役割を期待されるようになったことの歴史性がよく表れている。

ただし、戦後史も含めて、近現代の日本において、近代家族、とりわけ生産労働にまったく携わらない専業主婦という女性のあり方が、実態としてどこまで広がりをみせていたのかという問題は論争的である。通説では、高度経済成長期において、稼ぎ手としての夫と、専業主婦の妻、そして子ども二人からなる家族像が広範な広がりをみせ、「家族の戦後体制」が形成されたといわれる[落合 二〇一九]。しかし、一九六〇年代には、専業主婦に向かうトレンドとともに、既婚女性の雇用労働者化が急速に進んでいたことが確認され[宮下・木本 二〇一〇]、近年では、戦後史研究の中で、「共稼ぎ労働文化」の掘り起こしに向かう研究が進展しつつある[木本編 二〇一八、木本 二〇一九]。さらに、日本経済史の構造的特質の一つに、自営業が分厚く、かつ根強く展開していった点が挙げられることをふまえると[沢井・谷本 二〇一六]、専業主婦という女性のあり方は実態としてそれほど深く根を下ろしていたわけではない、という歴史的な見方も成り立つように思われる[満薗 二〇二二b]。

実際に、**図1**に示したとおり、「家族の戦後体制」といわれる時代においても、夫がサラリーマン(非農林漁業雇用者)で妻が専業主婦(非就業者)という世帯の数よりも、夫も妻も就業者である共稼ぎ世帯の数の方が、一貫して多かったのである。やや強い言い方をすれば、近現代を通じて、専業主婦という女性のあり方がマジョリティになることはなかった、ということになる。

このような見方に立てば、「消費者＝主婦」という先述の認識も、そこに専業主婦のイメージを読み込むだけでは不十分な理解におちいることとなろう。「消費者」としての役割が「主婦」に期待されたことは確かであるにしても、主婦役割を果たしていた女性の多くは、なんらかのかたちで稼得労働にも携わっていたとみるべきであり、その両立のあり方こそが問われなければなるまい。家事労働史は今後の研究が期待される分野の一つであるが[谷本 二〇二〇]、戦前の日本は家事使用人が数多く存在した社会であったのに対して[清水 二〇〇四]、戦後、とくに一九六〇年代以降にその数が急減していったことも知られている[定松 二〇二〇]。家事使用人の帰趨も含めて、家事労働が稼得労働との兼ね

図1　専業主婦世帯数と共働き世帯数の推移(1955-2020年)

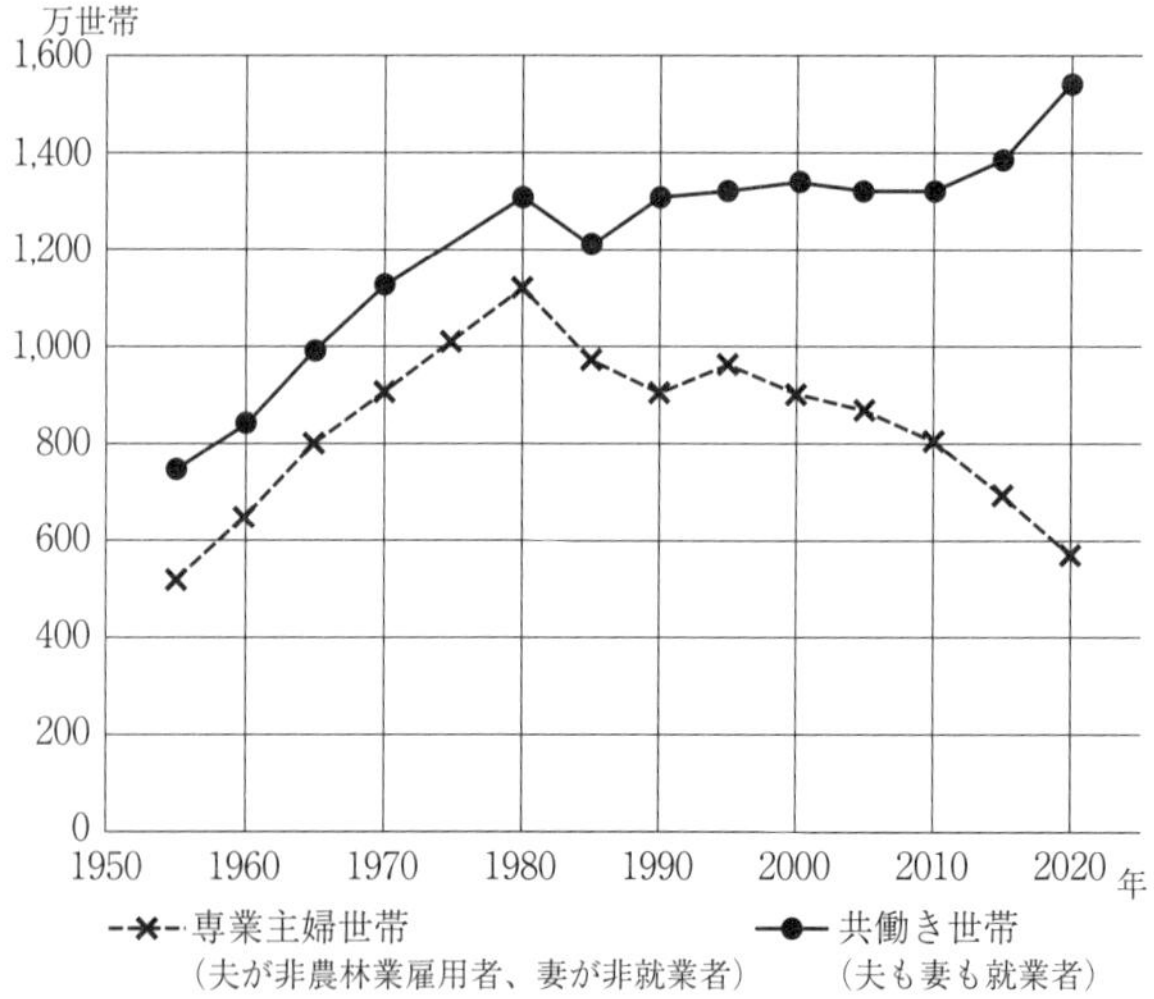

出典：[満薗 2022b] 表序-1により作成。1955年から70年までは「国勢調査報告」(特別集計結果)、1980年から2000年までは「労働力調査特別調査」(1980年は3月調査、2000年は8月調査、その他は2月調査)、2005年から20年までは「労働力調査(詳細結果)」(年平均)により作成。ここでは、『国勢調査特別集計結果　世帯および家族』(総理府統計局、1970年)、『昭和45年国勢調査報告　第8巻　特別集計結果その1　世帯及び家族』(総理府統計局、1975年)、「政府統計の総合窓口(e-Stat)」HP掲載の「労働力調査特別調査」および「労働力調査(詳細集計)」結果表を利用した。

注：　①1975年はデータを得られない。②「非就業者」は完全失業者と非労働力人口の合計。

合いでどのように処理されてきたのかを追究することは、実証的な歴史研究の課題となっている。

5 大衆消費社会の形成プロセスをめぐって

以上、消費をめぐる歴史研究の成果と課題を概観してきた。最後に、日本経済史の構造的な把握との関わりに留意しながら、大衆消費社会の形成という主題の理解を深める手がかりを示しておくことにしたい。

教科書記述にみられたように、大衆消費社会というとらえ方は、格差の構造をどうみるかという問題にも関わっている。戦前の日本社会は所得格差が大きく、かつその格差が拡大していった社会として知られるが、敗戦後の占領下における戦後改革の中で、財閥解体・農地改革・労働改革が取り組まれ、一九四六(昭和二十一)年に課された高率の財産税の影響もあり、平等性の高い構造へと転換を果たした〔南 二〇〇二〕。また、戦前の日本企業には、職員(ホワイトカラー)と工員(ブルーカラー)の区別が厳然と存在し、工員への差別的な取り扱いも広くみられたが、戦後の日本企業では、そうした区別が取り払われ、ともに社員と呼ばれていわゆる日本的雇用システム(終身雇用、年功序列、企業別組合)のもとに包摂されていった〔梅崎・南雲ほか 二〇二三〕。これらをふまえれば、戦前と戦後の構造上の断絶は明らかである。

産業構造の推移からみても、明治時代の繊維産業を中心とする軽工業主導の段階を経て、両大戦間期には重化学工業化が進んだものの、それらの多くは素材や生産財の部門にとどまっていた。家電や自動車を中心とした耐久消費財部門の本格的な発展は、高度経済成長期以降のことで、それらを含む機械工業を主軸とした産業発展は、日本経済の高成長を支えるメカニズムの中心に位置するものであった〔武田 二〇一九〕。戦前と戦後の構造上の断絶は、産業構造の面からみても明らかである。

しかし、消費財産業や小売業の歴史を紐解けば、いずれも戦前から様々に興味深い動きをみせていたことが視野に入ってくる。個別の分野では、食品産業〔加瀬編 二〇〇九〕、ミシン〔ゴードン 二〇一三〕、ピアノ〔田中 二〇二一〕、冷蔵庫〔村瀬 二〇〇五〕、ラジオ〔平本 二〇一〇〕、百貨店〔加藤諭 二〇一九〕、通信販売〔満薗 二〇一四〕、商店街〔満薗 二〇二一〕など、実証研究の蓄積が着実に進展しつつある。こうした供給サイドの動きを、消費をめぐる歴史研究の成果と結びつけながら、日本における大衆消費社会の形成プロセスをどのようにとらえるのかという点が問われてこよう。そうした問いの先には、所得上昇による耐久消費財の普及という単純な理解ではなく、連続か断絶かという二者択一的な単純化された議論でもない、史実にそくした豊かな歴史理解が拓けてくるように思われる。

〈**参考文献**〉

アンドルー・ゴードン、大島かおり訳　二〇一三年『ミシンと日本の近代——消費者の創出』(みすず書房)
梅崎修・南雲智映・島西智輝　二〇二三年『日本的雇用システムをつくる　一九四五—一九九五——オーラルヒストリーによる接近』(東京大学出版会)
落合恵美子　二〇一九年『21世紀家族へ——家族の戦後体制の見かた・超えかた』第四版(有斐閣)
加藤諭　二〇一九年『戦前期日本における百貨店』(清文堂)

加藤千香子　二〇一四年『近代日本の国民統合とジェンダー』(日本経済評論社)
加瀬和俊編　二〇〇九年『戦前日本の食品産業——一九二〇～三〇年代を中心に』(東京大学社会科学研究所)
木本喜美子編　二〇一八年『家族・地域のなかの女性と労働——共稼ぎ労働文化のもとで』(明石書店)
木本喜美子　二〇一九年「女性労働史研究の課題を再考する——「共稼ぎ労働文化」と「男性稼ぎ主労働文化」の付置連関」(『大分大学経済論集』七〇巻五・六号)
小山静子　一九九九年『家庭の生成と女性の国民化』(勁草書房)
定松文　二〇二〇年「日本における家事労働の市場化と分断された家事労働者——家事労働者史からみる国家戦略特区の外国人家事労働者」(伊藤るり編著『家事労働の国際社会学——ディーセント・ワークを求めて』人文書院)
沢井実・谷本雅之　二〇一六年『日本経済史——近世から現代まで』(有斐閣)
社会経済史学会編　二〇二一年『社会経済史学事典』(丸善出版)
清水美知子　二〇〇四年『〈女中〉イメージの家庭文化史』(世界思想社)
武田晴人　二〇一九年『日本経済史』(有斐閣)
田中智晃　二〇二一年『ピアノの日本史——楽器産業と消費者の形成』(名古屋大学出版会)
谷本雅之　二〇二〇年「家事労働の比較経済史へ向けて」(浅田進史ほか編著『グローバル経済史にジェンダー視点を接続する』(日本経済評論社)
中川清　二〇一二年「生活改善言説の特徴とその変容——生活改善同盟会の改善事項を中心に」(『社会科学』九五号)

西成田豊　二〇二一年『日本の近代化と民衆意識の変容――機械工の情念と行動』（吉川弘文館）
野依智子　二〇一〇年『近代筑豊炭鉱における女性労働と家族――「家族賃金」観念と「家庭イデオロギー」の形成過程』（明石書店）
林凌　二〇二三年『〈消費者〉の誕生――近代日本における消費者主権の系譜と新自由主義』（以文社）
原山浩介　二〇一一年『消費者の戦後史――闇市から主婦の時代へ』（日本経済評論社）
久井英輔　二〇一九年『近代日本の生活改善運動と〈中流〉の変容――社会教育の対象／主体への認識をめぐる歴史的考察』（学文社）
平本厚　二〇一〇年『戦前日本のエレクトロニクス――ラジオ産業のダイナミクス』（ミネルヴァ書房）
藤野裕子　二〇一五年『都市と暴動の民衆史――東京・一九〇五―一九二三年』（有志舎）
松沢裕作　二〇一八年『生きづらい明治社会――不安と競争の時代』（岩波ジュニア新書）
満薗勇　二〇一四年『日本型大衆消費社会への胎動――戦前期日本の通信販売と月賦販売』（東京大学出版会）
満薗勇　二〇一五年『商店街はいま必要なのか――「日本型流通」の近現代史』（講談社現代新書）
満薗勇　二〇一八年「日本における「生活改善」の思想的射程――一九二〇年代～一九三〇年代」（『社会経済史学』八三巻四号）
満薗勇　二〇二一年『日本流通史――小売業の近現代』（有斐閣）
満薗勇　二〇二二年a「「かしこい消費者」規範の歴史的位置――日本現代史の場合」（『社会政策』一四巻一号）
満薗勇　二〇二二年b『消費者をケアする女性たち――「ヒーブ」たちと「女らしさ」の戦後史』（青土

社)
南亮進　二〇〇二年『日本の経済発展〔第三版〕』(東洋経済新報社)
宮下さおり・木本喜美子　二〇一〇年「女性労働者の一九六〇年代——「働き続ける」ことと「家庭」のせめぎあい」(大門正克ほか編『高度成長の時代1　復興と離陸』大月書店)
村瀬敬子　二〇〇五年『冷たいおいしさの誕生——日本冷蔵庫一〇〇年』(論創社)
安丸良夫　一九七四年『日本の近代化と民衆思想』(青木書店、のち平凡社ライブラリー一九九九年)

12

女性の社会進出——労働市場と社会的発言の機会

差波 亜紀子

はじめに

本稿では近現代日本における女性の社会進出について、労働市場への進出と女性参政権要求につながる女性の社会運動の二つの側面を取り上げ、それぞれがどのように進んだかを論じる。ここでいう労働市場への進出は、女性が個人として家庭外で雇われ報酬を得るようになること、言いかえれば被用者化を指す。もう一方の女性の社会運動としては、母性保護要求や廃娼運動といった女性の権利回復・獲得要求が切実になる一方で行政側から女性の公的貢献を求める動きが生じ、女性運動への参加者が拡大していく様子をたどる。

1 労働市場への進出

女性労働の動向

一八五九(安政六)年に産業革命を経た欧米諸国との自由貿易が開始された結果、日本の産業は大きく再編されることになった。山川出版社の『詳説日本史』(日探 二〇二三)では、会社組織による機械制生産への転換がいち早く進んだ繊維産業を中心に多くの労働者が雇用されるようになり、一九〇〇(明治三十三)年時点の工場労働者総数の約六割は繊維産業労働者であること、その九割弱が女性で、彼女たちの多くは貧しい小作農家の出身で家計補助のために劣悪な労働環境に甘んじていたと書いている。一方、その他の職業としては第一次世界大戦後にタイピストや電話交換手などいわゆる職業婦人が現れたと述べるが、戦時期以降については勤労動員のほか記述がない。全体として顕著な変化に注目した記述のため、女性労働全体の量的・質的動向はどのようなものだったか、被用者の中で取り上げられた工場労働者やいわゆる職業婦人が、社会でどのような位置を占めたかについては言及がない。

このうち女性労働の動向については、各種統計にもとづく研究がある。まず女性有業率(女性人口中の女性有業者比率)に関しては、二十世紀初頭の都市部(東京市・神戸市・熊本市・札幌区)と郡部(佐渡郡)の市勢調査・職業調査などの分析から、工業化の進展がそれほどでない場合は農林部門や工業・商業部門で家族従業者や自営業者としての就労機会が多いために有業率五割以上であったが、経済の発展にともない工場や事務部門などで就労する被用者が増えると二〇歳代から三〇歳代の有配偶女性を中心に就労継続が難しくなり有業率は低下したとの指摘がある[千本 一九九六]。戦前期を通じた男性有業率が七〜六割弱前後で推移したのに対し、女性有業率は一八七二(明治五)年の五三%が一九一〇年に四〇%、一九二〇(大正九)年に三六%と低下、その後、一九三〇(昭和五)年、一九四〇年も三五%弱で推移し、十九世紀後半から二十世紀前半にかけて急速に減少した。

戦前に国勢調査が行われた一九二〇年・一九三〇年・一九四〇年のデータを用いて、産業別就業者比率を男女別・地域別などで比較した研究もある。農業など第一次産業就業者比率の減少は男女ともに見られたものの、女性は男性に比べて減少程度は少なく(一九四〇年の第一次産業就業者比率は男性三六%、女性五七%)、第一次産業につぐ比率を示す産業は男性の場合、第二次産業(一九四〇年三四%)だったのに対し、女性は第三次産業(一九四〇年　商・交通・公務自由業・家事使用人等　二七%)だった。第三次産業に含まれる雑多な職の中には零細商店の家族従業者も含まれたが、タイピストや電話交換手のような新しい職業も多く、就業する女性の多くは若年者で未婚者の比率も高かった。

一般に女性はどの産業でも低い職位に属する比率が男性に比べて高かったが、第三次産業の場合は職員、事務職など比較的高い職位にある者の比率が他の産業に比べて高かった。また東京や大阪など都市化・産業化が進んだ地域では女性有業率が低い(一九四〇年の全国平均三五%、東京二五%、大阪二三%)一方、その中に占める第三次産業比率は高かったため(一九四〇年の全国平均二一%、東京四六%、大阪四四%)、そこに就業する女性たちの存在は各種メディアに「職業婦人」として取り上げられ、しだいに社会に知られるようになった[濱 二〇二二]。

工場労働者

女性有業者に占める第二次産業就業者の比率は、一九二〇(大正九)年から一九四〇(昭和十五)年で一四~一七%程度と、とりたてて多くはなかった。しかし綿紡績・綿織物工場や製糸工場など繊維産業で働く女工たちには、『女工哀史』[細井 一九二五]などを通じ、寄宿舎で管理されつつ空気の悪い工場で長時間労働に従事し日本の経済発展に欠かせない生糸や綿糸・織物などの輸出産業を支えたというイメージがあり、女性被用者の代表的存在とみなされてきた。

一〇代後半から二〇代前半が大半を占めた製糸女工の場合、雇用契約は多くの場合本人ではなく戸主と工場とのあいだで結ばれ、女工賃金は積立のうえ工場から家に送金された[東條 一九九〇]。また大手製糸会社の郡是製糸では、当初は女工が実家の養蚕や農耕の手伝いのため欠勤しがちで工場稼働率が悪いことが問題とされていた[榎 二〇〇八]。

しかしここから想起される、農家出身の年若い女性があくまでも家の一員として工場に働きに出て現金収入を得る存在であったというイメージは一面的である。よりよい待遇を求めて工場を移動しようとする女工の行動が親の示唆による場合もあれば、親元に送金すべき積立金が女工の自発的な移動の抑止につながる場合もあった。また勤務年数を重ねるにつれ自分の裁量で給与を使う余地を広げた女工の存在が、工場周辺の商店を潤すなど、独立した経済主体として無視できない存在となった[湯澤 二〇二三]。そもそも決められた時間だけ働けば給食のある寄宿舎住まいができる工場は、日の出から日暮れまで働くのは当然、家事負担も夜なべ仕事もあるという農家の暮らしに比べて楽だと思う者も少なからずいた[横山 一八九八]。

貧しく、幼児や高齢者を抱えた多人数の世帯において、女子は就学しても卒業できない場合が多々あり、女子や都市下層社会も含めて本当に初等教育が定着したのは第一次世界大戦後のことだといわれている［大門 二〇一九］。工場労働は、家庭の事情で義務教育である尋常小学校すら卒業できない者も就くことができる仕事であった。このように教育程度が低い者が多いこと、寄宿舎住まいで家事習得の機会を失うこと、親元を離れての生活で風紀が乱れがちになるとの噂もあったことなどから、女工の社会的評価は高くなかった。しかし経済発展にともない女工の募集競争が激しくなると、繊維産業では福利厚生の一環として余暇を利用した補習教育や料理・裁縫などの講習制度を整えるようになった。工場法（一九一一〈明治四十四〉年公布）施行にともない制定された工場法施行令（一九一六年公布）は、義務教育未了の学齢児童労働者を雇う工場主に就学措置を講じるよう定めたが、工場法で深夜業禁止が一五年間施行延期されているあいだはあまり意味をもたなかった。これが実質化したのは一九二三年の改正（施行は一九二六年）で夜業禁止の猶予が二年短縮された後のことである。［谷敷 二〇〇七、花井 一九九九］。

職業婦人

職業婦人の定義は、行政による職業婦人調査、新聞・雑誌の関係記事などにより様々であった。一九二二（大正十一）年の東京市社会局による調査では、「世間で所謂職業婦人と称する精神労働者、即ち女医、助産婦、官吏、女教員、社会事業家、宗教家、芸術家、記者、女優等公務自由業の部類に属する者」であった。いわば狭義の職業婦人だが、その中には高等女学校や女子専門学校などで学ぶだけの経済的余裕がある家庭の出身で、一種の社会勉強や精神的自由のために就業する者がいた。その後、一九三一(昭和六)年の東京市社会局調査の対象は、「雇われて働く婦人」や「帝都に於いて資本金五十万円以上の銀行会社及び職工三十人以上を使用する工場に従事する婦人従業者」へと拡大・変化した。

この間、調査対象者中の未婚女性の割合は八割以上で変わりなかったが、一九二〇年代の調査では既婚女性も含めた女性労働環境の改善に配慮する姿勢がうかがえたのに対し、一九三〇年代以降の調査では職業婦人の多くが家計補助のために一時的に働く周辺的存在であることが強調され、結婚したら退職して家庭に入るのが望ましいとの意図が感じられるようになった[濱 二〇二二]。

狭義の職業婦人の中でも人数が多く代表的存在だったのは小学校教員である。一八七二(明治五)年の学制発布以来、男女を問わず初等教育を受けさせるべしととなえた政府は、児童向け教師には女性が適当だというお雇い外国人の意見を採用して国公立の教員養成所設置を進め、一八八六年公布の師範学校令で道府県に四年制尋常師範学校設立を義務づけた。入学資格は尋常小学校卒業相当の学力で、当初は一定期間の教職従事義務と引きかえに学費全額が公費支給とされた。このように国の方針で養成がはかられたものの、小学校教員の多くは市町村がその給与を負担する市町村の被用者(待遇官吏)であった[斉藤 二〇一四]。女性教員の給与が男性教員より低くおさえられていたこともあり、小学校教員中の女性の割合は一八九三年の六%から一九〇五年二〇%、一九一八年三〇%と急増した[一番ヶ瀬ほか 一九七四]。

一方、おもに既婚女性教員に対して、男性教員と比べ勤務態度に問題があるから正教員とすべきではないといった批判も目立つようになった。そこで教育関係者の全国組織である帝国教育会では、種々の「女教員問題」を女性教員の代表者が討議する場として一九一七年から全国小学校女教員大会を開催し、女性教員の管理職への登用や産休の制度化などを議題とするようになった［新井 一九八二］。

このほか、行政関係の仕事につく女性もいた。官営鉄道の出札係や逓信省の電話交換手、大蔵省印刷局の職工のほか、事務員やタイピストなど職種は多岐にわたったが、正規職員は少なかった。国の正規職員である官吏は、地位の高い順に勅任官、奏任官（以上は年俸制）、判任官（月給制）の別があったが、勅任官待遇を得たのは採用試験自体が宮中関係者などの推薦がなくては受けられない女官の一部だけであり［宇野 二〇一三］、奏任官もごくわずかであった。というのも官吏の採用には一八八七年から試験制度が取り入れられ、その試験規則が年齢二〇年以上の男子に受験資格を与えて女性を排除するものだったからである。ただし文官任用令（一八九三年施行）が、教官・技術官・その他特別な技芸を必要とする文官は銓衡によって特別任用されると規定したことから、女子高等師範学校など文部省の直轄学校の教授・教諭として奏任官に任じられる者もいた。また勤続五年以上の雇員（非正規雇用の事務員）は判任官に任用できるという改正文官任用令（一八九九年）にもとづき、逓信省の電話交換手などでかなりの女性判任官が誕生した。とはいえ、前述の東京市社会局の一九二二年調査によると、職業婦人の七割強は五年未満で退職しており、判任官となるのは狭き門だった。国以外では、例えば一九四〇年時点の東京市役所の場合、年俸者が一人、月給者が一七一人からなる正規女性職員がおり、そのほかに雇員四八六人、傭員（非正規の現業労働者）七二三人という多数の女性が勤めていた［早川 二〇一三］。

戦時の動員と戦後

一九三七(昭和十二)年七月の盧溝橋事件以降、戦線の拡大により男性労働者の供給が急減する一方、労働力需要は高まった。政府は商業などに男性の就業を禁じたうえ、とくに軍需品生産を中心とした重工業部門への女性動員政策を打ち出したが、その対象は終始一貫して未婚女性を対象とした。一九四一年に策定された「人口政策確立要綱」が示すように、女性は「産むこと」も求められており、既婚女性は家庭でその役割を果たすべきと考えられていたからである。ただこれは経済的に余裕があり働かず家庭にとどまっていた女性に限った話であって、女性労働者の中には既婚者や母親も含まれていたことが、保育所の急増から指摘されている。元来、経済的余裕に乏しい家庭の主婦は種々の労働に従事していたが、日中戦争勃発を機に進んだ出征者の増加で主婦の稼得責任が高まり、また男性熟練工の不足を女工で代替する流れもあって、都市の下層階級を中心に重工業分野に就業する女性が増えたのである。男性熟練工の労働をそのまま女性が代替することは困難だったため、作業を分割して簡易化した労働を、熟練工より安い賃金の女工が担うという方法が採用された[堀川 二〇二二]。

このように戦時下、未婚女性については階級を問わず、また既婚女性については下層階級を中心に進んだ女性の職場進出だが、敗戦による揺り戻しを経験する。一九四五年十月四日付『朝日新聞』が、復員事業の進捗によって発生する失業人口が七八四万人、このうち三〇七万人は就業中の女性労務者を家庭に復帰させることで復職可能という厚生省の推計を報じたように(「失業四七七万と推定　女子は極力家庭へ復帰」)、女性の職場は狭められたのである。

その後、朝鮮戦争後の経済復興の本格化から高度経済成長期を迎えると、労働力需要が高まる一方で教育改革による中学・高校への進学率の上昇にともなう若年労働力供給の減少が生じ、これをおぎなうと期待されたのが既婚女性を主とする非正規のパートタイマーであった。女性労働者の増加を受け、「家庭責任を持つ婦人の雇用に関する」国際労働機関の勧告(一九六五年)を意識して制定されたのが勤労婦人福祉法(一九七二年)である。女性のみを対象に職業生活と家庭生活の調和をはかるとの立法趣旨に対しては、男女平等の観点から批判も多かったが、これがのちにいわゆる「雇用機会均等法」(一九八五年制定)へとつながっていくのである[神崎 二〇〇九]。

2 女性参政権要求の広がり

前掲『詳説日本史』(日探)では、「社会的に差別されていた女性の解放を目指す運動」が平塚らいてうらの設立した文学者団体の青鞜社に始まり、らいてうと市川房枝らが設立した新婦人協会が参政権要求など女性の地位を高める運動を進めたと書いている。一方、女性参政権は第二次世界大戦後の占領下、GHQの民主化政策の一環として衆議院議員選挙法改正(一九四五〈昭和二十〉年十二月)がなされたことで実現したと記し、らいてうらの運動との関係について言及しない。しかし当時の幣原内閣はマッカーサーの指示前に男性同様の参政権を女性に付与すると決定していたと内務大臣だった堀切善次郎が語っている。そこで本節では戦前の女性参政権運動の参加者の広がりと、それが戦後の法律改正におよぼした影響について述べる。

新婦人協会と日本基督教婦人矯風会

高級官僚の娘で日本女子大学校卒のらいてうは、青鞜社の活動を通じて、良妻賢母として家にいることを女性に強いる日本社会を批判し、女性自身の覚醒を訴えた。らいてうの主張は、女子中・高等教育の制度化で増えつつある比較的高学歴の女性たちがいだく不満を掬い上げるものだったが、世の反発は大きく、『青鞜』はらいてうから伊藤野枝への編集権移譲を経て一九一六(大正五)年二月号を最後に無期休刊となった〔堀場 一九九一、池田・米田 一九九九〕。

この間に女性をめぐる諸問題への注目度が増し、一九一六年一月には『婦人公論』が創刊された。一九一八年には同誌を舞台に、与謝野晶子やらいてう、山田わか、山川菊栄らが、エレン・ケイの母性保護論を端緒に出産・育児期の母子を保護するため国が母親に給付金を与えることの是非について議論した。これは第一次世界大戦中の欧米における女性の活躍とその結果としての女性参政権の実現という国際的状況、さらには国内における普選運動と労働運動の高まりを背景に、らいてうを含む働く母親らによって行われた論争であった〔今井 二〇〇五〕。母性保護政策の実現を求めることでらいてうははじめて参政権の必要を感じ、より多くの女性たちの関心を喚起すべく一九一九年末に新婦人協会を立ち上げた〔平塚 一九九二〕。

協会は帝国議会の有志議員に働きかけて治安警察法第五条の改正を実現させ、女性が政治集会を発起し参加する権利の獲得に成功したが、政治結社への加入権は認められなかった。政治集会への参加権を求める運動は、自由民権期以来、断続的に行われてきたが、この時期に実現したのは第一次世界大戦後の国内外の状況を背景としつつも、治警法改正や花柳病者結婚禁止法制定、さらには衆議院議員選挙権(参政権)を求める全国的請願運動や集団での帝国議会傍聴といった協会の活動が、以前の運動に比べて格段の社会的関心を集めたことが奏功したのであろう。しかし労働者の境遇改善に議会政治は無意味だと断じる山川菊栄や伊藤野枝ら社会主義的女性運動家の批判や、政治問題への言及を避ける女子教育家の態度などもあり、賛同者の拡大にも限界があった。当初協会を主導したらいてうと市川房枝が疲弊して運動の第一線を離れる中で改正法律案は成立、その後まもなく協会も解散した[山中 二〇二三]。

その後、女性参政権運動の統合に重要な役割を果したのが、日本基督教婦人矯風会である。矯風会は廃娼運動に取り組む中で参政権の必要を痛感するようになり、一九二〇年に万国基督教婦人矯風会大会参加のため代表者が渡欧した際に万国婦人参政権協会との関わりを得、翌一九二一年、矯風会内部に日本婦人参政権協会を設立した。さらに一九二三年九月の関東大震災の発生で東京市に救援活動の協力を求められたことを契機に諸女性団体に呼びかけ、東京婦人連合会の設立を主導した。久布白《くぶしろ》落実《おちみ》ら連合会の政治部有志は、加藤高明内閣の誕生で男子普通選挙制の実現見通しが立った一九二四年十二月、婦人参政権獲得期成同盟会(のち婦選獲得同盟と改称)結成の中心となった。らいてうは同盟と距離をおいたが、アメリカ遊学で婦人問題や労働問題を学んできた市川房枝は参加し、久布白とともに活動を牽引した[松尾 一九八九、嶺山 二〇一一]。

女性参政権運動の広がりと変化

男子普通選挙実施の見通しは法制度に則《のっと》った社会改革を目指す幅広い勢力の結集もうながした。無産政党準備を掲げた政治研究会(政治問題研究会を一九二四〈大正十三〉年改組)の婦人部(一九二五年三月発会式)入会者には、かつて敵対した山川菊栄、市川房枝、奥むめおの名前も並んだ。労働組合を基盤とし女性特有の問題への理解が十分ではない男性の指導下にある無産政党附属女性組織と、婦選三権(結社権・公民権・参政権)実現のために超党派で婦選支持の議員を応援しようという婦選獲得運動団体との歩み寄りには限界もあったが、一九二八(昭和三)年二月の第一回男子普通選挙の後には婦選獲得共同委員会が結成された(一九二八年三月〜一九二九年十二月)[海妻 二〇二〇]。

婦選三権のうちもっとも実現可能性が高いと考えられたのは、身近な自治政治への参画を実現する公民権の獲得であった。第一回男子普選の応援活動が評価され議会に婦選支持者が増えたこと、同盟が婦選要求を訴える根拠として男女の役割分担と社会的住み分け観を取り入れて家庭を活動領域とする女性の知恵と経験を政治にいかすことが社会全体の利益となると主張したことでより幅広い支持を得られるようになったことから、一九三〇年四月には婦人公民権案がはじめて衆議院を通過した。さらに翌月これまで婦選運動に消極的だった保守的女性教育家を中心に婦人同志会が結成され、以後、続々と保守的女性団体が婦選支持を表明するに至った。これら保守系女性団体には家政学の知識をいかし政府主導の生活改善運動へ参加した経験をもつ者も多かった[久井 二〇一九]。婦選運動の盛り上がりは、一九三一年二月、政府の婦人公民権案提出で最高潮に達したが、同法案が貴族院で否決され、九月に満洲事変が勃発すると非常時局との認識が広まり婦選運動への支持が得にくくなった[進藤 二〇一四]。

事態への対処として、まずは婦選を望む幅広い女性勢力の結集を示すべく一九三二年一月に婦選団体連合委員会（婦団連）が結成され、婦選獲得同盟、基督教婦人参政権協会、婦人参政同盟、無産婦人同盟、全関西婦人連合会が参加した。さらにゴミ問題など都市化にともなって発生した生活領域の問題に女性ならではの知見をいかして取り組む、あるいは参政権をもたないからこそ金権政治・金権選挙に染まらないとの主張で選挙粛正運動へ協力するなど、可能な分野での社会貢献が目指された。生活関連問題への取組では消費組合や労働組合など種々の女性団体との新たな協力関係を結ぶようになり、そのつながりは戦時期に国民精神総動員連盟の国策委員として市川らが活動する際の情報源となった。

また選挙粛正運動では半官半民の選挙粛正中央連盟の理事に市川ら複数の女性委員が任命されて官僚とのつながりを得たことが、のちに市川ら婦選の女性たちが国民精神総動員運動中央連盟の調査委員会委員に任命される契機となったし、府県でも多くの女性委員が任命されたのである。その後一九四〇年九月には婦選獲得同盟は解散を決定、婦人時局研究会に合流し、可能な分野で女性の有用性を示す活動につとめた［進藤 二〇一四］。

このような行政への協力と、また前節で述べた労働面での女性の貢献があり、幣原内閣の女性参政権付与は妥当という判断に至ったのであろう。

〈**参考文献**〉

新井淑子　一九八二年「戦前における女教師の地位向上をめぐる動向について――全国小学校女教員大会を中心に」（『教育学研究』四九巻三号）

池田恵美子・米田佐代子編　一九九九年『『青鞜』を学ぶ人のために』(世界文化社)
一番ヶ瀬康子・木川達爾・宮田丈夫　一九七四年『女教師の婦人問題』(第一法規出版)
今井小の実　二〇〇五年『社会福祉思想としての母性保護論争――〝差異〟をめぐる運動史』(ドメス出版)
宇野勝子　二〇一三年「明治宮廷改革と女官」(総合女性史学会編『女性官僚の歴史――古代女官から現代キャリアまで』吉川弘文館)
榎一江　二〇〇八年『近代製糸業の雇用と経営』(吉川弘文館)
大門正克　二〇一九年『増補版　民衆の教育経験――戦前・戦中の子どもたち』(岩波書店)
海妻径子　二〇二〇年「戦間期無産政党の女性「大衆」組織化――社会民衆婦人同盟に注目して」(『大原社会問題研究所雑誌』七四〇号)
神崎智子　二〇〇九年『戦後日本女性政策史――戦後民主化政策から男女共同参画社会基本法まで』(明石書店)
斉藤泰雄　二〇一四年「近代的教職像の確立と変遷――日本の経験」(『国際教育協力論集』一七巻一号)
進藤久美子　二〇一四年『市川房枝と「大東亜戦争」――フェミニストは戦争をどう生きたか』(法政大学出版局)
千本暁子　一九九六年「二十世紀初頭における女性の有業率とM字型就労」(『阪南論集　社会科学編』三二巻二号)
東條由紀彦　一九九〇年『製糸同盟の女工登録制度――近代日本の変容と女工の「人格」』(東京大学出版会)
花井信　一九九九年『製糸女工の教育史』(大月書店)

濱貴子　二〇二二年『職業婦人の歴史社会学』(晃洋書房)
早川紀代　二〇一三年「帝国憲法と女性高等官の存在」(前掲『女性官僚の歴史——古代女官から現代キャリアまで』)
久井英輔　二〇一九年『近代日本の生活改善運動と〈中流〉の変容——社会教育の対象/主体への認識をめぐる歴史的考察』(学文社)
平塚らいてう　一九九二年『平塚らいてう自伝　元始、女性は太陽であった③』(大月書店)
細井和喜蔵　一九二五年『女工哀史』(改造社)
堀川祐里　二〇二二年『戦時期日本の働く女たち——ジェンダー平等な労働環境を目指して』(晃洋書房)
堀場清子　一九九一年『『青鞜』女性解放論集』(岩波書店)
松尾尊兊　一九八九年『普通選挙制度成立史の研究』(岩波書店)
松田恵美子　二〇二一年「近代日本女性の政治的権利獲得運動」(『名城法学』七一巻一号)
嶺山敦子　二〇一一年「久布白落実と婦人参政権運動をめぐって——一九二〇年代を中心に」(『Human Welfare』第三巻一号)
谷敷正光　二〇〇七年「工場法、改正工場法の制定と学齢児童労働者——綿糸紡績業を中心に」(『駒沢大学経済学論集』三八巻三号)
山中仁吉　二〇二三年「新婦人協会の成立——第一次世界大戦後における女性参政権要求の論理と運動戦略」(『北大法学論集』七四—三)
横山源之助　一八九八年『日本の下層社会』(教文館)
湯澤規子　二〇二三年『焼き芋とドーナツ——日米シスターフッド交流秘史』(KADOKAWA)

13

メディア――新聞と雑誌を中心として

中野目 徹

はじめに

筆者が大学の教壇に立ち始めた三十余年前、講義の〝つかみ〟に「今朝の新聞にも出ていたけれど……」というひと言はそれなりに効果があった。それがまったく通用しなくなったのは、いつ頃からだったろうか。それよりもおよそ十数年前、大学入学が決まって初めての一人暮らしの部屋が決まったとき、最初に行った〝手続き〟の一つが新聞の購読申込みだったのは、今の学生には想像もつかない昔話もいいところであろう。先日、二〇二三年六月九日号をもって『週刊朝日』が「休刊」＝廃刊されたのは記憶に新しい。一九二二(大正十一)年におけるその創刊は、後述するように『サンデー毎日』とともに高校教科書でも取り上げられているが、一世紀と一年にして命運が尽きたということか。

新聞発行部数の激減やあいつぐ雑誌の廃刊は、若者の活字離れ、読書離れとともに語られることも多いが、一方でSNSの急速な普及を見るとき、その間にラジオやテレビの盛衰をも挿み込んで、近現代のメディアの移り変わりは今、大きな転換点に差しかかっているように思われる。『メディア論』の著者のいうように、メディアが人間自体の拡張の手段であり、人と人をつなぐメッセージであるならば[マクルーハン 一九八七]、私たち歴史研究や歴史教育に携わる者としては、彼のいう伝達手段と伝達内容の二つの側面から近代日本の様々なメディアのあり方を考察していく必要があろう。

もしかすると、現在私たちが遭遇しているのは、近代社会誕生の要因の一つとなったグーテンベルクの印刷革命以来の大変革なのかもしれない。文部科学省が小学生一人ひとりにタブレット端末を配付したのは、明治の初め、子どもたちに石盤を配付したのと同じことを意味するのだろうか、根本的に違うのだろうか。この稿ではこうしたことも意識しながら高校教科書におけるメディアの取り上げ方を、新聞と雑誌を中心に検討してみたい。

1 教科書の中のメディア

今回改めて教科書のメディアの取り上げ方を通覧してみて、実は少し驚いた。例えば、山川出版社の『詳説日本史』(日探 二〇二三)では、各部(原始・古代、中世、近世、近代・現代の四部)の初めの章に「歴史資料と○○の展望」という見開きページが四ページ掲げられているが、近代・現代の部で紹介されているのは「五箇条の誓文」(『法令全書』)や戦後昭和天皇の「人間宣言」(『官報』)など文書史料と、貿易統計から加工された輸出入品目の円グラフである。内容の説明が主で『法令全書』や『官報』の説明はない。『法令全書』と『官報』の関係を理解している高校教員はいったい何人いるのだろうか。

本文に入ると、幕末維新期の「五榜の掲示」における木製の高札や「ええじゃないか」のさなかに撒かれた伊勢神宮のお札がメディアの初出かと思われるが、それぞれのメディアとしての説明はなく、新聞と雑誌は「文明開化」の単元でつぎのように登場する。

① 幕末以来、幕府の手で外国新聞の翻訳がおこなわれていたが、明治時代になっても、旧幕臣がこれを続けており、さらに活版印刷技術の発達に助けられて、東京を中心に各種の日刊新聞や雑誌がつぎつぎと創刊された。これらの新聞・雑誌では、報道のほか政治問題の評論をおこない、新しい言論活動が始まった。

具体例として、一八七四(明治七)年に明六社から創刊された『明六雑誌』が挙げられ、演説会も始まったことが述べられている。ついで、同年、「民撰議院設立建白書」が新聞『日新真事誌』に掲載されたこと、自由民権運動が新聞・雑誌による政府攻撃を行い、政府による統制(讒謗律、新聞紙条例の制定など)も開始されたことが紹介される。

筆者が少し驚いたのは、ほかでもない。ここまでの記述が、四十数年前、筆者が学んだ山川出版社の『詳説日本史』(一九七八年)と記述内容がほぼ同じなのである。これは教科書叙述の完成度の高さを示すものにほかならないともいえるが、その後の新聞や雑誌に関する研究の進展は必ずしも活かされていないという可能性もある。つぎに新聞と雑誌が記述されるのは、「立憲国家の成立」を論じる中で、「自由民権運動の再編」という単元において左のように取り上げられているところである。

② こうした動きは、メディアの発達に支えられていた。自由民権運動やアジア情勢・条約改正

をめぐって世論が高まる中、政治評論中心の新聞(大《おお》新聞)があいついで創刊された。それぞれ独自の政治的主張をもつ大新聞は、国民への政治思想の浸透に大きな役割を果たした。平民的欧化主義を唱える徳富蘇峰らと近代的民族主義を主張する三宅雪嶺・志賀重昂・陸羯南《くがかつなん》らとのあいだの論争も、新聞や雑誌で繰り広げられた。

これ以降、新聞と雑誌がまとまって論述されることはしばらく見られず、福沢諭吉の「脱亜論」が『時事新報』に掲載されたこと(一八八五年)、吉野作造の「民本主義」が『中央公論』誌上で主張されたこと(一九一六年)、平塚らいてう(雷鳥)らによって女性の解放を目指す『青鞜』が創刊されたこと(一九一一年)、北村透谷らのロマン主義文学が『文学界』で展開されたこと(一八九三年)、太平洋戦争の勃発を報じる一九四一年十二月九日付『読売新聞』の紙面写真などが散発的に続き(以上掲載順)、それらのあいだに大正期における「大衆文化の誕生」の単元では、つぎのように論じられる。

③ (前略)新聞・雑誌・ラジオ・映画などのマスメディアが急速に発達し、労働者やサラリーマンなどの一般勤労者(大衆)を担い手とする大衆文化が誕生した。

新聞や雑誌の発行部数は、飛躍的にのびた。大正末期には、『大阪朝日新聞』と『東京朝日新聞』、『大阪毎日新聞』と『東京日日新聞』の系列のように発行部数一〇〇万部をこえる新聞が現れ、『中央公論』や『改造』などの総合雑誌も急速な発展をとげた。『サンデー毎日』や『週刊朝日』などの週刊誌、『主婦之友』などの女性雑誌のほか、一般投資家向けの『経済雑誌ダイヤモンド』なども刊行された。また、鈴木三重吉は児童文芸雑誌『赤い鳥』を創刊した。昭和に入ると、『現代日本文学全集』などの円本や岩波文庫が登場して、低価格・大量出版の先駆けとなり、大衆娯楽雑誌『キング』の発行部数も一〇〇万部をこえた。

行論はついでラジオと映画(音声と映像という新しいメディア)の普及におよんでいくが、これらの記述も、筆者が学んだ四十数年前の『詳説日本史』と大差ないことを付け加えておこう。記述のごく一部にやや不正確なところも指摘できないこともないが、史実としておおむね瑕瑾なきものといえる。

こうした教科書の記述は、私たちに二つの側面からメディア(新聞と雑誌を中心とするマスメディア)が取り上げられていることを暗示しているであろう。一つは、福沢の「脱亜論」や太平洋戦争の開戦記事、あるいは吉野による「民本主義」の主張が掲載されている史料として、いわば伝達内容であるメッセージを運ぶ器(パッケージ)=伝達手段としての新聞や雑誌という取り上げ方である。基本的には古文書や古記録と変わらない、私たちにとっては馴染みのある用いられ方だといえよう。そこに厳密な史料批判が必要なのはいうまでもないが、これはいわば史料学の領域である。

もう一つは、新聞や雑誌そのものが文明開化や立憲国家の成立、大衆文化の誕生といった各時代特有の歴史的事象の要因となっているという取り上げ方である。これはすなわち、歴史解釈や歴史認識、さらに歴史叙述に関わる領域であり、史料学を基礎とする実証的な歴史研究において固有の専門領域といえよう。高校教科書の①～③の記述では、残念ながら、なぜ新聞・雑誌の創刊が文明開化の風潮をもたらすのか、立憲政治の登場をうながすのか、あるいは大衆文化の誕生とつながるのかということは書かれていない。高校教員の指導力、生徒たちの探究力が問われるのであろう。

一つ目の側面についていえば、史料としての新聞や雑誌へのアクセス条件は、複製版やデジタル版の普及で、以前と較べれば格段に状況が改善されつつあるといえる。しかし、方法論としての史料学の確立という点では、後述する『メディア史研究』のメディア史料学に関する特集号において、有山輝雄氏がその必要性に論及しながらも、「メディアは研究目的であり、また同時に研究手段でもある」という困難さの中で、「内容」はもちろんだが、「機能や形式性」へも着目をうながしていることが示唆的である[有山二〇一六]。

筆者もメディア史料学の構築に貢献していきたいと念じている一人ではあるが、歴史研究と歴史教育の架橋を目指す本書で問題とされるべきは、二つ目の側面、すなわちメディアそれ自体の存在とそれが発信するメッセージの影響力がいかに社会的機能を果たしていたかを実証する研究の歩みをたどり、その到達点を一歩でも先へと進めていくことであろう。そのためには、例えば、新聞や雑誌がある集団や会社組織によって運営され、一定の主義や主張をもって発行されていることを考えれば、経営と筆政(主筆による論調のコントロール)の関係、それと政府による統制の問題もあわせて議論する必要がある。さらに、新聞や雑誌がいかなる読者によって受け入れられ、どのような読まれ方をしていたのかという、読書(閲覧)行為=受容過程の解明も当然視野に入れる必要がある。

以下順に、それらについて近代の日本を例に、新聞・雑誌の研究史をたどりながら考察するとともに、今後の展望についても簡単に付言してみたい。

2 新聞・雑誌研究の濫觴

そもそも新聞・雑誌が歴史認識をくみ取る材料として意識されるようになったのは、せいぜい大正期も後半に入った時期からであった。吉野作造を中心とする明治文化研究会の人々が一八八七(明治二十)年くらいまでの新聞と雑誌の収集を始めたのがその嚆矢といえよう。それが「明治文化全集」の新聞篇や雑誌篇となり(ともに一九二八〈昭和三〉年)、現在の東京大学法学政治学研究科附属近代日本法政史料センターの明治新聞雑誌文庫となっているわけだが、背景には明治回顧の風潮と関東大震災による文献資料の焼失という事態があったと思われる。

この文庫の主任をまかされた宮武外骨(一八六七〜一九五五)は、自身が『頓智協会雑誌』や『滑稽新聞』を創刊し主筆を務めた異色のジャーナリストであった。彼の資料収集行脚は全国におよぶ徹底したもので、例えば一九二七年に茨城県七郷村矢作(現坂東市)の富山昇から寄贈された総量一トン弱の新聞・雑誌は、貼付されているラベルによって復元することができ、ここでしか存在が確認されない貴重なタイトルを含んでいる[中野目 二〇〇二]。同じ時期の柳田國男『明治大正史 世相篇』(一九三一年)や、三宅雪嶺による『同時代史』(雑誌連載時は「同時代観」一九二五〜四五年)の執筆が新聞に材料を求めていたことを見ても、この頃から史料として新聞が注目されてきたことがうかがえる。

これらいわば在野の人々による新聞・雑誌への注目をアカデミズムの中に定着させたのが、戦後創設された東京帝国大学新聞研究所の初代所長小野秀雄(一八八五〜一九七七)であった。同大独文科の出身で、自身『万朝報』や『東京日日新聞』記者であった小野は、ドイツ人E・レーベルの『文化と新聞』Emil Löbl, *Kultur und Presse*, 1903 に触発されて新聞研究を志すことになったという[小野 一九七一]。まず着手したのは新聞の歴史研究であった。小野の研究手法というものは、生き残りの新聞人を訪問して昔の事情を聴き取るとともに、「新聞はシラミツブシに見るというのが私の流儀である」(同上)とされる悉皆調査にある。訪問対象は伊東巳代治(面会拒否、『東京日日新聞』)をはじめ徳富蘇峰(『国民新聞』)や三宅雪嶺(『日本』)、関西では宇田川文海(『大阪日報』)などをはじめ、幕末の一八六四(元治元)年に『海外新聞』を創刊したジョセフ・ヒコの子孫にも面会したという。こうして刊行されたのが『日本新聞発達史』(一九二二年、大阪毎日新聞社・東京日日新聞社)であった。

小野はまもなく日本新聞学会の創設にも中心的に参画し、ここに新聞研究所、明治新聞雑誌文庫、新聞学会という三位一体で新聞に軸をおいた戦後のメディア研究が開始された。新聞研の内川芳美や明治文庫の西田長寿らによって小野や宮武を継承する研究が推進されたが、基礎的研究が中心であり、やや好事家的要素を含むものであった。それは例えば、一八九〇(明治二十三)年に大阪朝日新聞社が東京で創刊した政論紙『国会』新聞が政府から資金援助を受けていた根拠を、西田は「蛇の道はへび」[西田 一九六六]といって明らかにしない記述などに顕れているといえよう。おそらく生存する関係者からの伝聞が根拠となっていたと想像するしかない。西田の論文を集大成した『日本ジャーナリズム史研究』(みすず書房、一九八九年)には方法論を記した序章も終章もないことが、彼の研究の性格を示している。

しかし、彼らによって提示された大新聞・小《こ》新聞の時代から政論新聞(政党機関紙)、独立新聞を経て商業新聞へ、統制の時代を経て戦後へ至る推移、政論を中心とする雑誌の総合雑誌化とジャンル別雑誌の叢生と娯楽雑誌の時代へ、そして戦時下における弾圧と抵抗、という近代日本における新聞・雑誌のメタヒストリーは、今でも大枠では承認されている。

3 メディア史研究の登場

一九七〇年代になると、メディア研究は引き続き新聞を中心に、対象時期も幕末〜昭和戦後期まで拡大しながら大きく進展する。並行して新聞・雑誌の複製版刊行があいつぎ、研究の基礎条件もしだいに整ってきた。新聞では『朝野新聞』(ぺりかん社)、『日本』(ゆまに書房)、『郵便報知新聞』(柏書房)など、雑誌では『明六雑誌』(立体社)、『国民之友』(明治文献)はやや先行するが、その後『日本人』(日本図書センター)ほかが続いた。

個別研究では、まず山本武利氏が『新聞と民衆』(紀伊國屋書店、一九七三年)を出発点として、『広告の社会史』(法政大学出版局、一九八四年)、『新聞記者の誕生』(新曜社、一九九〇年)と読者論、経営論、記者論という三分野にわたる研究を意識的に進め、メディア史研究の体系化に先鞭をつけた。その後、占領期メディア史研究にもおよび、さらにインテリジェンス研究へと進んだ。

ついで有山輝雄氏は、『徳富蘇峰と国民新聞』(吉川弘文館、一九九二年)で徳富蘇峰の個人史料と国民新聞社の経営史料を用いて、一八九〇(明治二十三)年の『国民新聞』創刊から一九二九(昭和四)年の蘇峰退社まで、社長兼主筆としての蘇峰の葛藤を、言論と新聞経営をめぐる時代の変化の中で描ききった。その後、『近代日本ジャーナリズムの構造』(東京出版、一九九五年)では、一九一八(大正七)年に発生した白虹《はっこう》事件をめぐる大阪朝日新聞社の企業としての変貌をとらえた一方、『近代日本のメディアと地域社会』(吉川弘文館、二〇〇九年)では地域における新聞販売店の史料から新聞の在地社会への浸透を明らかにした。さらに、『情報覇権と帝国日本』三巻(同上、二〇一三〜一六年)は、国際電信網構築の中で、日本の近代化・文明化の意味を問い質すとともに、東アジア世界における朝鮮支配解明へも一視角を提供するグローバル・ヒストリーをも視野にいれた壮大な研究である。最近、『近代日本メディア史』Ⅰ・Ⅱ(同上、二〇二三年)が刊行された。

他方、政治史研究の専門家である佐々木隆氏は、『メディアと権力』(中央公論新社、一九九九年)で、明治維新から一九四五年の敗戦までの期間における主として新聞と政治権力との関係を、権力の側からの新聞操縦という視点で再検証してみせた。同書は、各新聞社関係の資料はもとより、国立国会図書館憲政資料室が所蔵する政治家や官僚の関係文書を悉皆調査し、彼らのあいだでかわされた書簡の記述から前引の西田長寿が「蛇の道はへび」とした政府機密費の新聞社への交付の実態を具体的な史料にもとづいて明らかにし、例えば、『国会』も第一次松方内閣期には政府から資金援助を得て伊藤博文批判の論調を展開していたとされる[佐々木　一九九九]。また、佐々木氏には『伊藤博文の情報戦略』(中央公論新社、一九九九年)もある。

こうして新聞・雑誌研究は、山本、有山、佐々木各氏らの研究によって大きく進展することになった。一九九二(平成四)年には彼らを中心としてメディア史研究会も発足して機関誌『メディア史研究』が創刊され、毎年二号ずつ刊行されて現在に至っている。創刊号(一九九四年)の「創刊の趣旨」には「「メディア史」という言葉をゆるやかに用い、その意味の可能性を開拓し、押し広げていきたいというのが、われわれの意図である。そのことによって、新たな研究の地平が開けてくるであろう」とある。爾来三〇年以上が経過するわけだが、メディア史の名のもとにカバーする領域はしだいに拡大していているように見える。最近も特集「メディア史は人文学か社会科学か？」を組むなどして、一つの学問分野としての方法論の模索とアイデンティティそのものをめぐって議論が続いている。

メディア史研究は、どこへ向かうのか、むしろ最近では対象がラジオやテレビにとどまらず、取り扱う時代も戦後に比重を移しながら量的拡大の傾向を示しているように見えるのは筆者だけであろうか。この間、かつての東大新聞研究所は社会情報研究所へ、新聞学会はマス・コミュニケーション学会へ改称されるなど、メディアをめぐる研究状況が変容したことは確かである。

4 読者論、読者研究の進展

山本武利氏によって、統計資料を用いた新聞・雑誌の読者数の研究は先鞭をつけられ、その後の研究では常識となっていったが、これは社会学的な読者の外形的な把握にすぎず(『日本』の読者組織である日本青年会に関する研究など一部では深められていたが)、読者像の実態に関する研究は残された課題となっていた。すでに引いたマクルーハンの研究でも、「印刷されたことば」は「ナショナリズムの設計主」［マクルーハン 一九八七］だという一節があるが、そうした読者層についての研究は、B・アンダーソンの『想像の共同体』が訳された一九八〇年代の半ば以降になると、国民国家論の隆盛とともにメディア研究や歴史学研究の中でも強く意識されるようになってきた。同書では近代国民国家成立に「出版資本主義が中心的役割を果たす」とされ、小説と新聞こそが「国民という想像の共同体の性質を「表示」する」［アンダーソン 一九八七］ものだとされる。

加えて、同じ頃からわが国の学界でも定着してきた社会史(主として仏国アナール派)の読書研究、例えばR・シャルチエ編『書物から読者へ』(みすず書房、一九九二年)、『読書の文化史』(新曜社、同年)の影響も挙げられよう。前者の中では、日本と中国における木版印刷の独自の発達などにも触れながら、「印刷物の所有形態ないし読書行為の実際的なあり方」[シャルチエ 一九九二]を様々な視点から解明している。

実は日本でも、外山滋比古の『近代読者論』や前田愛の『近代読者の成立』その他の成果はあったが、いずれも文学研究者の作品であったためだろうか、それぞれの刊行時点において歴史学研究の世界ではそれほど意識されなかったきらいがある。外山は「読者ということばは、まず、書物雑誌、新聞を読むときでないと用いない」として、例えば手紙を読む場合との違いを強調し(日記を読み返すときも同じであろう)、「作者の自我意識の強化と読者意識の確立は並行して起る現象のように思われる」として、「読者がはっきり、最終的に文学上の問題として論議されるようになるのはI・A・リチャーズが『文学批評の原理』を出版した一九二四年である」[外山 一九六九]と断言する。もっともそれは、文学作品と読者の関係を述べているのであって、英国のジャーナリズムの世界では十八世紀から読者が登場するとし、歴史などの散文の分野でも読者の登場は文学よりも早かったとされる。

これに対して前田は、明治前半期の読者像が変化した過程をつぎの三つに要約している。

1 均一的な読書から多元的な読書へ
2 共同体的な読書から個人的な読書へ
3 音読による享受から黙読による享受へ[前田 一九七三]

そして、これらの背後には木版印刷から活版印刷へという印刷術の変容と、自我にめざめていく近代人のダイナミックな相互作用があるとする。こうした近代読者成立に関する指摘は、一九九〇年代の国民国家論隆盛の中でしだいに歴史学研究の分野にも浸透していったように思われる。これらの動向を前提としながら、今世紀に入る頃からメディア研究は読者研究に向かうことになった。

永嶺重敏氏はそのような研究動向を推進した一人である。まず、『雑誌と読者の近代』において、同書の目的が雑誌の読まれ方の歴史＝受容史であるとし、そこでいう読者は「生活者としての社会的な読者」であるとするが、「思想史的な領域にまでは踏み込まなかった」という〔永嶺 一九九七〕。具体的な分析は、前田のいう音読から黙読へという読書方法の変化を前提に、田舎教師の読書会、『太陽』『中央公論』『キング』の読者層、女性読者と女性雑誌が取り上げられている。分析の材料は統計資料、アンケート調査や雑誌記事そのものである。ついで同氏は、『モダン都市の読書空間』(日本エディタースクール出版部、二〇〇一年)において、東京の読書装置としての図書館や古本屋、雑誌回読会、『文藝春秋』の読者層、労働者とサラリーマンの読書文化の違いなどを明らかにしていく。その後の研究も含めて、筆者の見るところ、永嶺氏は雑誌読者の社会史としてもっとも豊かな読者像を提示していると思われる。

一方、佐藤卓己氏の『キングの時代』は、高校教科書でも大正期における大衆文化誕生の象徴として取り上げられていた『キング』を、本格的、全面的に取り上げたメディア史研究で、従来のファシズム研究への批判までをも射程におさめた大著である。狭義の読者研究ではないものの、雑誌(送り手＝講談社)とその読者を巻きこんで成立した「公共」空間のあり方を「キングの時代」とされた一九二五(大正十四)〜五七(昭和三十二)年のあいだにおける変化としてとらえた研究で、方法論的には同書の

「はじめに」で書かれているように「「内容」の分析よりもメディア環境における「媒体」そのものの分析を重視した」とされ、「本書では雑誌メディアの全工程、すなわち製紙業から流通広告業まで出来る限り目配りし、「読者の声」も取り入れることを心がけた」[佐藤 二〇〇二]というから、まさに個人の手で行われた雑誌メディアに関する総合的研究の典型といえよう。「内容」に立ち入らないことで同書は成功をおさめたものと思われる。同書で描き出された世界がいわばその時代のメディア史をめぐるポジフィルムであるとしたら、ネガフィルムにあたるのが野依秀市の伝記作品である『天下無敵のメディア人間』(新潮社、二〇一二年)であろう。これら二書によって、佐藤氏の研究はたんなるメディア史研究であることを超えて(否、むしろメディア史研究に特化したことによって)、日本近現代史研究の領域でファシズムや全体主義、あるいは総力戦体制期とされてきた昭和戦前〜戦後の時期に新たな時代区分、時代像を提示することが可能となったといえよう。

5 今後の展望

永嶺・佐藤両氏の研究が「思想史的な領域」や雑誌の記事「内容」に踏み込んだ分析を行わないことで成功をおさめたことは、メディア史の今後の展望にとって示唆的であるように思われる。言葉を変えれば、メディアの伝達手段としての側面を分析することがメディア史研究の中心領域にせり上がってきたといえるであろう。

これに対して、筆者たちが取り組んできた雑誌媒体を中心に活動した記者・ジャーナリストに関する日本史学の一分野としての思想史研究は、メディア研究が有する二つの側面、すなわち伝達手段と伝達内容を連動させて解明していく手法を強く意識したものである〔中野目 一九九三、水谷 二〇一五〕。具体的には、世代論(「明治の青年」、「大正地方青年」)や集団論(結社の組織論や生態論)を徹底した史料調査(「足で書く思想史」)など「方法以前の方法」にこだわりながら思想解明を目指すというもので、筆者は従来の思想史研究への批判という意味も含めて方法論構築の方向性を論じたことがある〔中野目 二〇一七〕。今後、メディア史研究と思想史研究の対話は難しくなっていくのだろうか。

筆者はそうは考えない。前節で挙げた最近の『メディア史研究』の特集で佐藤氏も、メディア史研究が歴史学なのか、社会学なのか、情報学なのか、結論を急ぐよりもメディア史研究としての今後の展開に期待を示している〔佐藤 二〇二二〕。筆者としては、厳密な史料学的操作のうえに、当分のあいだは新聞・雑誌記者の伝記研究から対話の可能性を模索していきたいと考えている〔中野目 二〇一九・二〇二三〕。

ここまで、歴史研究と歴史教育の架橋を意識しながら、近代日本における新聞と雑誌を中心とするメディアの伝達手段と伝達内容としての側面に関する研究史に沿って、代表的な成果の紹介に努めてきた。もとよりきわめて限られた紙幅のことであるから、ごく一部の業績を取り上げたにすぎず、さしあたり新聞社や雑誌社の社史や社史編纂室について触れることができなかったし、関連する製紙や印刷の技術に関する資料や研究業績についても取り上げることができなかった。伝達手段と伝達内容に直接関わる分野の成果として、牧義之『伏字の文化史』(森話社、二〇一四年)や浅井清・市古夏生監修『作家の原稿料』(八木書店、二〇一五年)などがあるので、紹介だけしておこう。

〈参考文献〉

有山輝雄　二〇一六年「歴史史料としてのメディアを考える――メディア史料学の構築を目指して」(『メディア史研究』三九号)
アンダーソン・B、白石隆・白石さや訳　一九八七年『想像の共同体』(リブロポート、原著は一九八三年)
小野秀雄　一九七一年『新聞研究五十年』(毎日新聞社)
佐々木隆　一九九九年『メディアと権力』(中央公論新社)
佐藤卓己　二〇〇二年『『キング』の時代――国民大衆雑誌の公共性』(岩波書店、のち岩波現代文庫二〇二〇年)
佐藤卓己　二〇二一年「メディア史は人文学か社会科学か?」(『メディア史研究』四九号)
シャルチエ・R編、水林章ほか共訳　一九九二年『書物から読書へ』(みすず書房、原著は一九八五年)
外山滋比古　一九六九年『近代読者論』(みすず書房)
中野目徹　一九九三年『政教社の研究』(思文閣出版)
中野目徹　二〇〇二年『書生と官員――明治思想史点景』(汲古書院)
中野目徹　二〇一七年「近代思想史研究における雑誌メディア」(『日本思想史学』四九号)
中野目徹　二〇一九年『三宅雪嶺』(吉川弘文館)
中野目徹　二〇二三年『徳富蘇峰――日本の生める最大の新聞記者』(山川出版社)
永嶺重敏　一九九七年『雑誌と読者の近代』(日本エディタースクール出版部)

西田長寿　一九六六年『明治時代の新聞と雑誌』(至文堂)
前田愛　一九七三年『近代読者の成立』(有精堂、のち岩波現代文庫二〇〇一年)
マクルーハン・M、栗原裕・河本仲聖訳　一九八七年『メディア論——人間の拡張の諸相』(みすず書房、原著は一九六四年)
水谷悟　二〇一五年『雑誌『第三帝国』の思想運動——茅原崋山と大正地方青年』(ぺりかん社)

14

通勤通学と電車

高嶋　修一

1　新しい働き方と暮らし方

都市型ライフスタイルの広がり

コロナ禍を経たのちも、サラリーマンが鉄道で通勤するというライフスタイルは都市部を中心に主流であり続けている。『詳説日本史』（日探 山川出版社 二〇二三）などの教科書は、箕面有馬電気軌道（のちの阪急電鉄）とその経営者であった小林一三に触れ、通勤・通学用の電気鉄道とともに百貨店などを兼営する新しい都市型ビジネスが登場したことを述べている。ここでは、そうしたビジネスが成立するような社会の状況や人々の暮らし方について述べていく。

上記のような働き方・暮らし方が登場したのは明治後期のことであった。東京では一九〇三（明治三十六）年に運行を開始した市街電車が一九一〇年代にかけて路線網を拡張するに従い、大久保など当時の市街地外縁が宅地化されて、電車通勤をする人々が登場した［鈴木淳 一九九九］。ただし、当時の郊外住宅地は少なくとも労働者階級のものではなく、職場と住居のあいだを電車で移動する人々は中流以上の官吏や会社員などごく一部に限られていた。

第一次世界大戦期以降、企業の事務職や公務員、各種専門職などいわゆるホワイトカラーの人々が増加した。「サラリーマン」という言葉が使われ出したのは、この頃からである。それでも彼らはなおエリートといってよい存在であった。月給で給与を得るため、日給あるいは日給月給（一カ月に一度給与を支給されるが支給額は一日単位で計算する制度）で俸給を得る職工などよりも生活が安定していた。このような待遇を得るには、まだまだ普及率の低かった中等教育あるいは高等教育を受ける必要があった。一方で彼らは大規模な資産をもたず、雇われて働き続けなければ生活を維持することができなかった点では、特権的な地位にあるともいいがたかった。こうした人々を「新中間層」とか「新中産階級」という。自営農民や都市の自営商工業者を「旧中間層」とする見方を前提とした呼び名である。

新中間層の典型的な家族像が、両性の夫婦とその子からのみなる「近代家族」、とりわけ「家庭」型家族である。これは男性稼得者と主婦という夫婦間の性別役割分業を特徴とし、子は家族内の労働力とはみなされず、もっぱら教育を受けるものとされる。こうした家族形態は農村で典型とされた「イエ」型の大家族（これも近代家族の一つとされる）と対照的で、第二次世界大戦後になると普遍的な家族像と考えられるようになった。しかし、実態は必ずしもそうではなく、また歴史的にみても特定の場所と時代に出現し、二十一世紀に入って後退しつつある形態とみなければならない。

新中間層家庭の子は、階級的な再生産あるいは上昇を目指して義務教育のみならず中等教育あるいは高等教育を受けることが期待された。先述のとおりホワイトカラーの事務職や上級の技術職に就こうとする男性には中・高等教育の経験が要求されたし、女性においても将来の「良妻賢母」となるには中等教育を受けておく必要があるとされた。こうした需要に応じて、一九二〇年代以降に教育機関の拡充が進み、電車による通学が普及した。

郊外に広がる住宅開発

以下ではおもに[高嶋 二〇一三]によりつつ述べていく。一九二三(大正十二)年の関東大震災は住宅や工場が郊外に移転するきっかけになったとしばしばいわれるが、先述したように市街地拡大の傾向はそれより前から存在し、一九二二年にはすでに当時の東京市の領域を超える都市計画が公示されていた。その範囲は一九一四年に開業した東京駅を中心に半径一〇マイル(約一六キロ)・鉄道で三〇分圏内、かつ既存の行政区画に沿うという原則で設定され[鈴木勇一郎 二〇〇四]、一九三二(昭和七)年および三六年に実施された市域拡張後の市域、すなわち現在の特別区(二十三区)の領域にほぼ一致するものであった。

郊外で住宅建設が進んだ理由の一つが、都心部の住宅の条件が悪かったり家賃が高すぎたりする需給の不均衡=「経済的住宅難」であった[小野 二〇一四]。とりわけ新中間層の人々は先述のとおり収入を月給で得ることが多く、都心で日々の仕事を探す必要がなかったから、郊外居住に踏みきりやすかった。例えば宮内省の技官であった阿部喜之丞《きのじょう》は、居家の家賃高騰に耐えきれず市内から世田谷へと転居している。やがて市電では到達できないほどの遠隔地でも住宅開発が行われ、都心と郊外を結ぶ鉄道が日常的な通勤手段として用いられるようになった。沿線では郊外居住者が食料や日常的な生活用品を購入するための商店街なども形成されていった。

東京に先んじて工業化した大阪でも、第一次世界大戦期に周辺郡部で人口増加に拍車がかかった。一九一八年には市外を含めた「大阪市区改正設計」が作成され、市外南郊の住吉方面と北郊の千里山方面を住宅好適地と定めて、一九二五年の第二次市域拡張や用途地域指定の基礎をなした。鉄道沿線の「田園都市」開発は、東京に先んじて阪神間から着手された［鈴木勇一郎 二〇〇四］。

開発される農村の側には、農業の採算性が悪くなっていたという事情があった。加えて都市の周辺では、流入した新住民の生活を目の当たりにする機会も多く、経済的事情とは別の次元で農業を忌避する者も出現した。小作や自作といった自ら耕作する層に離農の機運が生じると、地主も小作料軽減要求や土地返還などに直面する。こうして、地主には旺盛な宅地需要に応じて所有農地を宅地に転換する動機が生じることになった。

郊外住宅の主たる供給者は、鉄道会社と土地会社、それに信託会社であった。「不動産会社」という言葉はまだ一般的ではなかった。鉄道会社は鉄道建設と一体で住宅整備を進めた先駆として、先述の箕面有馬電気軌道が挙げられる。同社はのちに阪神急行電鉄(阪急)と名を改め、関西の鉄道会社の中ではもっとも活発に不動産事業を展開した。早くから土地の商品化が進行していた大阪ではそのほかの土地会社も多く設立されたが、戦間期に入ると東京の不動産市場が拡大し、土地建物賃貸業の会社数では東京が大阪を逆転した。

東京圏の鉄道会社では、五島慶太の経営にかかる東京横浜電鉄・目黒蒲田電鉄およびその系列会社が阪急のビジネスモデルを積極的に導入し、国鉄を含む他社との競合が少ない西南郊方面で事業を展開した。田園調布はその典型として有名である。堤康次郎の経営する箱根土地は豊多摩郡落合村の目白文化村や、学校誘致と住宅開発とを組み合わせた大泉や小平などの学園都市を手がけ、一九三〇年代には堤自身がこのエリアを走る武蔵野鉄道の経営に携わるようになった。ほかに学校経営の資金を得るために住宅開発を行った例として成城学園住宅地および玉川学園住宅地があるが、これらも小田急の開業を前提とした事業であった。郊外電鉄沿線ではほかにも大小の土地会社が開発を行っていた。

土地整理と地域社会

鉄道会社などのディベロッパーによる初期の開発手法は、計画を秘匿して用地を可能な限り安く取得し、開発後の宅地や住宅を高額で売却することで利益を獲得するというものであった［橘川・粕谷編二〇〇七］。だが、そうして得られる利益の大きさが知れわたれば、従前の土地所有者たちは土地の売却価格を吊り上げるようになる。東京横浜電鉄・目黒蒲田電鉄の系列であった田園都市株式会社は一九一八（大正七）年頃に東京府荏原郡碑衾《ひぶすま》村（現東京都目黒区）・馬込村（同大田区）・平塚村（同品川区）にまたがる土地買収に際してすぐに買収額の高騰に直面し、やむなく開発対象を近隣に転換した。一九二五年頃の神奈川県橘樹《たちばな》郡大綱村（現横浜市港北区）でも、建設途上の東京横浜電鉄沿線で地主による買収価格の吊り上げが行われ、地域社会と会社のあいだに軋轢《あつれき》が生じていたことが知られている［大豆生田一九九七］。

また、うまく開発地を売却できればすぐに投資を回収できるが、逆に分譲が不振の場合には資本が固定化して会社の経営を圧迫するという問題もあった。先述の箱根土地の場合がまさにこれに該当した。同社はもともと軽井沢および箱根の土地販売を手がけたものの、これが不振であったことから「中間事業」として東京における住宅開発を実施したのであるが、結果としては同社のさらなる経営圧迫要因となった。

地主たちが結成する耕地整理組合や土地区画整理組合も同様であった。耕地整理や土地区画整理（ここではまとめて土地整理と呼ぶ）とは、土地所有者が共同で組合を結成して区画を方形状に整備して道を拡幅し、さらに公園のような公共スペースも整備することで宅地開発に適した土地とする事業のことである。事業費は一定量の組合の土地（保留地）を確保し、それを売却してまかなった。道路拡幅や保留地提供で組合員の所有地の面積が減ることを減歩というが、それは従前の持ち分をふまえて按分され、不均等が生じた場合は金銭で清算した。これらをすべて地主たちだけでやり遂げられるならばディベロッパーの関わる余地はないが、実際にはそうではなかった。保留地が売れるまでは工事費を借り入れる必要があり、それを返済するには保留地を早々に売却する必要があった。しかし多くの場合、地主たちにはそのためのノウハウも「伝手《つて》」もなかったのである。

この問題は結局、ディベロッパーと土地整理組合とが開発利益を分け合うというかたちに収斂していった。つまり、組合は多少割安になってもディベロッパーにまとめて土地を売ることで資金繰りの問題を回避することができ、ディベロッパーも分譲地の仕入れコストをおさえられるというわけである。こうして両者はひとまず利害の一致をみた。なお、第二次世界大戦後になるとディベロッパーが率先して住民に土地区画整理組合の結成を働きかけるとともに組合の事務も受託し、事業の主導権を握っていくことになる［東京急行電鉄株式会社田園都市事業部編 一九八八］。

土地整理は、東京圏では西南・西北および東の郊外で多く実施された。西南部は複数の事業が比較的まとまって施行されたものの、ほかの地域は総じて虫食い状で、連坦性には欠けていた。これに対し大阪では複数の土地整理が隙間なく連坦して施行され、結果として既成市街地の外縁が土地整理施行地区で埋めつくされるようなかたちとなった。これは大阪の土地整理組合が相互に密接な連携をとるとともに、大阪市当局による調整が積極的に行われたためであった。

2 電車の登場と発達

市電の登場

ここでは［高嶋 二〇一九］によりながら、都市の電車（鉄軌道）について述べていく。日本で初めて電車が走ったのは、一八九〇（明治二十三）年に東京・上野で開催された第三回内国勧業博覧会においてであった。会場内に約四〇〇メートルの線路を敷設し、展示運転を行ったのである。しかし、最初に電車が営業運転を行ったのはよく知られているように京都電気鉄道（一八九五年）であり、そののち名古屋電気鉄道（一八九八年）、川崎の大師電気鉄道（一八九九年）、小田原電気鉄道（一九〇〇年）、大分—別府間の豊州電気鉄道（一九〇〇年）、江之島電気鉄道（一九〇二年）、宇治山田の宮川電気（一九〇三年）と続いた。東京では一八八二年以来、馬車鉄道が都市交通機関として運行されており、これを電化する機運も高まっていたが、実現は一九〇三年のことであった。

東京の市街電車運転が遅れた理由としては、独占的な性質をもつ軌道事業の特許を誰に与えるかについて、あるいは道路拡張をともなう市区改正をどのように行うかについて政治的な対立が生じていたことや［池田 二〇二三］、事業を監督する立場にあった内務省・東京府・東京市が確たる方針を欠いていたことが挙げられる。さらに動力方式をめぐる技術選択の問題も絡まって、空中に吊架《ちょうか》する電線（架線）を一本とするか二本とするか、あるいは架線が不要な蓄電池式とするか、はたまた電車をやめて蒸気やガスを用いるか、といった事柄も争点化した。

曲折を経て、東京における市街電車の特許は東京電車鉄道、東京市街鉄道、東京電気鉄道の三社に与えられた。だが営業開始前からこれら三社の合併論や市営化論が取りざたされ、実際に一九〇六年に三社は合併して東京鉄道となり、一九一一年には市営化された。一九一一年度の東京市電の営業キロは一〇三・三キロであったが、一九二〇（大正九）年度には一四三・四キロ、一九三三（昭和八）年度には一七四・一キロで、ピークを迎えた。年間の延べ利用客数は一九一一年度に約一億三八〇〇万人、一九二〇年度に約四億人、一九二四年度に約四億九六〇〇万人でピークとなった。一九一〇年代から一九二〇年代半ばにおいては路線の延伸に比べて乗客の増加がきわ立っていたことになる。

このことは、市電の混雑に帰結した。東京市電は原則として一五区からなる東京市の範囲内に敷設されたが、それはおおむね山手線の内側と隅田川右岸までの領域に合致した。しかし、先述したようにこの時期には東京市域を超えた範囲まで市街地が拡大し、市外から市内へと通勤・通学する人々が押し寄せたのである。東京市は車両の大型化で対応したが、連結運転や高速運転は安全上の理由から許可されなかったため、輸送力増強にはおのずと限界があった。東京市電の定員は一両当たり最大でも一〇〇人、最高速度はわずか時速八マイル(約一三キロ)であった。

市電の輸送力不足をおぎなったのが、関東大震災後に営業を開始した乗合バスや、つぎに述べる省線電車(国鉄)、そして地下鉄であった。利用客がこれらに転移した結果、一九三〇年度の東京市電利用客数は三億六九〇〇万人にまで減少した。この年は昭和恐慌で景気が悪かったことも勘案しなければならないが、高橋財政で景気が回復したのちの一九三五年度における利用客数をみても約二億九四〇〇万人とさらに減少しており、第二次世界大戦前において東京市電はすでに都市交通機関として主役の座を降りつつあったことになる。とはいえ、この時点で東京の地下鉄は新橋—浅草間の東京地下鉄道のみで、以後も第二次世界大戦の終結前には渋谷—新橋間の東京高速鉄道が開業したのみであったから、市電の役割は依然として大きかった。

大阪では一九〇三年に市電が開業したが、人力車や市内河川の巡航船が長く利用され[三木 二〇〇三]、都市内交通機関と呼べる区間が開業したのは一九〇七年から翌年にかけてであった。その後は路線を延伸し、一九一六年には営業距離が五〇キロを超えた[大阪市 一九四三]。

「高速電車」の発達

一九二〇年代以降の都市拡大に対応した新しい交通機関が「高速電車」あるいは「高速鉄道」であった。英語でいうRapid Transitに相当するもので、線路が道路上ではなく専用の敷地(新設軌道または専用軌道)に敷設され、複数車両を連結して運転した場合に先頭の運転台から後方の動力車を制御できること(総括制御)を特徴とした。これらの要素によって、高速・大量の輸送が可能になった。

日本で最初の高速電車は、一九〇四(明治三十七)年に甲武鉄道が運転を開始した飯田町—中野間の電車であった。実際には連結運転はあまり行われなかったし、車体も全長一〇メートル余りと小型だったが、市電に比べ速度は大幅に向上した。甲武鉄道は一九〇六年に国有化され、一九〇九年には同じく国鉄の山手線上野—烏森(現 新橋)間でも電車運転が開始された。

以上は汽車鉄道を電化した例であったが、このほかに市街電車と同じ軌道条例によりながら高速電車の性質を備えた例もあった。一九〇五年に開業した阪神電気鉄道は大阪—神戸間約三二キロのうち約二七キロを新設軌道で建設し、全区間を九〇分間で運転した[阪神電気鉄道株式会社 二〇〇五]。同じ年、関東でも京浜電気鉄道が品川—神奈川間をほぼ新設軌道で開業した。両社ともこの時点では車両は総括制御でなかったが、のちには総括制御可能な車両を導入した。

一九一四(大正三)年末の東京駅開業にあわせて運転を開始した国鉄(鉄道院)の京浜線は本格的な高速電車であった。これは東海道本線の東京—高島町間の電車による運転系統につけられた愛称であるが(翌年桜木町まで延伸)、長距離列車用線路と別に電車専用線路を確保したため、実質的には別線であった。専用軌道上を走行したのはもちろん、当初より連結運転を行い、表定速度(起点から終点までの距離を所要時間で割った数値)は時速三九キロに達した。ただ、開業直後から技術上のトラブルが続出し解決のため半年ほど運休したので、実質的な開業は一九一五年五月であった。

国鉄の電車は一九二〇年に鉄道省が発足すると「省線電車」と呼ばれるようになり、都市の新しい交通機関として運転区間を拡大した。一九一九年に中央線が東京駅乗り入れを果たし、その後電化区間を西へ延ばした。一九二五年には山手線の神田—上野間が開業して環状運転を開始した。同じ年、京浜線も東京駅以北の田端まで運転区間を拡大し、一九二八（昭和三）年には赤羽まで直通するようになった。一九三二年には総武線の御茶ノ水―秋葉原―両国間が開業して電車運転を開始し、翌年には中央線飯田町―御茶ノ水間の複々線化を行った。また、それにより緩行線（停車駅の多い運転系統）と快速線（停車駅の少ない運転系統）が分離した。

利用客数も急増した。一九二一年度に約一億二八〇〇万人だったのが一九二六年度に約二億八九〇〇万人、一九三一年度に三億六九〇〇万人となり、東京市電の利用客数を上回った。二〜三両編成だった列車は一九三二年時点で最大八両編成にまでなっていた。運転間隔も短縮され、二分台間隔での運転が行われるようになった。また、モーターの強化による速度向上や、自動ドアによる乗降時分の短縮、さらには高速域での走行をなるべく多く確保する運転操作方法の導入、停車時間の秒単位での短縮などといった取組が行われた。

だが、鉄道省の設備投資にも制約があった。全国的な視野に立つべき国有鉄道が大都市圏という一地方のみに対して重点的な投資を行うことへの批判が存在したうえ、一九三七年に日中戦争が始まると山手線と京浜線の線路分離などの計画が中断された。一方で旅客数はますます増加したから混雑は激化し、列車の遅延が生じるようになった。「交通地獄」や「ラッシュアワー」という言葉が新聞に登場するのはこの時期からであった。

電車網の拡大

東京市の範囲を超えた郊外まで住宅地が広がるには、交通機関が必要であった。省線電車は都心から東西南北の郊外へ向かって延び、郊外交通機関としての役割を果たしたが、それだけでは不足であった。これを埋めたのが、民間資本によって建設された鉄軌道(私鉄)であった。

一九一〇年代までに開業した私鉄はいずれも電気軌道または蒸気鉄道として開業した。例えば京浜電気鉄道・京王電気軌道・京成電気軌道といった郊外路線は、軌道条例(のち軌道法)にもとづき建設された。一方、蒸気鉄道の東武鉄道は私設鉄道法に、同じく蒸気鉄道の武蔵野鉄道は軽便鉄道法にもとづいてそれぞれ敷設された。これらの鉄軌道は、同じようにレールの上を走るとはいえそれぞれ仕様が異なっていた。しかし、一九二〇年代に入るといずれも設備改良によって高速電車化を進め、技術的には均質化が進んだ。

京浜が高速電車を志向していたことはすでに述べたが、京王(新宿—府中)でも高速化のために車両のブレーキを強化するとともに、施設面においても複線化や重軌条化、勾配変更などを実施した。また、架線の吊架方式を低速用で簡便なトロリー式から高速運転に対応したカテナリー式に改めたほか、運転保安についても目視に代えて自動信号機を導入した。さらに、道路上に線路を敷設していた仙川—調布間では新設軌道の敷地を確保して線路を移設した。京成でも、類似の取組を行った。

一九一五(大正四)年に一日わずか八往復でスタートした武蔵野鉄道は、一九二二年に池袋—所沢間を電化し、二五年には飯能まで電化した。一九二八(昭和三)年には池袋—練馬間の複線化を実施し、翌年には保谷まで複線化した。こうして、池袋—練馬間で七分半間隔、池袋—保谷間で一五分間隔での運転を行うようになった。また、埼玉県の川越(本川越)と東京市外の国分寺を結ぶ蒸気鉄道であった川越鉄道は、西武鉄道と社名を改めたのち一九二七年に東村山—田無—高田馬場間二三・七キロを電気鉄道として開業するとともに川越—東村山間も電化して、省線山手線に接続する郊外電鉄となった。これらは今日の西武鉄道池袋線と新宿線である。東武鉄道も同様の取組を行った。

これらに対し、一九二〇年代以降に開業した池上電気鉄道、目黒蒲田電鉄、小田原急行鉄道、帝都電鉄は、地方鉄道法にもとづき、はじめから高速電車としての実質を備えていた。実際には駅間距離や車両の大きさ、運行速度などが「軌道」に近い場合もあったが、少なくとも法令を根拠に輸送力が制限されることはなくなった。

こうして両大戦間期には東京から郊外の各方面へと延びる私鉄の大部分が高速電車となり、すでに高速電車としての体裁を整えていた省線電車とともに、拡大する都市の通勤・通学輸送を支えることとなった。だが、東京市の意向で私鉄の都心部乗入れが政策的に抑制されたため、これらの私鉄は一九三三年に上野に到達した京成を除き都心部へと乗り入れることができず、市街外縁を走る山手線の駅をターミナルとすることが多かった。また、すでに述べたように地下鉄はきわめて限られた路線しか開業していなかったから、乗客はターミナル駅で市電または省線電車に乗り換えた。東京で地下鉄

図1 東京都市計画区域内における交通機関図

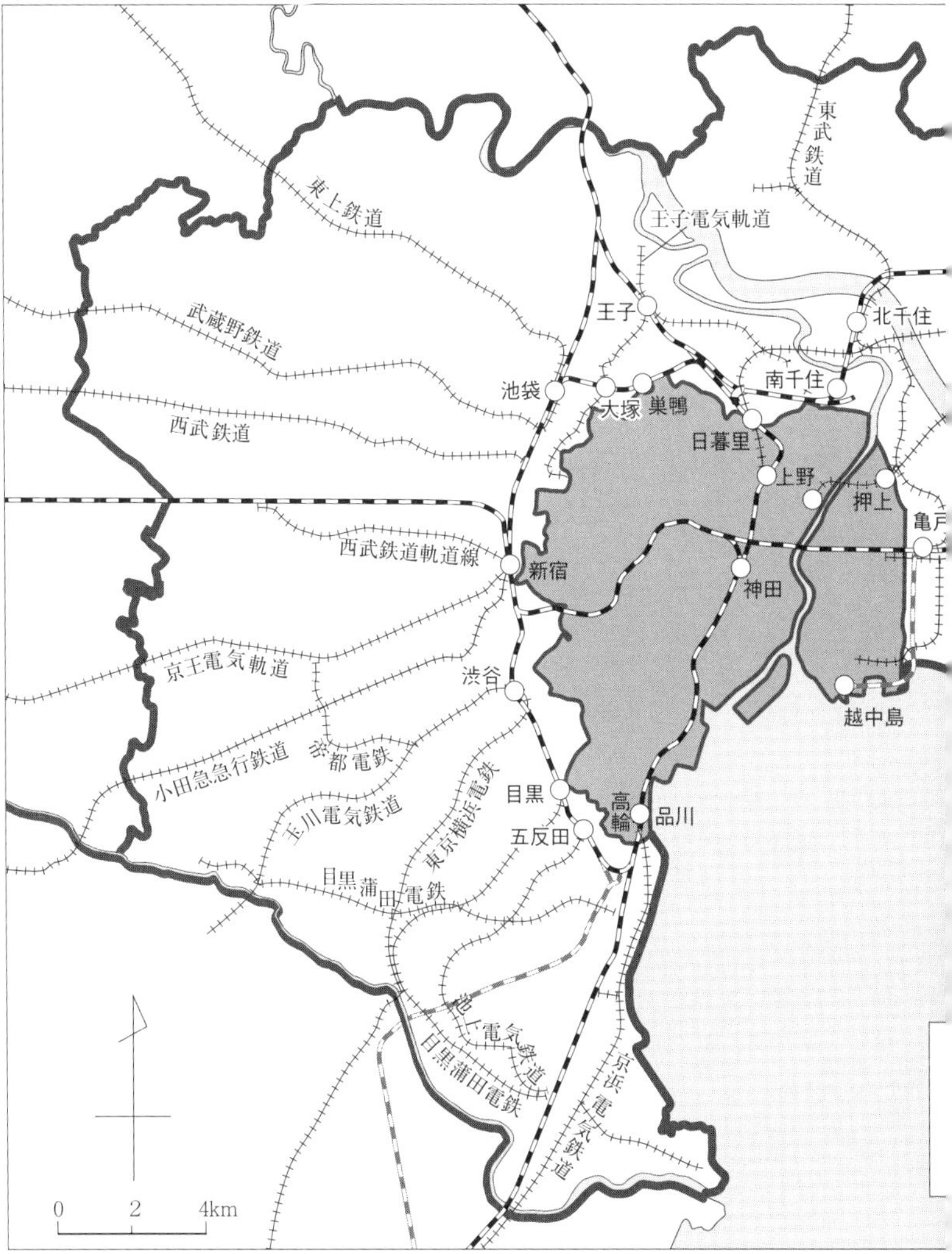

出典：［高嶋　2019］掲載図を一部修正。1927年。『東京市郊外に於ける交通機関の発達と人口の増加』(東京市役所、1928年)より作成

が本格的に建設されるのは、第二次世界大戦後のことであった。

京阪神においても、一九三三年に国鉄が電車運転を開始したほか、私鉄においては電気軌道と蒸気鉄道という異なる出自の鉄軌道が高速電車化によって技術面で収斂していった[三木 二〇一〇]。中心市街地への私鉄乗り入れが「市内交通市営主義」によってはばまれたこと、地下鉄が一九三三年に開業したが戦前にはごく短い区間にとどまり、市電を代替するには至らなかったことも東京の場合と共通していた。

3 電車が変えた人と社会

「交通道徳」の広がり

以下、引き続き[高嶋 二〇一九]によりつつ、電車を利用した人々や政策についてみていく。両大戦間期の都市ではモビリティの拡大に対して交通インフラである鉄軌道の整備が必ずしも追いついていなかった。これに対して利用客が当初とったのは、自分だけでも無理やり乗り込むという行動であった。例えば市電においては整列乗車や乗車後に奥へ詰めることが奨励され、満員札が掲示されているときはつぎの電車を待つこととされていたが、実際には車端部のステップに飛び乗ってしがみついていく者も多かった。

一九二〇年代になると、乗客の行動様式を統制したり、それを受け入れる規範を教育によって涵養したりする試みが始まった。こうした規範は、「交通道徳」と表現された。一九二二(大正十一)年には交通道徳会が設立され、東京市、鉄道省、警視庁などと協力して市内二五万人の小学生を対象に道路の左側通行と電車での降車優先、車内で奥に詰めることなどが呼びかけられた。同じ頃、鉄道省も省線電車の乗客に対し、乗降の順序を守るようマナーポスターによる呼びかけを行っている。

こうした取組が本格化するのは、輸送力不足が深刻化した第二次世界大戦中であった。一九四〇(昭和十五)年八月、大日本青年団および大日本少年団は「交通道徳の新体制運動」と称し、一二〇〇人を動員して「交通道徳実践隊」を組織のうえ、東京および京阪神の国鉄駅計三三駅の駅前広場で交通整理を行うとともに、出札窓口での整列や小銭の準備、改札口での切符の各自携帯を呼びかけたほか、待合室で寝そべったり荷物で席をふさいだりする者への注意などを行った。翌月には警視庁が交通道徳強調週間として類似の運動を行い、新聞紙上で「一降り二乗り、三発車」の励行を訴えるとともに、大きな手荷物はもち込まない、社内では奥の方から腰かけて出入り口をふさがない、などといったことを訴えた。

高等女学校などの生徒を積極的に動員したのも特徴であった。例えば目黒駅ではセーラー服姿の女子生徒にメガホンで整列乗車を呼びかけさせた。一九四一年には関東各県ごとに通学自治連盟が結成されている。同年十二月の交通道徳強調週間には、中等学校生徒に「協議」をさせ、整列乗車や満員電車の見送り、傷痍軍人や老人・子どもに席を譲ること、二キロ以内は徒歩励行すること、などの規範を引き出したうえで、彼らを通じて「交通公徳実践の範を示し一般大衆の公徳心を昂揚する」ことを宣言させた。

翌一九四二年には大政翼賛会の移動推進員が「模範電車」に乗り込み、車内に設置されたスピーカーで「一列作りませう」「左側から乗りませう」「元気な人は立ちませう」などと呼びかけを行った。同年夏の「駅内正常歩運動」は、東京、有楽町、新橋、新宿の各駅で通勤時に行進曲レコードを放送し、旅客の歩調を音楽に合わせようとするものであった。

　これらは設備の不足を人々の行動規範によっておぎなおうとするものであったが、切符売場やホームなどで整列するという習慣は戦時中に定着し、戦後に至るその後の日本人の精神と行動様式に大きな影響を与えた。

交通調整

　一九三〇年代半ばから政府や事業者のあいだで課題になったのが「交通調整」であった。並行する区間で運賃が事業者ごとに異なったり地域によって設備や賃率に差が生じたりしているのは「公益性」が損なわれている状態であるとして批判の対象とされたり、そもそも競合による二重投資が国民経済上の損失であると問題視されたりするようになった。その原因は交通事業が自由競争の原則のもとにおかれていたことにあるとされ、なんらかの人為的な「調整」や「統制」が必要であるという意見が呈されるようになったのである。

　例えば京王電気軌道の経営トップであった井上篤太郎《とくたろう》は、東京・大阪・名古屋などの大都市圏内にある省線・市電・バス・地下鉄・郊外私鉄を合同して半官半民の会社を設立し、「資本、経営の合理化を徹底すると共に運賃の統制を行ふ」ことを提唱し、将来的には各府県や中小都市圏にも拡大すべきと述べた。第一次世界大戦後のロンドンやベルリンで行われた、市内交通を一元的に経営する特殊法人の設立や、私鉄各社間および国鉄との運輸協定の締結などにならったものであった。東京地下鉄道の早川徳次《のりつぐ》なども、こうした方針には大枠で賛成していた。

この動きを具体化させたのは、内務省の都市計画官僚であった。彼らは一九三五年に「帝都交通研究会」を組織し、内務・大蔵・逓信・鉄道の各省から次官・局長以下部課長級に至るまで事務官・技官を集めるとともに、地方組織からは警視総監、東京府知事、東京市長以下各組織の部課長に名を連ねさせ、さらに各交通事業者の代表なども集めた。そして鉄軌道およびバスの事業や経営に関わる「整理」、鉄軌道およびバスの技術的な「連絡統制」、地下鉄に関する件の三つを審議させたのである。都市計画を通じて企業経営にまで政府が介入しようというのは、資本主義経済社会の原則を変える大きな変革を目指すものであった。

議論は途中で二年ほど中断したが一九三七年末になって再開され、一九三八年には陸上交通事業調整法案が策定されるに至った。その内容は、諮問委員会を設置したうえで、調整区域内における事業者の合併や設立、事業の買収や譲渡、連絡運輸や直通運転およびそのための設備の整備や運賃・料金に関わることなどについて、政府が介入できるようにするというものであった。この案をほぼ踏襲して、一九三八年四月に陸上交通事業調整法が公布・施行された。

同法にもとづき交通事業調整委員会が設置され東京の交通調整に関する議論が始まったのは、一九三八年十一月のことであった。しかし委員会は調整案をめぐって紛糾し、鉄道省、東京市、そして民間事業者の三つ巴という構図になった。色々な案があったが、最終的には全体を旧市内および郊外の方面別ブロックに分け、鉄道省は参加せずそれぞれのブロック内で統制を行うこととなった。旧市内においては市電とバスを東京市に一元化する一方、地下鉄は半官半民の特殊法人である帝都高速度交通営団を設立し、それにゆだねることとした。郊外では有力な私鉄が周辺の事業者を統合することとした。南西ブロックは東京横浜電鉄、北西ブロックは武蔵野鉄道・西武鉄道、北東ブロックは東武鉄道、南東ブロックは京成電気軌道が核となり、一九四〇年代にかけて統合を進めた。

交通事業調整委員会で調整案が策定されたのは結果的に東京のみにとどまったが、陸上交通事業調整法の精神に沿って大阪都市圏、高松、富山、福岡などで事業者の統合が進んだ。一九四〇年に発せられた陸運統制令もこの流れを促進した。終戦後はいったん合同した鉄道会社が再度分離する動きも生じた結果、模範とした欧州の都市に比べて中途半端な「調整」となったが、審議会を通じて政府の大幅介入のもと都市鉄道整備の方針を決めていくという方式は第二次世界大戦後も続くこととなった。

〈参考文献〉

池田真歩　二〇二三年『首都の議会――近代移行期東京の政治秩序と都市構造』(東京大学出版会)
大阪市　一九四三年『大阪市電気局四十年史』(大阪市電気局)
大豆生田稔　一九九七年「都市化と農地問題――一九二〇年代後半の橘樹郡南部」(横浜近代史研究会ほか編『横浜の近代―都市の形成と展開』日本経済評論社)
小野浩　二〇一四年『住空間の経済史――戦前期東京の都市形成と借家・借間市場』(日本経済評論社)
橘川武郎・粕谷誠編　二〇〇七年『日本不動産業史――産業形成からポストバブル期まで』(名古屋大学出版会)第2章第1節(中村尚史執筆)

鈴木勇一郎　二〇〇四年『近代日本の大都市形成』(岩田書院)
鈴木淳　一九九九年『新技術の社会誌』(中央公論新社、のち中公文庫二〇一三年)
高嶋修一　二〇一三年『都市近郊の耕地整理と地域社会――東京・世田谷の郊外開発』(日本経済評論社)
高嶋修一　二〇一九年『都市鉄道の技術社会史』(山川出版社)
東京急行電鉄株式会社田園都市事業部編　一九八八年『多摩田園都市――開発三五年の記録』(東京急行電鉄)
阪神電気鉄道株式会社　二〇〇五年『阪神電気鉄道百年史』(阪神電気鉄道)
三木理史　二〇〇三年『水の都の都市交通――大阪の20世紀』(成山堂書店)
三木理史　二〇一〇年『都市交通の成立』(日本経済評論社)第5章

15

都市化と都市計画

鈴木　智行

はじめに

十八世紀後半のイギリスで始まった産業革命がもたらした工業化は、人口の急増と都市への人口集中＝都市化という新たな社会状況を生み出したことが知られている[長谷川 二〇一二]。都市化は過密や衛生問題などの都市問題と都市域の膨張を引き起こしたため、工場と住宅地を分離し都市郊外に新市街地を整備する、都市計画という新しい技術が生み出された。明治期以降の日本でも、工業化の進展にともない、都市化とそれに対応するための都市計画が実施されるようになる。

まず、近代日本における都市化や都市計画が、歴史教育においてどのように位置づけられているか、試みに歴史教科書(「歴史総合」は山川出版社『歴史総合　近代から現代へ』〈二〇二二年〉、「日本史探究」は同『詳説日本史』〈日探 二〇二三〉を参照、以下同様)を見てみよう。教科書では、近代の都市や都市化について、人々の生活・文化の変化と関連づけて説明がなされている。例えば、明治期については、電灯の利用が開始され、路面電車などの新しい都市内交通が現れたという説明があり、都市では近世期とは違った生活様式が現れたとする。大正期については、サラリーマンや職業婦人といった働き方が現れ、鉄筋コンクリート造のオフィスビルで働き文化住宅に住むという、現在のわれわれが見るような都市生活が始まったことが述べられる。加えて日本史探究では、都市化が第一次世界大戦中の産業構造の変化と関連していたこと、歴史総合では、こうした都市生活は日本独自ではなく、アメリカで成立した大衆消費社会と呼ばれる生活様式であったことが説明される。

以上のような記述は、紙幅が限られた中で通説的な説明を求められる教科書の記述としては十分な内容である。しかし、例えば、明治期と大正期以降の都市化にはどういった違いがあるのかといった点や、第一次世界大戦中の産業構造の変化と都市化はどういった関係にあるのかといった点など、説明が不十分に思われる部分もある。そこで本稿では教科書では十分に記述しきれていない都市化の社会経済的背景と、日本では第一次世界大戦後に始まった都市化への対応策としての都市計画について現在の研究状況を紹介していきたい。

以下ではまず都市化を人口という数量的な面から概観し、その後、教科書と同様に、第一次世界大戦の前後で区切るかたちで都市化の様相の違いを確認する。そしてこれをふまえながら、日本を代表する大都市である東京を事例に都市空間の変遷を見ることで、近代の日本の都市がいかに形成されたのかを見ていこう。

1　近代日本における都市化の概観

それではまず、近代日本における都市化を数量的な側面から確認する。都市の人口の長期的な趨勢を見るうえでは［伊藤 一九八二］が参考になる。伊藤氏は、都市人口に関する統計資料を整理し、市域拡張による不連続な人口増加を補正（第一次世界大戦前後で時期を分け、大戦以前は一九二〇（大正九）年、以後は一九三五（昭和十）年時点の市域に固定して都市人口を計算）したうえで、一八八九（明治二十二）年から一九三五年までの都市人口増加率（五年人口増加率）を算出した。これによれば、一八八九年から九三年までの都市人口増加率は約九％にとどまっているが、以後の時期はつねに一五％以上の人口増加率を記録した。つまり、近代日本では十九世紀末頃から都市での人口の本格的な増加が始まり、それが持続したのである。この間の最大の増加率を記録したのは第一次世界大戦期と重なる一九一三～一八年の期間であり、同時期には農林業有業人口の減少も生じていることから、第一次世界大戦期が都市化のもっとも進展した時期であったと見る。

一方で、第一次世界大戦以後の都市の人口増加の様相をとらえるうえでは、行政域にもとづいた市部人口から都市化の推移を把握し、一九二〇～四〇年代に急速に都市化が進んだとする、［岡田 一九九三］も参考になる。後述するように、戦間期には旧来からの市域を越えるかたちで都市化が進展しており、戦間期の市部人口の急増は、都市郊外農村が市域拡張により都市に併呑されたことを示している。なお、歴史総合の教科書には、東京市と大阪市が市域拡張によって不連続に人口を増加させている表があり、この時期の都市化が都市の外延的拡大によるものだったことに注意を向けさせている。

日本では十九世紀末頃から本格的な都市化がスタートし、第一次世界大戦時に非常に都市化が進み、戦間期には都市化が新たなステージへと移行したとまとめられよう。

2 第一次世界大戦以前の日本の都市化

では各都市レベルでの近代の都市化の様相はどのようなものだったのであろうか。まず、第一次世界大戦以前の都市化の様相を確認していこう(以下の整理については[大門 二〇〇〇]を参考にした)。

近世から近代への移行の過程で社会は様々な変容を強いられたが、それは都市も同様であった。近世期には兵農分離により武士人口を集積させた城下町が代表的な都市であった。明治維新の過程で身分制が解体される中、当然こうした都市は変容を迫られることとなる。[金澤 二〇〇三]は、明治末年までに市制が施行された都市を一覧して、近代以降に都市が市勢を維持するには、国家が付与する「拠点性」の有無が重要であったとする。国家の付与する「拠点性」とは、具体的には県庁所在地の指定(政治)や師団等の設置(軍事)・帝国大学や旧制高校の設置(文化)などのことを指している。戦前期に六大都市とされた東京・京都・大阪・横浜・神戸・名古屋にはこれらの「拠点」が多くおかれたほか、これらの「拠点」が設けられた旧城下町には早期に市制の施行が行われており、国家から付与された「拠点性」は都市としての盛衰を左右したとする。そのため、「拠点性」をめぐって都市間で競争が行われることもあった。例えば地域振興の切り札として軍隊の駐屯地の誘致合戦が行われたほか[松下 二〇一三]、国家の認可や補助金を得て進められる水道の布設をめぐっては、地方都市が政党なども通じて様々な働きかけを行った[松本 二〇二〇]。

近代の都市は、たとえその都市が繁華な城下町を前身としたものであったとしても、それゆえに都市として存続できたわけではなく、国家の意思のもとで近代以降の「拠点性」の付与を通じて再編成されたうえで、出発したのであった。

また、近世から近代への移行の過程で交通や流通のあり方が変化し、それにともない国内の都市の構成も変化した。一八七八(明治十一)年と一九二〇(大正九)年の各都市の人口数を確認すると、一八七八年時点においては金沢・富山・福井といった日本海側の諸都市が人口数の上位に顔を出しているが、一九二〇年時点では軒並みその順位を下げており、一方で、太平洋側の諸都市はこの間で順位を上昇させた。これは、近世期においては海運や水運が交通の中心であり、日本海側の諸都市はこうした交通の拠点であったために多くの人口を抱えていたが、産業革命の進展にともなって鉄道や蒸気船の利用が進む中で太平洋側に鉄道網や港湾が整備され、太平洋側の諸都市の人口が増加したためだった[大門 二〇〇〇]。

第一次世界大戦以前に日本はいわゆる産業革命の時期を経過するが、日本における工業化の進展は単純には都市人口の増加につながらなかった。日本の産業革命を主導した紡績業や製糸業といった繊維産業は女性の就業機会を増加させたが、当時の都市人口は男性超過型となっており、繊維産業の成長により都市化が進展したわけではない[大門 二〇〇〇]。とはいえ大都市では中小機械工場の集積が始まりつつあったから[沢井 一九九〇]、後述するように賃金水準は十分に高くなかったとはいえ、都市での機械工業の発展が男性の就業機会を増加させ、都市の人口を増加させた面もあるだろう。

以上見てきたように、十九世紀末頃から都市の人口増加は始まっているものの、各都市の浮沈については、日本の産業構造の変化によるというよりは、国家による「拠点性」の付与の有無や、近世から近代にかけての流通・交通網の変化に左右された。このような都市化の状況は、産業革命の時期に起こった企業勃興の地域的な広がりを指摘する近年の経済史研究とも整合的である[中村 二〇一〇]。

3 第一次世界大戦以後の日本の都市化

では、こうした状況は第一次世界大戦の勃発によってどのように変化したのだろうか。教科書では第一次世界大戦中から日本では重化学工業化が進み、これが都市化を進展させたとするが、以下で見るように都市化の実態はもう少し複雑である。

まず、重化学工業化の進展にともなう都市化のわかりやすい例として、第一次世界大戦以後の時期になると、川崎市や尼崎市といった重化学工業を産業の中心とする新興都市が現れてくるという点が指摘できよう。これらの新興重化学工業都市は、高橋財政とその後に続く統制経済のもとでの重化学工業化の進展にともない人口を急増させた[岡田 一九九三]。

新興重化学工業都市が現れた一方で、戦間期には大都市の人口増加も著しかった。この理由は以下のような複合的な要因によるものだった。

第一に、第一次世界大戦中から大都市へ企業の本社が集積しはじめることが挙げられる。日露戦争後の不況期に進んだ企業合同を経て複数の工場を傘下に収めるなどした大企業は、第一次世界大戦中から複数の工場や営業所を統括する本社を設置するようになった。その際、本社の設置場所として選ばれたのは金融機関が集中する東京や大阪などの大都市であり、これらの大都市の都心にビジネスセンターが形成されるようになった[岡田 一九九三]。戦間期の都市社会の動向として、都市新中間層が現れることはよく知られているが、それは以上のように、大都市都心にサラリーマンが働く空間が形成されたためであった。

第二に、戦間期になると都市での男性工場労働者の生活条件が向上し、若年層が核家族を形成して都市に定着できるようになったことが挙げられる。日露戦争後頃から雇用労働者の賃金水準の相対的な上昇が始まり、大規模経営の工場労働者であれば家族を形成できるような状況が現れはじめた。第一次世界大戦中の好景気を受けてこうした状況は広がり、都市には出稼ぎ的でなく定着する工場労働者が多く現れるようになった[中川 一九八五]。都市には新中間層だけでなく、工場労働者も定着するようになってきたのである。

第三に、戦間期の大都市には、ここまで見てきた新中間層や工場労働者といった被雇用者だけでなく、中小工場経営者や商店主など、経済史の分野で都市小経営と呼ばれる自営業者たちが広範に存在した。農村から都市へ流入し、種々の修行を経て独立を果たし、そして商店街での活動などを通じて都市における地域社会を支える役割も担っていた、都市小経営の存在は、戦間期の大都市における重要な要素であった[谷本 二〇一三]。

第四に、ここまで見てきた都市住民たちの活動を支えるインフラとして、日本における電力業の発展があった。日露戦争後から始まり戦間期に加速した水力発電開発の進展により、都市に低廉で豊富な電力供給が行われるようになった。都市の工場は地方よりも有利な条件で電力を利用することが可能となったため、中小工場に至るまで動力の電化が進み、都市に工場地帯の形成が進んだ［中村 二〇一〇］。加えて、こうした電力供給の開始は通勤通学に利用できる市街電車の発展の前提ともなったと考えられる。

そして戦間期の都市化の特徴として、旧来からの市域の範囲を越えて市の外側まで人々が住むようになり、都市域が広がったという点も見逃せない。東京や大阪といった大都市の郊外農村の人口が増加しはじめたのは日露戦争後の時期からであるが［伊藤 一九八二］、第一次世界大戦中にはこうした状況が無視できなくなった。これへの対応策として、しばしば行われたのが都市周辺町村を市域に編入する市域拡張で、こうして成立した新しい市や旧来以上に膨張した都市のことを、「大東京」や「大大阪」といったように、人々は市名の前に「大」をつけて呼びならわすようになった［東京都編 二〇〇七］。

市域拡張は旧来から存在した地方自治制にもとづいた都市化への対応であったが、一九一九（大正八）年には、都市計画法と市街地建築物法が制定され、都市化に対して新たな対応が可能になった。第一に、都市インフラ整備に関する法制の対象都市が東京以外に広がった。第二に、市域を越えた範囲に都市計画を実施するための制度として都市計画区域・都市計画委員会が導入された。第三に望ましい市街地を実現するため、地域ごとに建築に制限を設ける用途地域制（住宅・商業・工場）が導入された［石田 一九八七］。現在から見れば萌芽的な制度ではあるものの、都市計画法と市街地建築物法の制定は、日本の都市化が新たな段階へと至ったことを象徴するものであった。

こうして、第一次世界大戦以前の一九一三年には、全人口のうちに占める割合が一九・四％だった都市人口は、一九三五(昭和十)年には三一・八%にまで増加し、この間、都市人口は二倍以上に増加した[伊藤 一九八二]。第一次世界大戦以後の産業構造の変化がもたらした、都市化はここまで見てきたように、日本を「都市の時代」へと移行させせたといえよう。

4 首都東京からみる都市化と都市計画

以上をふまえて、江戸=東京を事例に実際の一都市の変容を見ていこう。近世期には将軍の所在地であった江戸は、都市空間内に広大な武家地を擁し、多くの武士人口を抱えていた。明治維新によってこうした近世の身分制社会を反映した都市空間構造は変容をせまられ、加えて武士人口の流出にともなって江戸=東京は一時著しい都市人口の減少に見舞われた。

ただし紆余曲折を経て、江戸は、天皇が所在し中央官庁が集中する、首都東京となった。この首都という「拠点性」が近代の東京の都市としての成長の前提となる。例えば、東京においては、首都にふさわしい都市空間となるように、市区改正条例という法律にもとづき、市区改正事業という総合的な都市改造事業が行われた[藤森 二〇〇四]。この事業手法は大阪などの他の大都市には認められず、東京以外の六大都市でこうした都市改造を行えるようになったのは、都市計画法の制定の前年となる一九一八(大正七)年になってからのことであった[渡辺 一九九三]。

それでは、近世近代移行期の東京の都市空間の変容を確認していこう。江戸・東京の都市空間のうち、維新により大きな変容をせまられることとなったのが、江戸の都市空間の七割を占めたとされる武家地である。これらの旧武家地のうち、皇居近くに関してはその多くが明治新政府に収公され、諸官庁や政府要人の宅地として利用された。それ以外の旧武家地に関しては、新政府の財政事情もあって民間に払い下げられた。これらの旧武家地の中には、三菱に払い下げられた丸の内地区のように企業により長期にわたって都市開発が行われた場所もあったし、旧町人たちの開発によって住宅地や盛り場へと変わった場所もあった。一方、旧町人地は、銀座煉瓦街の建設に代表されるように大火を契機に一部が再開発されたほか、市区改正事業により街路拡幅が行われ、ここに路面電車が敷設された[松山 二〇一四]。

一八八九(明治二十二)年におおよそ旧江戸の範囲を市域として東京市が成立したが、この時点の東京市の人口は近世期の都市人口を越えていたとされる[梅田 二〇〇四]。以上のように近世都市江戸は、都市の範囲は変えないものの、都市空間の内実を一部変容させるかたちで近代都市東京として再出発したのであった。

再出発した東京は、第一次世界大戦以降になると、都市域の拡張と、一九二三年に起こった関東大震災、そして帝都復興事業により、さらなる変容を遂げることとなる。

第一次世界大戦後の東京の課題は、旧来からの市域を越えた都市化への対応であった。東京においては早くも一九二一年に、都市計画法にもとづいて東京都市計画区域が設定され、郊外の都市計画の準備が開始された。この東京都市計画区域は江戸の範囲を継承する東京市の面積の七・七倍にもなる広大なもので、もはや江戸の範囲では東京は収まらないことを示すものであった。一九三二(昭和七)年には東京都市計画区域とほとんど重なる範囲を市域とする大規模な市域拡張が行われ、こうして成立した「大東京市」の範囲を継承するかたちで、戦後東京二三区が成立する［梅田 二〇〇四］。

東京都市計画区域は、東京駅を中心として、鉄道により一時間以内で移動できる範囲（東京駅から約一六キロ）に設定された［鈴木勇一郎 二〇〇二］。このことは、都市空間が鉄道による移動を前提として編成されるようになったことを示すとともに、東京の中心地が近世以来の商業集積地の日本橋から、近代的なオフィスが建ち並ぶ東京駅前の丸の内に移ったことも示している。第一次世界大戦以前の一九一三年から以後の一九二二年のあいだで、丸の内地区に三菱が所有していたオフィスビルの延床面積は二倍に増えており、一九二三年に八階建ての丸ノ内ビルヂングが完成することで、延床面積は一挙に三倍となった［鈴木智行 二〇二一a］。このような都心の移動は大阪では起こらなかったとされており［粕谷 二〇〇七］、広大な旧武家地を近代的な都市空間に組み替えた東京の特徴であるといえよう。

こうした状況下で起こったのが一九二三年の関東大震災であった。震災からの復興事業はしばしばその不徹底性が強調されるが、旧町人地の系譜を引く、東京中心部の焼失既成市街地の改造という点で見れば、十分な成果を挙げた。震災復興区画整理事業により道路幅が広がったほか、五五の公園が開設され、河川にかかる橋梁も面目を一新した。大規模な復興事業の実施により、都市計画の技術者が多数育成されたほか、復興事業が政治問題化したこともあって、都市計画に対する市民の関心が高まった［石田 一九八七］。

一方でここまで見てきたように、戦間期の都市計画や都市計画法は、都市化が急速に進む郊外に望ましい新市街地をつくることを目指したものであり、復興事業のような既成市街地の改造を行うための枠組みではなかった。実際、東京郊外の都市計画は震災の結果遅延した面があるとされ、例えば東京都市計画地域全域にわたる道路計画が立てられるのは、一九二七年になってのことであった。なお、これまで十分注目されてこなかったが、東京においては基礎的な都市公共団体である東京市ではなく、広域公共団体である府(東京府)が郊外の都市計画を進めており、高名な大阪市長である関一のもとで都市計画事業が行われた大阪とは違った展開をみせた[鈴木智行 二〇二一b]。これらの東京府の都市計画事業に加えて、東京の郊外農村では、地域有力者たちが中心となって区画整理(耕地整理)を行い、自らの所有地の宅地化を進めることもあった。これらの事業の過程で、農村から都市へと土地利用の形態が変わる中で、地域社会の秩序も変化したとされる[高嶋 二〇一三]。

東京都市計画区域内における用途地域制の指定も震災後段階的に進められた。戦前期の用途地域制は、土地所有者などの意向に左右されるかたちで再変更されることも多く、土地利用を規制する力も弱かったため、一般的には制度としての役割を十分果たせなかったとされる[沼尻 二〇〇二]。しかし、東京の新市域(市域拡張で東京市に組み込まれた郊外農村)においては、用途地域制に沿ったかたちで工場立地が進んだ[今泉 二〇一〇]。都市計画にもとづく都市形成の時代が始まりつつあったといえよう。

一方で都市行政による供給が不十分であった住宅は、資産運用の一手段として供給がなされており、木造アパートという形式が一九三〇年代以降に普及するまで、借り手側が望む小規模・低家賃の住宅は十分に供給されなかった。そうした状況下で借家の一部を又貸しする借間が広く行われており、住宅の借り手側の柔軟な対応により住空間がつくり出されていたと評価されている[小野 二〇一四]。

おわりに

以上、近代以降の都市形成の様相を、その背景にあった社会経済的状況をふまえながら確認してきた。近代日本が産業革命を経ていく以上、都市化は必然であったように思われるかもしれない。しかし、ここまで見てきたように、都市化の様態は時期ごと、都市ごとに違い、決して単線的な道のりではなかった。本稿がそうした近代化のダイナミズムと現実の歴史の面白さを伝えることができていればと思う。

〈参考文献〉
石田頼房　一九八七年『日本近代都市計画の百年』(自治体研究社)
伊藤繁　一九八二年「戦前期日本の都市成長(上)」(『日本労働協会雑誌』第二八〇号)
今泉飛鳥　二〇一〇年「用途地域制導入が東京府機械関連工業集積にもたらした影響」(『経営史学』第四五巻第三号)
梅田定宏　二〇〇四年「首都東京の拡大」(中野隆生編『都市空間の社会史　日本とフランス』山川出版社)
大門正克　二〇〇〇年「農村社会と都市社会」(石井寛治・原朗・武田晴人編『日本経済史2　産業革命期』東京大学出版会)
岡田知弘　一九九三年「重化学工業化と都市の膨張」(成田龍一編『都市と民衆』吉川弘文館)

小野浩　二〇一四年『住空間の経済史』（日本経済評論社）
粕谷誠　二〇〇七年「第二章三　都市開発とオフィスビル」（橘川武郎・粕谷誠編『日本不動産業史――産業形成からポストバブル期まで』名古屋大学出版会）
金澤史男　二〇〇三年「序章第二節　本書の課題・方法と分析対象」（大石嘉一郎・金澤史男編『近代日本都市史研究』日本経済評論社）
沢井実　一九九〇年「機械工業」（西川俊作・阿部武司編『産業化の時代　上』岩波書店）
鈴木智行　二〇二一年a「丸ビル前夜の丸の内――大正期三菱の丸の内地区における不動産経営」（『三菱史料館論集』第二二号）
鈴木智行　二〇二一年b「戦間期大都市郊外における都市インフラ整備過程と都市計画法」（『史学雑誌』第一三〇巻第一一号）
鈴木勇一郎　二〇〇二年「「大東京」概念の形成と国有鉄道の動向」（大西比呂志・梅田定宏編『「大東京」空間の政治史』日本経済評論社）
高嶋修一　二〇一三年『都市近郊の耕地整理と地域社会――東京・世田谷の郊外開発』（日本経済評論社）
谷本雅之　二〇一三年「近代日本における生存・生活と「都市小経営」」（高嶋修一・名武なつ紀編『都市の公共と非公共――20世紀の日本と東アジア』日本経済評論社）
東京都編　二〇〇七年『都史資料集成　第五巻　ムラからマチへ①』（東京都）
中川清　一九八五年『日本の都市下層』（勁草書房）
中村尚史　二〇一〇年『地方からの産業革命』（名古屋大学出版会）
沼尻晃伸　二〇〇二年『工場立地と都市計画――日本都市形成の特質一九〇五―一九五四』（東京大学出版

会）
長谷川貴彦　二〇一二年『産業革命』（山川出版社）
藤森照信　二〇〇四年『明治の東京計画』（岩波現代文庫、初版一九八二年）
松下孝昭　二〇一三年『軍隊を誘致せよ――陸海軍と都市形成』（吉川弘文館）
松本洋幸　二〇二〇年『近代水道の政治史――明治初期から戦後復興期まで』（吉田書店）
松山恵　二〇一四年『江戸・東京の都市史』（東京大学出版会）
渡辺俊一　一九九三年『「都市計画」の誕生――国際比較からみた日本近代都市計画』（柏書房）

16

立憲君主と元老・宮中

国分 航士

はじめに

本稿では、大日本帝国憲法下の天皇、元老、宮中について取り上げる。大日本帝国憲法下の統治をめぐっては、通時的な視点をもったうえで、憲法などに規定されている内容のみならず、明文化されていない要素、実際の運用の中での慣習の形成などもふまえながら、理解していく必要があるだろう。高等学校の教科書においても、そうした曖昧さや不明瞭さの存在を意識した説明の試みも求められるのではないか。

そこで、その事例として、ここでは、「政治」との関わりを中心とした立憲君主(制)への理解、元老と内大臣の論じられ方について紹介したい。行論では、天皇、元老、宮中に関する教科書の記述を確認したうえで、関連する研究動向の一端について言及する。

1　立憲君主

日本史探究の教科書にみる大日本帝国憲法下の天皇

大日本帝国憲法下の天皇については、統治権の総攬者、神聖不可侵、天皇大権の存在が指摘される。一例として、『詳説日本史』(日探 山川出版社 二〇二三)は、大日本帝国憲法下では「天皇と行政府にきわめて強い権限が与えられ」、「神聖不可侵とされた天皇は統治権のすべてを握る総攬者であり、文武官の任免、陸海軍の統帥(作戦・用兵など)、宣戦・講和や条約の締結など、議会の関与できない大きな権限をもっていた(天皇大権)」と叙述する。なお、天皇大権については、対応する憲法の条文が本文に明記されることもある(『日本史探究』実教出版、二〇二三)。

ただし、天皇と各国家機関との関係は、こうした記述では必ずしも明示的ではないようにも思われる。その観点では、『高等学校日本史探究』(清水書院、二〇二三)には、「天皇は国務大臣の輔弼によって統治するため、天皇大権は政府権限の強大さを意味した」とある。また、国政における天皇の具体的な行動や関わりがわかる箇所は少なく、田中義一内閣との関係、御前会議、ポツダム宣言の受諾など、昭和戦前期を中心としたものにとどまる。

立憲君主の論じ方

現在の日本近現代史研究の潮流において、立憲君主とは、一定の「政治」への関与を前提とする存在だと理解されている(［山田 二〇〇五、渡辺 二〇二一、加藤 二〇一八、茶谷 二〇一二b・二〇一八・二〇

二二、河西 二〇〇七・二〇一二、池田 二〇二二]などを参照)。国際比較も視野に入れたうえで、大日本帝国憲法下における天皇の役割とその実態について、明治・大正・昭和という三代の天皇の個性もふまえつつ、研究が積み重ねられてきた。こうした議論の深化は、昭和天皇の戦争責任をめぐって、昭和天皇が「立憲君主」だと自己規定したように、しばしば戦争責任を回避するための「立憲君主」論が主張されてきたことも背景として存在する[山田 二〇一九]。

例えば、安田浩氏は、「立憲君主制」の君主について「限定的であれ政治権力、すなわち行政権なり非常大権」を有しており、「そのかぎりで政治に関与する存在」だととらえる([安田 二〇一一]。安田氏の議論は[安田 二〇一九]なども参照)。「立憲君主制」という制度は、君主に限定した権限を認めながら、「君主の無答責」を規定するものであり、「政治的無責任性」を内包する。

また安田氏によれば、天皇は、「基本的には輔弼にもとづいて行動する受動的君主だが、限定的には自らの意思で親政的権力を行使する能動的君主としても現れる存在」であった。各国家機関の輔弼を通じて統治権の行使がなされていても、国家機関同士が調整不能となった場合には、統治権を総攬する天皇が「形式的ではない実質的意味をもった「裁断」で最終決定」を行うほかない。ただし、その「裁断」も、「顧問官が「勧告」を行うことで、天皇の個人意思としての性格は弱められ、あいまい化することが構想されていた」という(顧問官に関連して枢密院については[望月 二〇二二]を参照)。

こうした大日本帝国憲法下の天皇の役割を考えるうえでは、とりわけ、永井和氏の理解が示唆に富む([永井 二〇〇四])。あわせて[永井 二〇〇二・二〇〇三])。永井氏は、「国政上の重要事項すべてについて天皇が最終的決定権をもち、天皇の決裁によってはじめて国家意思が最終的に確定される」という

「国家意思決定システム」をして、「万機親裁体制」ととらえる。そして、内閣制度の成立後には、天皇大権を三つの領野(国務大権・統帥大権・皇室大権)に分割し、それぞれに別個の輔弼者を有する「多元的輔弼制」が成立した。この「多元的輔弼制」を特徴とした「万機親裁体制」における天皇は、受動的主体としてふるまうだけではなく、各輔弼機関が対立した際などには最終的な裁決をくだすといった能動的主体としてのふるまいも要請されていた。

君主制の比較をめぐって

君塚直隆氏が紹介するように、レーヴェンシュタインは、君主制を「世襲君主制」と「選挙君主制」とに分け、「世襲君主制」を「絶対君主制」、「立憲君主制」、「議会主義的君主制」の三つに分類している[レーヴェンシュタイン 一九五七、君塚 二〇一八]。十九世紀のプロイセンに代表されるような「国王は君臨しかつ統治する」という「立憲君主制」の本質は、「王権と議会という二つの国家機関の併存、および合奏」である。他方、イギリスで発達した「議会主義的君主制」では、「政治権力は君主から議会へ移行」し、「君主は君臨すれど統治せず」というように、「もはや政治権力を行使していない」とされる。

石村修氏によれば、「立憲君主制」では、「少なくとも君主の合法的な法的行為の責任を追及することは、君主の無答責」から認められておらず、そこで「君主を補佐する国務大臣の責任をどのように構成し、責任の態様を決定するかが立憲君主制の鍵」となりうる[石村 一九九九]。また、増田知子氏は、「君主専制主義と立憲主義という二つのイデオロギーの属性」をあわせもつ「立憲君主制」では、あらゆる国家機関も同様に二つの属性を含んでいることを指摘し、この二側面を包括的に把握するため、穂積八束の議論を援用して「大権政治」という概念を用いた分析を行っている[増田 一九九九]。

国際比較の重要性を指摘してきた伊藤之雄氏は、イギリスの君主制の実態をふまえ、イギリスの「立憲君主」は必要に応じて「政治」への関与が期待され、関与は当然のものとされていたと指摘し、とくに「調停者としての君主」の役割に着目する[伊藤 二〇〇五]。伊藤氏によれば、「比較的首相権限の強い政党内閣が連続して展開したことを考慮すると、日本にもイギリスに類似した立憲君主制が展開した」という(そのほかに川田稔の研究[川田 一九九九・二〇〇七]も参照)。

なお、ウォルター・バジョットの論ずる所では、「イギリスのような立憲君主制」の君主は、相談を受ける権利、奨励する権利、警告を与える権利という三つの権利を有する[バジョット 二〇二三]。また、ローレンツ・フォン・シュタインは、立法部および君主との関係で、行政部が独立すべきことを説くとともに、「君主の政治的仲裁機能」を論じていた[瀧井 二〇二三]。そうしたシュタインから伊藤博文が示唆を得たのは「行政部を中心としながら、君主・行政・立法の三者を均衡させて統合する「行政国家」のイメージ」としての立憲制認識であったとされる[坂本 二〇〇二]。

大日本帝国憲法下の天皇をイギリスなど他国の君主(制)と比較したうえで、いかなる位置づけを行うかどうかは、今後もさらに考察を深めていく必要があるだろう。これまでの研究においても、安田浩氏と永井和氏が「君主制における天皇制の特殊性(能動性)を際立たせる」のに対し、伊藤之雄氏が「天皇制の普遍性(受動性)を説く分析方法」であるため、両者では「立憲君主制の中に天皇制をどう位置づけるかをめぐって論争」が行われている[茶谷 二〇二二]。また、渡辺治氏の指摘するように、君主制の比較においては、司法部の国家機構内での比重への着目なども求められるだろう［渡辺 二〇二二］。さらに、立憲君主と「政治」関与という観点から大日本帝国憲法下の天皇の役割をいかにとらえるのかは、同時代でも重要な相違を生み出すものでもあった。茶谷誠一氏によれば、西園寺公望と牧野伸顕をはじめとした宮中の牧野グループとの懸隔は、一九三〇年代前半に、「立憲君主制再編論」をめぐって深まっていく。「立憲君主制再編論」の方向性は、「輔弼機関の責任政治による立憲君主制」（西園寺）と「天皇親政強化路線による立憲君主制」（天皇、牧野グループ）に整理できるという［茶谷 二〇〇九］。あわせて、村井良太氏は、昭和戦前期の天皇や元老・宮中官僚たちの立憲君主制理解については、西園寺が理想とする「全権委任型の立憲君主像」、天皇・宮中官僚が希望した「政党政治を補完する立憲君主像」の存在を指摘している［村井 二〇一四］。

2　元老・宮中

日本史探究の教科書にみる元老

元老については、後継首相の推薦という役割（大日本帝国憲法下の首相の選出方法、「憲政の常道」）、外交問題などへの関与が説明され、元老の一覧が示される。また、大日本帝国憲法下の国家機構図に記載されるとともに、桂園時代の箇所で言及されることが多い（桂園時代については［原口 二〇一八］を参照）。天皇・宮中の内容に比べると、元老に関する書きぶりは、各教科書の個性が出やすい。

前掲『詳説日本史』（日探）では、第一次桂太郎内閣の成立後、山県有朋や伊藤博文は「政界の第一線から退いたが、非公式に天皇を補佐する元老として首相の選任権を握り、内閣の背後から影響力を行使」するようになったとある。後継首相の推薦という元老の役割については、元老が「言論界や民衆のあいだで人気のある大隈重信を急きょ後継首相に起用した」などのように、適宜、説明がなされている。しかし、元老の役割について読者が理解していなければ、そうした記述がある理由は、少しわかりづらい。『日本史探究』(東京書籍、二〇二三)のように、「首相の選び方」としてまとめて説明するのは、工夫の一つだろう。また、国家機構図に元老を含めた場合には、憲法に明文化されておらず、憲法の運用を経る中で定着した慣習的な存在だと想起しがたいのではないか。この点は、重臣などについても同様である。

元老の論じ方

元老に関して通覧した近年の研究として、伊藤之雄『元老』[伊藤 二〇一六]を挙げておきたい。伊藤氏によれば、元老制度とは「天皇と元老たち、あるいは元老制度ができる前の藩閥有力者たちが作っていった慣例的制度」であり、元老になるには、天皇のほかにも、元老たちに承認されることが必要であった。伊藤氏の研究は、元老という慣習的な存在を、長期的な視座からとらえる重要性を改めて認識させる(「体制の集権化要因〈天皇に代位する統合主体〉」としての「藩閥」の指導者たちが、「天皇に代位する元老集団」をかたちづくり、「体制のバランサーとしての役割」を果たしたとする[三谷 一九八三]、元勲・元老による統合の内実に関して再検討をうながす[佐々木 二〇一九]も参照)。

伊藤氏は、「元老」「元勲」といった言葉のもつ意味の変遷について、つぎのように指摘する。後継首相の推薦などの重要な国務を公式な官職と関わりなく行う集団を「元老」と呼ぶのは、第二次松方正義内閣成立の頃からである。そして、第三次伊藤内閣の成立に際して、宮中では「元老」という言葉が用いられていた。それまで、藩閥内やジャーナリズムでは、「元勲」や「元勲会議」という呼び方がおもに用いられ、「元老」は、「元勲」より下の者、もしくは下の者も含んだ集団を呼ぶ場合に使用されていた。「元老」という言葉が用いられていく理由については、後継首相の推薦につねに関わる藩閥最有力者が伊藤博文たちに限られていく中で、当人たちが自らを「元勲」と名乗ると、それに外れた藩閥有力者らからの反発をまねく、そして、「元勲会議」と称すると明治天皇の「元勲優遇」の詔勅との関係を取りざたされる可能性があるからだと推測が行われている。なお、「元勲優遇」の詔勅について、御厨貴氏は明治天皇の側から「パーソナルな信頼関係」を確認するものであり、政治家当人に「建国の父祖共同体」の一員としての自覚をもたらすととらえている[御厨 二〇一六]。

天皇の助言者として重要な国務に関与する元老の役割としては、とくに後継首相の推薦が注目され、元老の高齢化・死没にともない、昭和期には西園寺公望のみになっていく中での首相選定方式の変化、そして西園寺の構想などが考察されてきた([村井 二〇〇五・二〇一四・二〇二三]。政権の交替をめぐる西園寺については、升味準之輔氏による「人格化されたルール」との評価[升味 二〇一一]、西園寺の論じられ方を「西園寺一人聡明説」と表現する有馬学氏の議論[有馬 二〇一〇]も参照)。

その中でも、前述の君主制の比較という観点で、永井和氏の議論を紹介しておきたい([永井 二〇〇三]。あわせて[永井 二〇一八]を参照)。永井氏によれば、辞めていく首相が後継首相を指名する「首相指名方式」の慣行としての成立は、政党内閣の慣行の定着と並んで、「イギリス型立憲君主制(議会主義的立憲君主制）」か否かの「重要な指標」となる。そのため、首相以外の者が後継首相の奏薦をする限り、政党内閣の慣行が行われても、「イギリス型の議会主義的立憲君主制と同じ体制」とはならない。元老の西園寺は、「一人元老制」と「元老・内大臣協議方式」による後継首相の選定にこだわりを有した。

永井氏は、「首相指名方式」と「憲政の常道」による「元老・内大臣協議方式」の後継首相の推薦とをして、結果は同じであり、その差異は「紙一重」のものにみえても、西園寺にとっては「紙一重」の差が大きいと論じる。西園寺は、天皇が「立憲君主制のもとで大権君主として内閣および議会からの自立性を確保」しつつも、天皇の「大権君主性を、ぎりぎり「紙一重」の形式にまで縮小」し、憲法を変更することなく、「イギリス型の議会主義的立憲君主制を確立させようとした」と評することもできるのかもしれないという。

日本史探究の教科書にみる宮中

宮中については、「宮中・府中の別」のように、府中と対比的にとらえられる概念や領域としての宮中、そして、宮内大臣（宮内省）・内大臣など役職・機構としての宮中といった観点から論じられる。国家機構図には、宮内大臣、内大臣が示される事例が多く、「宮中（宮内大臣、内大臣）」と記述する教科書もある（『高等学校 日本史探究』第一学習社、二〇二三）。言及される箇所は、内閣制度の導入、大正政変、昭和戦前期の木戸幸一内大臣の役割など、ある程度、共通している。

前掲『詳説日本史』（日探）の記述を紹介すると、つぎのとおりである。内閣制度が導入され、宮内省は、内閣の外におかれた。首相の伊藤博文が宮内大臣(宮相)を兼任したものの、「制度としては府中(行政府)と宮中の区別」が明示されることとなる。あわせて天皇の常侍輔弼の任に当たる内大臣が設けられ、太政大臣だった三条実美が内大臣に就任した。明治から大正への代替わりの際には、大正天皇のもとで内大臣兼侍従長に桂太郎が就任し、その後、桂による内閣が成立すると、「内大臣兼侍従長である人物が首相となるのは宮中と政府(府中)の境界を乱す」との批判が生じた。そして、昭和戦前期、元老の西園寺公望が死去した後、後継首相の選定は、木戸内大臣を中心に「首相経験者らで構成される重臣会議の合議」で行われるようになった。

内大臣の論じ方

こうした教科書の記述をふまえて、ここでは、内大臣に関する議論を紹介したい。なお、政治勢力としての宮中(内大臣・宮内大臣・侍従長などの宮内官僚、元老・重臣など)の全体像については、[茶谷 二〇一二a]が参考となる。宮中と府中の関係をめぐる研究状況への理解については、[原科 二〇二二]が手がかりとなる(憲法制定前後までについては、[坂本 二〇一二]に加え、近年のまとまった研究として[笠原 二〇二二])。あわせて、宮中と府中の関係を考えるうえで重要な皇室財産制度について、近年の史料状況をふまえた成果としては、[池田 二〇一九、加藤 二〇二三]を挙げておきたい。また、瀧井一博氏によれば、「宮中府中の別によって、天皇の政治活動も明確に制度化」され、天皇の「立憲君主化が促進」されたという[瀧井 二〇二三]。

天皇を「常侍輔弼」する内大臣は、御璽《ぎょじ》・国璽《こくじ》を尚蔵するとともに、詔勅などの文書の事務を掌り、請願書の処理などを担当する。創設から敗戦後に廃止されるまでの内大臣という制度を通覧した松田好史氏によれば、内大臣の「常侍輔弼」の内容は、天皇に代わって調停や調整を行うような「代行型」から、昭和期には、君側に奉仕し、天皇の相談役となる「側近型」に移行した(［松田 二〇一四］。内大臣の機能については［川口 一九九九、西川 二〇一三］、イギリスの国王秘書官との比較については［君塚 二〇二三］も参照)。とくに大正期には、元老の大山巖や松方正義が内大臣に就任したことで、元老と内大臣の役割の混交が生じ、内大臣の関与しうる範囲がなしくずし的に拡大したという(当該期の松方正義については、［荒船 二〇一三、十河 二〇一七］なども参照)。

また、内大臣となった牧野伸顕が、天皇への助言を中心とした「側近型」の輔弼を行うようになった背景として、宮中では昭和天皇という君主が登場するとともに、府中では政党内閣による自己完結的な意思決定が可能となったことが指摘されている。昭和期の「側近型」の内大臣も、牧野のように、宮内大臣や侍従長などの側近たちとともに輔弼を行う「側近集団型輔弼方式」から、木戸幸一のように、ほかの側近を排除し、内大臣が単独で輔弼を行い、内大臣・宮相・侍従長の役割分担を明確化する「内大臣単独輔弼方式」へと変容した。「常侍輔弼」という曖昧な職掌を有する内大臣は、歴代の内大臣在職者の個性、天皇と内大臣の関係、そして、その時々の宮中・府中をめぐる状況に対応して、その役割を変容させてきたと解しえよう。

さらに、内藤一成氏は、内大臣について、三条実美のために設けられた「冗官」という見方を退ける(［内藤 二〇一九］。三条実美については［佐々木 二〇〇二、刑部 二〇一六］も参照)。内藤氏によれば、太政官制下の太政大臣の有する権能のすべてが首相に引き継がれたわけではなく、とくに宮中方面の空白を埋める存在として期待されたのが内大臣だった。内閣制度の創設に際し、佐佐木高行らが宮中顧問官となっており、内大臣は、宮中顧問官の統轄役とされていた。そのため、内大臣と宮中顧問官は「宮廷の内閣」とでもいうべき存在であった。三条の「無為」によって、結果として、太政官制から内閣制への円滑な移行が可能になったのである。そして、三条の死後、徳大寺実則侍従長が内大臣を兼任することとなった(徳大寺実則については、[荒船 二〇一六、梶田 二〇〇二、川上 二〇〇四]も参照)。

おわりに

ここまで見てきたように、大日本帝国憲法下の天皇・元老・宮中を理解する際には、特定の時期のみではなく、通時的な観点から、それぞれの変化をふまえつつ、全体像をとらえていこうとする姿勢が、あらためて求められているだろう。その際、制度の運用にともなう曖昧さや不明瞭さの存在も無視できない。

最後に、本稿では十分に論じることができなかったこととして、つぎのことを確認しておきたい。君主制においては、君主の能動性と受動性はいずれもが要請されている[前田 二〇一八、永井 二〇〇三、飛鳥井 二〇〇二、御厨 二〇一六]。そして、大日本帝国では、議会や内閣の外におかれたものとして、皇室、軍、教育(教育勅語)といった領域が存在していた。とくに、教育勅語の存在に代表されるように、憲法を補完する「立憲君主制を超える領域(法外の領域、つまりは国体)」が重要となっていたのであった[住友 二〇一九]。天皇には、道徳を命じる君主としての役割も求められていた。また、大元帥としての天皇をめぐっては、統帥部との関わりから昭和天皇の戦争指導の実態を明らかにした〔山田 二〇〇二〕などをふまえ、明治天皇や昭和天皇に比べ、これまで十分に検討されてこなかった大正天皇と第一次世界大戦との関わりも注目されつつある〔飯島 二〇二一〕。明治・大正・昭和の各天皇が、そうした各領域に対して、いかなる関心を有し、いかにふるまったのかは、天皇を支える各機関・側近たちの変化も含め、今後もとらえていく必要がある(こうした関心から天皇を論じた例として、〔西川 二〇一八〕)。その際には、君主制のもつ多様なありようというような、やわらかいさわり方もときに要請されるのではないだろうか。

〈参考文献〉

飛鳥井雅道　二〇〇二年「近代天皇像の展開」(『日本近代精神史の研究』京都大学学術出版会)
荒船俊太郎　二〇一三年「大正後期の松方正義と「元老制」の再編」(『史学雑誌』一二二編二号)
荒船俊太郎　二〇一六年「三条実美没後の徳大寺実則──「聖旨の伝達者」像の再検討」(安在邦夫・真辺将之・荒船俊太郎編著『明治期の天皇と宮廷』梓出版社)
有馬学　二〇一〇年『帝国の昭和　日本の歴史二三』(講談社学術文庫、初版二〇〇二年)
飯島直樹　二〇二一年「大正天皇の戦争指導と軍事輔弼体制──第一次世界大戦前半期を事例として」(『東京大学日本史学研究室紀要』二五号)
池田さなえ　二〇一九年『皇室財産の政治史──明治二〇年代の御料地「処分」と宮中・府中』(人文書院)

池田さなえ　二〇二二年「近代天皇制――その「近代」性とは何か」(岩城卓二ほか編著『論点・日本史学』ミネルヴァ書房)
石村修　一九九九年『明治憲法　その獨逸との隔たり』(専修大学出版局)
伊藤之雄　二〇〇五年『昭和天皇と立憲君主制の崩壊――睦仁・嘉仁から裕仁へ』(名古屋大学出版会)
伊藤之雄　二〇一六年『元老――近代日本の真の指導者たち』(中公新書)
刑部芳則　二〇一六年『三条実美――孤独の宰相とその一族』(吉川弘文館)
笠原英彦　二〇二二年『天皇・皇室制度の研究――天皇制国家形成期の法と政治』(慶應義塾大学出版会)
梶田明宏　二〇〇二年「徳大寺実則の履歴について――明治十七年侍従長就任以前を中心に」(沼田哲編『明治天皇と政治家群像――近代国家形成の推進者たち』吉川弘文館)
加藤祐介　二〇一八年「第一次世界大戦後の近代天皇制――研究史の整理と方法の提起」(『メトロポリタン史学』一四号)
加藤祐介　二〇二三年『皇室財政の研究――もう一つの近代日本政治史』(名古屋大学出版会)
川上寿代　二〇〇四年「徳大寺実則と政治的意思伝達」(『メディア史研究』一七号)
川口暁弘　一九九九年「内大臣の基礎研究――官制・原型・役割」(『日本史研究』四四二号)
川田稔　一九九九年「立憲制的君主制から議会制的君主制へ――その政治思想史的一考察」(伊藤之雄・川田稔編『環太平洋の国際秩序の模索と日本――第一次世界大戦後から五五年体制成立』山川出版社)
川田稔　二〇〇七年「戦間期政党政治と議会制的君主制の構想」(『思想』九九六号)
河西秀哉　二〇〇七年「近現代天皇制・天皇像研究の現状と課題」(『新しい歴史学のために』二六二号)
河西秀哉　二〇一二年「近現代天皇研究の現在」(『歴史評論』七五二号)

君塚直隆　二〇一八年『立憲君主制の現在――日本人は「象徴天皇」を維持できるか』(新潮選書)
君塚直隆　二〇二三年『女王陛下の影法師――秘書官からみた英国政治史』(ちくま学芸文庫、初版二〇〇七年)
坂本一登　二〇〇二年「伊藤博文と「行政国家」の発見――明治十四年政変と憲法調査をめぐって」(前掲『明治天皇と政治家群像』)
坂本一登　二〇一二年『伊藤博文と明治国家形成――「宮中」の制度化と立憲制の導入』(講談社学術文庫、初版一九九一年)
佐々木隆　二〇〇二年「内大臣時代の三条実美」(前掲『明治天皇と政治家群像』)
佐々木雄一　二〇一九年「明治憲法体制における首相と内閣の再検討――「割拠」論をめぐって」(『年報政治学』二〇一九年度一号)
住友陽文　二〇一九年「近代国家にとっての天皇制イデオロギーとは何か」(住友陽文・林尚之編『近代のための君主制――立憲主義・国体・「社会」』大阪公立大学共同出版会)
十河和貴　二〇一七年「元老再生産と大正後期の政界――松方正義・牧野伸顕・平田東助を中心として」(『日本史研究』六五九号)
瀧井一博　二〇二三年『増補　文明史のなかの明治憲法――この国のかたちと西洋体験』(ちくま学芸文庫、初版二〇〇三年)
茶谷誠一　二〇〇九年『昭和戦前期の宮中勢力と政治』(吉川弘文館)
茶谷誠一　二〇一二年a『宮中からみる日本近代史』(ちくま新書)
茶谷誠一　二〇一二年b「象徴天皇制の君主制形態をめぐる研究整理と一考察――国法学的方法論と「君

主制の歴史的・社会的機能」論の視角から」(『成蹊大学文学部紀要』四七号)

茶谷誠一　二〇一八年「政治史における「宮中」」(『歴史評論』八一七号)

茶谷誠一　二〇二二年「昭和天皇と宮中――何を考え、どう行動したのか」(前掲『論点・日本史学』)

内藤一成　二〇一九年『三条実美――維新政権の「有徳の為政者」』(中公新書)

永井和　二〇〇二年「太政官文書にみる天皇万機親裁の成立――統帥権独立制度成立の理由をめぐって」(『京都大学文学部研究紀要』四一号)

永井和　二〇〇三年『青年君主昭和天皇と元老西園寺』(京都大学学術出版会)

永井和　二〇〇四年「万機親裁体制の成立――明治天皇はいつから近代の天皇となったのか」(『思想』九五七号)

永井和　二〇一八年『西園寺公望――政党政治の元老』(山川出版社)

西川誠　二〇一三年「明治期の内大臣」(坂本一登・五百旗頭薫編著『日本政治史の新地平』吉田書店)

西川誠　二〇一八年『明治天皇の大日本帝国　天皇の歴史七』(講談社学術文庫、初版二〇一一年)

バジョット著、遠山隆淑訳　二〇二三年『イギリス国制論』上(岩波文庫)

原口大輔　二〇一八年「桂園時代――議会政治の定着と「妥協」」(小林和幸編『明治史講義【テーマ篇】』ちくま新書)

原科颯　二〇二二年「明治前期における宮中・府中関係の形成――立憲君主制への階梯」(『年報政治学』二〇二二年度一号)

前田亮介　二〇一八年「「皇室の藩屏」は有用か?――近衛篤麿と谷干城の立憲君主制論」(御厨貴編著『天皇の近代――明治一五〇年・平成三〇年』千倉書房)

増田知子　一九九九年『天皇制と国家――近代日本の立憲君主制』(青木書店)
升味準之輔　二〇一一年『新装版　日本政党史論』五(東京大学出版会、初版一九七九年)
松田好史　二〇一四年『内大臣の研究――明治憲法体制と常侍輔弼』(吉川弘文館)
御厨貴　二〇一六年『戦前史のダイナミズム』(左右社)
三谷太一郎　一九八三年「政党内閣期の条件」(中村隆英・伊藤隆編『近代日本研究入門』増補版、東京大学出版会、初版一九七七年)
村井良太　二〇〇五年『政党内閣制の成立　一九一八～二七年』(有斐閣)
村井良太　二〇一四年『政党内閣制の展開と崩壊　一九二七～三六年』(有斐閣)
村井良太　二〇二二年「帝国憲法下の政党政治――戦前の日本は民主化したのか」(前掲『論点・日本史学』)
望月雅士　二〇二二年『枢密院――近代日本の「奥の院」』(講談社現代新書)
安田浩　二〇一一年『近代天皇制国家の歴史的位置――普遍性と特殊性を読みとく視座』(大月書店)
安田浩　二〇一九年『天皇の政治史――睦仁・嘉仁・裕仁の時代』(吉川弘文館、初版一九九八年)
山田朗　二〇〇二年『昭和天皇の軍事思想と戦略』(校倉書房)
山田朗　二〇〇五年「近現代天皇制・天皇研究の方法試論――〈大元帥〉と〈立憲君主〉の二項対立克服のために」(『人民の歴史学』一六五号)
山田朗　二〇一九年『日本の戦争Ⅲ――天皇と戦争責任』(新日本出版社)
カール・レーヴェンシュタイン著、秋元律郎・佐藤慶幸訳　一九五七年『君主制』(みすず書房)
渡辺治　二〇二一年「近代天皇制・天皇論の課題」(『渡辺治著作集』一、旬報社)

17 行政国家と「革新官僚」

若月 剛史

1 日本史教科書における行政・官僚の取り上げられ方

高等学校の日本史教科書で、行政やその担い手である官僚について直接的に記載されることは少ない。試みに、山川出版社の『詳説日本史』(日探 二〇二三)の二十世紀の部分をひもといてみると、五・一五事件後、軍部の政治的発言力が増大する中で、「革新官僚」と呼ばれる官僚がそれに同調し、総力戦体制の樹立を目指す陸軍統制派と結んでいたという記述ぐらいしか見当たらない。他社の教科書でも、官僚についてはおおむね同様の扱いしかなされていない。このように、高等学校の日本史教科書では、官僚は、政党勢力が力を失ったときに、それに代わって表に出てくる政治勢力の一つとしてフィーチャーされる存在でしかない。そのため、ともすれば、二十世紀の日本において官僚が果たした役割を過少評価しがちである。

しかし、言うまでもないことであるが、近代国家において官僚が果たす役割は決して小さくない。日本で「政治主導」と言われるようになってから久しいが、それでも、実際の政治状況を見ると、依然として官僚が果たす役割は大きい。それは、社会が複雑化し、国家が対応しなければならない問題、つまりは政府の仕事は増えていく一方だからである。近年でも、少子高齢化や異常気象の頻発化、ＡＩに代表されるような科学技術の進展といったように新しい政策課題がつぎつぎに生じることで、政府の仕事は増え続けている。その結果、行政とその担い手である官僚の果たす役割は大きくなっているのが現状である。

歴史的に見て、日本で、このように新しい政策課題が多く登場し、政府の仕事が加速度的に増えていくという現象が顕著に表れはじめたのは大正時代のことである。日本史教科書を見ると、大正時代には、重化学工業化の進展、社会運動の勃興、都市化の進展、都市と農村の格差拡大など、社会・経済の状況が大きく変化していることがわかる。そして、それとともに、重化学工業化の進展にともなって産業政策の必要性が高まり、社会運動が勃興すると労働政策という新たな政策領域が生まれるといったように、政府の仕事も大幅に増えていった。それはまた、政府が国民の生活や経済活動への介入を強めていく過程でもあった。行政国家化が進展したのである。

これらの変化は、官僚制のあり方に変容をもたらす。さらに、こうした官僚制の変容は、政治のあり方、例えば、政党政治の展開や戦時体制の構築に根底で大きな影響を与えることになる。それをどのようにとらえるべきなのか、以下、日本史研究における議論をふまえながら考えていきたい。

2　政治家の供給源としての官僚制

二十世紀に入ってすぐの官僚制内では、各府県に知事を送り出し地方を統治する役割を担っていた内務省が他省に比べて圧倒的に大きな力をもっていた［黒澤 二〇一三］。他省は、例えば、文部省が小学校に関する政策を立案したとしても、その実施は府県の学務課を通じて行われるように、自らの政策の実施は府県に頼らざるをえなかった。そのため、府県のトップである知事を押さえている内務省は他省に対して優位な立場にあったのである。内務省が他省へ人材を供給していたことも、この傾向に拍車をかけた。武石典史氏の研究によれば、一九〇〇（明治三十三）年から一九二一（大正十）年にかけて、農商務省や逓信省の次官・局長に就任した者の半数近くが内務省出身者であった。文部省に至っては、この時期の次官・局長の就任者のほとんどを内務省出身者が占めている［武石 二〇一七］。こうした内務省の他省に対する優位を背景として、省庁間で対立が生じると内務省が調停者的な立場にたって調整に当たることが多く見られた。このような状況を、御厨貴氏は「内務省による平和」と呼んでいる［御厨 一九九六］。

内務省とは別の方法で他省に対する影響力をもっていたのが大蔵省である。大蔵省の主要な仕事の一つが、毎年度の予算編成にあたって各省からの予算要求に対して査定を行うことであったが、それを通じて大蔵省は他省に対する影響力を保持することができたのである。

ここで重要なのは、この両省の仕事は政治と密接に関わるものであったということである。内務省から府県に派遣された知事が統治するにあたって直面するのは地方の政治である。現在でもそうであるが、地方の政治は、地域間の対立など、中央での党派的対立とは別次元の論理で動いていることが多い。その中に、中央での党派的対立も持ち込まれて、地方政治は複雑化していく。知事は、それをうまくコントロールしながら、地方行政を進めなければならず、政治的なセンスが問われた。また、知事の仕事は、行政のあらゆる分野に目配りする必要があり、行政全体を見通す能力が求められた。このような内務官僚のあり方について、政治学者の升味準之輔氏は、「政治家的行政官」であることを誇りとし、特定の行政実務に精通すること、つまりは専門をもつことをいさぎよしとしなかった「牧民派的行政官」であったと述べている［升味 一九六八］。

大蔵省の仕事もまた政治との関係が強い仕事であった。予算を編成し、成立させるにあたっては、利害を有する政党や政治家との交渉が必要である。税制に関しても、関係者とその利益を代弁する政治家の要求と向き合わなければならない。大蔵省出身で、のちに首相となる若槻礼次郎の回想を読むと、大蔵省時代の部分は、原敬などの政治家とどのように交渉したのかというエピソードばかりである［若槻 一九八三］。また、大蔵省の仕事も、国全体の予算や税制のあり方を考える必要があり、行政全体を見通さなければ務まらないものであった。大蔵官僚は、内務官僚に劣らず、幅広い視野と政治家たちとの交渉能力が求められたのである。

このように官僚制内で中心的な位置にあった内務省や大蔵省の官僚は幅広い視野と政治的なセンスを問われる仕事だったということもあって、官僚制は政治家への人材の供給源として機能していた。実際、政党内閣期に政党総裁として首相となる人物の多くは、官僚出身者である。政党内閣期の二大政党の一角を占める憲政会―立憲民政党では、前述の若槻をはじめ、加藤高明や浜口雄幸といったように総裁になった人物の多くは官僚出身者である。立憲政友会の方も、首相となった原敬や高橋是清は官僚としてのキャリアを有していた。

清水唯一朗氏は、こうした政党への人材供給という官僚制の側面と、そこから生み出される政党と官僚の協働関係を重視して、それまでもたれていた両者の対立的なイメージを全面的に書き直した。そして、政党が官僚を入党させることで、政党は統治能力を手にすることができ、政党内閣制の基礎が整えられたという見通しを示した[清水 二〇〇七]。

このように、二十世紀に入ってから、おおむね一九二〇年代ぐらいまでは、官僚は幅広い視野と政治的なセンスが強く求められる仕事だったのである。それゆえに、官僚の中で政治家に転じる者も少なくなかった。日本史教科書のこの時期の部分で、官僚そのものについて言及されることは少ないが、原敬や浜口雄幸に代表されるように官僚出身の政治家が多く出てくる背景には、こうした事情がある。

3 「官僚の専門化」と「官僚の政党化」

他方、大正時代になると、前述したような新しい政策課題が登場し、官僚も専門的な知識をもつ必要性が高まっていった。その結果として、官僚制内で専門性を尊重する雰囲気が醸成されていく。こうした傾向を、升味準之輔氏は「官僚の専門化」と呼んだが[升味 一九六八]、それは政治的なセンスが求められる内務省や大蔵省よりも、農商務省(一九二五〈大正十四〉年に農林省と商工省に分離)や逓信省、鉄道省といった、特定の分野を所管する経済・現業官庁の方で強く表れた。

この点が明確に表現されているのが人事傾向の変化であった。それ以前の時期においては、経済・現業官庁で頻繁に行われていた内務省との人事異動が、一九二〇年代以降には見られなくなっていったのである。前述の武石氏の研究によれば、一九二二年から一九四三(昭和十八)年にかけて、農林省や商工省、逓信省で次官・局長の就任者で内務省出身者はほとんど見られなくなり、主要ポストは自省生え抜きの官僚によって占められるようになった。課長級ポストでも同様の傾向が見られる。これらの省庁では、その省が所管する分野に関する専門性が人事において重視されるようになったのである。それとともに、特定の分野について専門性を有しないことを特徴とし、それを誇りとさえ思っていた内務省出身者は各省から後退を余儀なくされた。こうした人事傾向の変化が示すように、官僚制内における専門分業化が進んでいったのである。

このような「官僚の専門化」の進展にともなって、特定の政策分野を所管する経済・現業官庁の政策要求(そして、それは予算要求につながる)の正当性は高まっていった。その結果、経済・現業官庁から出された政策・予算要求を内務・大蔵両省は簡単には無視できなくなっていく。こうして省庁間のセクショナリズム的対立が深刻化し、内務省はそれを調整することができなくなっていった。「内務省による平和」は大きく動揺したのである。

さらに各省内でも、専門性尊重の雰囲気を背景として、次官・局長級ポストを独占していた法学部出身の事務官に対して、工学や農学などの特定の分野で高い専門性を有する技術官僚や、鉄道や郵便、電信・電話などの各事業の現場で働く現業員などが、給料や昇進の面での待遇改善を求める動きが顕著になった[若月 二〇一四]。彼らが、自分たちの要求を実現するためにとった戦略が運動団体の結成である。日本史教科書を読むと、大正時代には社会・労働運動が活発化し、種々の団体が結成されていることがわかる。官僚制内にも、その流れは浸透し、一人ひとりでは立場の弱い技術官僚や現業員たちは、団体を結成し、数の力で自分たちの要求を押し通そうとした。そのため、各省の事務官は彼らの要求を無視できなくなっていく。その結果、各省は、彼らの待遇改善のための経費増額や、昇進機会拡大のためのポスト増設を要求するようになり、大蔵省はそれをおさえることが困難になっていったのである。

このように「官僚の専門化」にともなって、官僚制内での対立が大きくなり、内務・大蔵両省もそれを調整することができなくなっていった。折しも、この時期に成立したのが政党内閣である。そのため、政党内閣を構成した二大政党(立憲政友会、憲政会—立憲民政党)に官僚制内での対立を調整する役割が期待された。しかし、それは決して簡単なことではなかった。

二大政党が官僚制内の対立を調整するためには、官僚制への統制を強化する必要がある。いかなる調整を行うにせよ、政党側の方針を官僚制の方に従わせる必要があるからである。そして、二大政党が官僚制への統制を強化するためには、官僚の人事を通じて影響力を拡大するのが手っ取り早い方法であった。官僚にとっての最大の関心事は昇進であり、そのためには、与党である政党の方針に従った方がプラスになるからである。だからといって、何年かすれば政権交代して下野する可能性がある政党の方針に官僚が何から何でも従うわけではないが、少なくとも表立って反抗的な態度をとるようなことは少なくなる。

このように、政党にとって官僚人事は官僚制を統制するための効果的な方法であった。実際、政党内閣期の二大政党は、多かれ少なかれ、党派的な官僚人事を行っていた。政党内閣期には、政権交代が行われるたびに次官・局長や知事などが大幅に入れ替えられ、官僚は政友会系とか民政党系とかというように色分けされていった。このような現象を、升味準之輔氏は「官僚の政党化」が生じたと述べている[升味 一九六八]。

二大政党は、これまで見てきた「官僚の政党化」と「官僚の専門化」を、どのようにバランスをとりながら進めていくのか、難しいかじ取りをせまられた。「官僚の政党化」を進めるとたしかに官僚制への影響力を強めることはできる。しかし、それが過度に行われると、専門性にもとづく行政が十分に行われなくなる。政党内閣期に、自分の選挙地盤に有利なように政治家たちが圧力をかけて、経済的・技術的な合理性に必ずしももとづいていない公共事業が行われたのはよく知られている。このようなことが頻繁に行われると、官僚のモチベーションが低下し、行政機関全体のパフォーマンスは悪化してしまう。また、前述したような党派的な人事は、公平性に欠けているとして批判が強まり、二大政党も表立って行うことができにくくなっていった。

他方、「官僚の専門化」を促進するような方策をとると、官僚制全体が活性化し、政党内閣はそこから生み出された新しい政策を活用することができる。このことは、この時期に生じた新しい政策課題に対して具体的な方策をもっていなかった二大政党にとって大きなメリットであった。官僚の有する専門性を尊重する姿勢を見せることは、官僚制とのあいだで良好な関係を構築することにもプラスに働いた。実際、政党内閣成立当初においては、官僚制内で自分たちの政策を実現してくれることへの強い期待があった。しかし、このような専門性の尊重が過度に行われると、前述したように、各省からの政策要求が噴出して、その調整は困難を極めることになる。

結局、二大政党は「官僚の政党化」と「官僚の専門化」のバランスをうまくとることができなかった［若月二〇一八］。その結果、政党と官僚との関係は決定的に悪化することになる。官僚制内では、政策が実施されるにあたって、政党の利益が優先されたことに対する不満が強まった。政党内閣期には、おおむね二〜三年と短いサイクルでの政権交代が行われたが、その際には、前政権によって着手された多くの事業が中止に追いやられた。官僚の側からすれば、手間暇かけてようやく実現にこぎつけた事業が、前政権の手によるものだからという理由だけで、緒についたばかりで中止に追い込まれたのである。また、政権の都合によって、途中まで進められた道路や堤防の工事が中止されることも多くあった。工事を担当している技術官僚からすれば、それまで投じた予算をドブに捨てるに他ならなかった。

それでも、政党内閣が、官僚制の側から出された政策要求に全体として応えることができたとすれば不満はそこまで大きくならなかったかもしれない。しかし、実際には、二大政党ともそれにほとんど応えることができなかった。二大政党は、普選体制のもとで多数派を形成するためには、幅広い有権者に配慮せざるをえなかった。そのため、各省から出される政策要求に対して、例えば、都市部と農村部、あるいは商工業と農林業のどちらにというように、予算を何に重点的につけるのか決断することができなかった。その結果、各事業に少しずつしか予算を振り分けられなかった。これでは、到底、各省の政策要求を十分に満たすことができない。

このようにして、政党内閣の終わり頃には、官僚制内での不満が表面化するようになるのである。浜口雄幸内閣が示した官吏減俸案が、官僚制全体の猛反発によって撤回を余儀なくされたのはその最たるものである。

4 戦時期から戦後にかけての官僚制

このような政党内閣に対する不満を背景として、官僚が政治勢力の一つとして表に出てくるようになる。前述したように、官僚は自分たちの政策を政党内閣によって実現させることへの強い期待があったが、その期待は裏切られた。さらに、政党内閣自体も一九三二(昭和七)年に崩壊してしまったことで、官僚は自分たちの政策を実現するための方法を模索せざるをえなくなる。例えば、技術官僚や現業官庁では、団体を結成することで地域社会を組織化し、その圧力で自分たちが志向する政策を実現しようとする動きが見られた[若月二〇一二]。

また、昭和恐慌後に経済への統制強化を求める考え方が強まっていき、そうした考え方を有する経済・現業官庁の官僚の中には、同じく経済への統制強化を志向する陸海軍に近づくなどして、政治的な動きを見せる者が見られるようになった。「革新官僚」と称された彼らの多くは、学生時代に教養としてマルクス主義を受け入れたものの、思想的には資本主義とともにマルクス主義を否定して、計画経済の実現を主張していた[古川一九九〇]。彼らは、戦時期に統制経済が進展する中で、その企画・立案にあたった内閣調査局や企画院などに集まった。日本史教科書にもあるように、国家総動員法が制定され、計画的な物資や労働力の動員が行われるようになる中で、その実務を取り仕切ったのは彼らであった。こうした統制経済下における役割の大きさを重視して、内閣調査局や企画院などの「総合国策機関」のあり方や、その担い手である革新官僚の構想は現在でも重要な研究テーマとなっている。

しかしながら、革新官僚が日本史教科書で取り上げられてきたのは、国内の政治体制の変革を目指した「革新派」の一翼を担っていたことが大きい。この点についても、近年では見直しが進められている。とくに、昭和戦時期においても議会が相当の力を有していたことが指摘されることで[古川 二〇〇五、官田 二〇一六]、革新官僚の有していた影響力の大きさは相対化されてきている。また、革新官僚も統制経済を推進するにあたっては、財界や各種団体(そして、その利益を代表する政党)の協力が必要不可欠であったことから、両者のあいだで協調的な側面があったことも指摘されている[米山 二〇一八]。このような位置づけの変化を背景として、現在、日本史教科書での革新官僚の扱いは小さくなっているのである。

戦後になると、復活した政党と、官僚制との関係が再び問題となる。しかし、戦前とは異なって、両者のあいだで安定的な関係が構築されることになる。この点について、行政学者の村松岐夫氏は、自民党(およびその前身政党)が官僚に大幅な権限を「委任」することによって、官僚たちが政策面で力を発揮できるような体制を整えたと論じている[村松 二〇一〇]。そして、自民党は、その結果として生み出された新しい政策を実現に移し、戦後における社会の変化に柔軟に対応することができた。例えば、日本史教科書で高度経済成長のひずみとして取り上げられる環境問題や社会福祉問題などである。

こうした過程を通じて官僚と政党とのあいだで密接な提携関係が築かれていったが、それを背景として池田勇人や佐藤栄作といった官僚出身の自民党政治家も生み出されていくことになる。官僚制は政治家の人材供給源としても再び機能するようになったのである。

このようにして、戦前の政党内閣が失敗した「官僚の政党化」と「官僚の専門化」とのバランスをいかにしてとるのかという課題を、自民党政権は曲がりなりにも達成できた。その理由として、①一党優位体制のもとで政党間での政権交代がなかったこと、②各省の政策要求を満たすだけの財政的余裕ができたことが挙げられる。自民党一党優位体制のもとで官僚は長いスパンで政策を推進することができた。また、財政面でも、自民党政権は、高度経済成長にともなう税収増と、その後の赤字国債の発行によって、各省から出された政策要求にかなりの程度応えられた。こうして政党と官僚の関係は安定化していき、それを背景として、自民党政調会による事前審査に代表されるように政策決定過程も制度化されていった。

こうした状況は、現在、変革を余儀なくされている。赤字国債が累積し、財政再建が課題となっていく中で、自公政権は以前のようには各省から出された政策要求に応えることができなくなっている。今後、政党と官僚との関係がどのようになっていくのか、それが日本史教科書の記述にどのように反映されるのか、注視されるところである。

〈参考文献〉

官田光史　二〇一六年『戦時期日本の翼賛政治』(吉川弘文館)

黒澤良　二〇一三年『内務省の政治史――集権国家の変容』（藤原書店）
清水唯一朗　二〇〇七年『政党と官僚の近代――日本における立憲統治構造の相克』（藤原書店）
武石典史　二〇一七年「官僚の選抜・配分構造」（『教育社会学研究』一〇〇号）
古川隆久　一九九〇年「革新官僚の思想と行動」（『史学雑誌』九九巻四号）
古川隆久　二〇〇五年『昭和戦中期の議会と行政』（吉川弘文館）
升味準之輔　一九六八年『日本政党史論　第四巻』（東京大学出版会）
御厨貴　一九九六年『政策の総合と権力――日本政治の戦前と戦後』（東京大学出版会）
村松岐夫　二〇一〇年『政官スクラム型リーダーシップの崩壊』（東洋経済新報社）
米山忠寛　二〇一八年「岸信介次官更迭事件――「政党政治以後」の政治経済構造と商工省」（『年報政治学』六九巻一号）
若月剛史　二〇一二年「「挙国一致」内閣期における内務省土木系技術官僚」（『東京大学日本史学研究室紀要』一六号）
若月剛史　二〇一四年『戦前日本の政党内閣と官僚制』（東京大学出版会）
若月剛史　二〇一八年「政党政治と専門官僚」（『歴史評論』八一七号）
若槻礼次郎　一九八三年『明治・大正・昭和政界秘史』（講談社学術文庫、初版一九五〇年）

執筆者一覧（執筆順）

鈴木 淳（すずき　じゅん）　東京大学教授
久住 真也（くすみ　しんや）　大東文化大学教授
西川 誠（にしかわ　まこと）　川村学園女子大学教授
湯川 文彦（ゆかわ　ふみひこ）　お茶の水女子大学准教授
小林 和幸（こばやし　かずゆき）　青山学院大学教授
佐々木 雄一（ささき　ゆういち）　明治学院大学准教授
市川 大祐（いちかわ　だいすけ）　北海学園大学教授
飯塚 一幸（いいづか　かずゆき）　京都橘大学教授
一ノ瀬 俊也（いちのせ　としや）　埼玉大学教授
前田 亮介（まえだ　りょうすけ）　北海道大学准教授
満薗 勇（みつぞの　いさむ）　北海道大学准教授
差波 亜紀子（さしなみ　あきこ）　日本女子大学教授
中野目 徹（なかのめ　とおる）　筑波大学教授
高嶋 修一（たかしま　しゅういち）　青山学院大学教授
鈴木 智行（すずき　ともゆき）　国士舘大学講師
国分 航士（こくぶ　こうじ）　九州大学講師
若月 剛史（わかつき　つよし）　関西大学教授

日本史《にほんし》の現在《げんざい》5　近現代《きんげんだい》①

2024年7月10日　第1版第1刷印刷　　2024年7月20日　第1版第1刷発行

編　者　　鈴木《すずき》 淳《じゅん》・山口輝臣《やまぐちてるおみ》・沼尻晃伸《ぬまじりあきのぶ》

発行者　　野澤武史

発行所　　株式会社　山川出版社

〒101-0047　東京都千代田区内神田1-13-13

電話　03(3293)8131(営業)　03(3293)8135(編集)

https://www.yamakawa.co.jp/

印刷所　　半七写真印刷工業株式会社

製本所　　株式会社　ブロケード

装幀・本文デザイン　　黒岩二三［Fomalhaut］

ISBN978-4-634-59143-1

●造本には十分注意しておりますが，万一，落丁・乱丁本などがございましたら，小社営業部宛にお送りください。送料小社負担にてお取り替えいたします。

●定価はカバーに表示してあります。